DAS KANN ICH SELBST

HANDBUCH AUTOREPARATUR

DAS KANN ICH SELBST

Handbuch Autoreparatur

NAUMANN & GÖBEL

Vorwort

Von Zeit zu Zeit lohnt es sich in die eigene Werkzeugkiste zu greifen – nicht nur, weil führende Automobilzeitschriften in ihren Tests von „Pfusch in Werkstätten" oder „Freundlichkeit statt Fachwissen" berichten – es macht auch einfach Spaß. Die „großen" Aufgaben werden in der Regel von den Werkstätten schnell und fehlerfrei durchgeführt, bei den Kleinigkeiten bemerkt der Kunde dann aber oft den Zeitdruck der Mechaniker. Es geht hier nicht darum, das Werkstattpersonal zu verurteilen, denn hier sind Menschen am Werk, die jeden Tag eine enorme Verantwortung übernehmen und dabei (trotz des meist hohen Rechnungsbetrages) wahrlich nicht übermäßig bezahlt werden.
Ein hundertprozentig pannen-, wartungs-, und reparaturfreies Automobil wird es so schnell nicht geben, aus diesem Grund bleiben wir Autofahrer auch in Zukunft auf Werkstätten angewiesen. Viele kleinere Reparaturen lassen sich jedoch durch einfache Handgriffe schnell und billig selbst durchführen. Dieses Buch hilft Ihnen aber sicher auch bei der Suche nach möglichen Defekten und Pannenursachen weiter.
Bei neueren Fahrzeugen, bei denen die Garantie noch nicht abgelaufen ist, sollten Sie die Vertragswerkstatt allerdings nicht „umfahren": Fallen bei Garantieansprüchen eigene Reparaturversuche auf, erlischt die Gewährleistung. Beschränken Sie sich währenddessen also auf reine Pflege- und Wartungsarbeiten.
Aber auch wenn Ihr Fahrzeug die „magische" Altersgrenze überschritten hat – trauen Sie sich zunächst nicht zuviel zu. Dies Buch folgt der einfachen Devise: „Reparieren Sie nur, was Sie wirklich verstanden haben"; ein Motto, das lebenswichtig sein kann. Deshalb sind hier jedem Kapitel und jedem einzelnen Reparaturschritt ausführliche Erklärungen vorgeschaltet, die den Sinn und die Funktion des jeweiligen Bauteils verständlich machen sollen. Nur wenn Sie sicher sind, diese Erklärungen nachvollziehen zu können, erst dann sollten Sie mit den Arbeiten beginnen. Bleiben Abläufe unklar, verzichten Sie auf die Aktion oder lassen sich zunächst fachkundig beraten.
Diese Einschränkungen sollen Ihnen keineswegs den Mut nehmen. Denn wenn Sie mit der gebotenen Sorgfalt und Vorsicht arbeiten, wird es Ihnen riesigen Spaß bereiten, die ersten Zündkerzen aus- und die neuen – vor allem richtig herum – wieder einzubauen. Gehen Sie daher nicht nur systematisch vor, sondern beachten Sie auch die zahlreichen Tips und (Warn-)Hinweise, die zu jedem Arbeitsschritt mitgeliefert werden. Wir haben die beschriebenen Anweisungen mit Sorgfalt getestet und erstellt; trotzdem ist eine Haftung seitens der Autoren oder des Verlages für Schäden jeglicher Art ausgeschlossen.

Viel Spaß beim Lesen
Daniel Roeseler

ALLGEMEINES

MOTOR

ANTRIEB

FAHRWERK

ELEKTRIK

SERVICE

Wozu dieses Buch dienen soll

Liebe Leserin, lieber Leser,

Autobücher und Reparaturleitfäden gibt es so zahlreich, daß nahezu jede Buchhandlung ein eigenes Regal dafür bereitstellt. Dieses Buch ist aber insofern anders, als es vor allem dem automobiltechnischen Laien gewidmet ist, um ihm die Grundzüge der Funktionsweise seines Autos näherzubringen. Selbst wenn er einen Modellwechsel vornimmt, soll dieses Buch ihm weiterhelfen können.

Die einfach beschriebenen Reparatur- und Pflegetips werden ihm sicherlich die Scheu vorm Selbermachen nehmen. Komplizierte Reparaturanleitungen gibt es genug – doch damit werden viele Autofahrer nicht viel anfangen können und wollen. Früher, etwa bis Mitte der siebziger Jahre, wurden den Käufern neuer Fahrzeuge Betriebsanleitungen mitgegeben, die nicht nur über die Bedienungselemente eines Fahrzeugs Auskunft gaben, sondern zum Teil detaillierte Hilfestellungen zur Behebung kleinerer Fahrzeugmängel gaben. Einige gingen sogar weit darüber hinaus: In ihnen wurde die Funktion einzelner Bauteile des Motors erläutert und sämtliche Wartungsarbeiten in Wort und Bild geschildert. Bis hin zur Einstellung der Zündung und des Ventilspiels wurde alles genau erklärt.

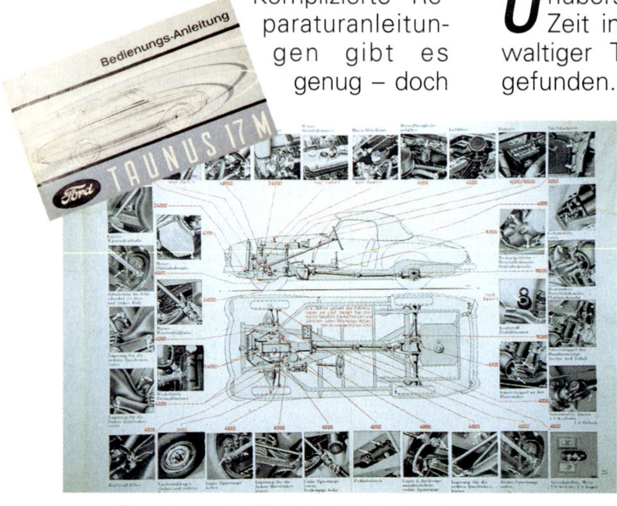

Damals war die Welt der „Bastler" noch in Ordnung. Gut illustrierte Bedienungsanleitungen machten die Arbeit leicht. Sogar das Wechseln der Kerzen oder der Ölwechsel wurden genau beschrieben

Unübersehbar hat seit dieser Zeit im Automobilbau ein gewaltiger Technologieschub stattgefunden. Die Elektronik hielt Einzug in zahlreichen Baugruppen, viele Aggregate wurden wartungsfrei ausgelegt. Die seit einigen Jahren immer strenger werdenden Abgasvorschriften wären ohne ein vollelektronisches Motormanagement sicher auch nicht zu erreichen. Gestiegene Komfortausstattungen unterstützten die Entwicklung zu mehr „High-Tech". Die Automobilwerke müssen seither – die Werkstätten werden es ihnen gedankt haben – davon ausgegangen sein, der Autobesitzer könne ohne eine fachspezifische Ausbildung so gut wie nichts mehr selbst an seinem Wagen tun – vom Drehen des Zündschlüssels oder Tanken einmal abgesehen. Betriebsanleitungen neuerer Fahrzeuge zeigen dies deutlich: Sie informieren nur noch über das Nötigste und verschweigen die kleinen Tips und Tricks. Daß die Selbsthilfe gar nicht so kompliziert ist, soll Ihnen dieses Buch zeigen. Auf leichtverständliche Weise wird die Technik eines Wagens erklärt (die sich im grundsätzlichen Funktionsprinzip gegenüber „der guten alten Zeit" gar nicht so umwälzend verändert hat). So können Sie nach der Lektüre dieses Buches sicher einiges besser verstehen. Alles, was Sie brauchen, ist etwas Spaß an Technik und etwas Selbstvertrauen in Ihre „Bastlerfähigkeiten".

Tips und Tricks ab Werk gibt´s kaum

Erstens: Sie begreifen, was in Ihrem Auto technisch vor sich geht.

Das Buch ist in Beschreibungen einzelner Baugruppen des Autos unterteilt; jeweils vorangestellt ist ein theoretischer Teil, der mit farbigen Abbildungen die Technik in Aufbau und Funktion erklärt. Dort werden auch die bei den unterschiedlichen Fahrzeugtypen jeweils möglichen Varianten eines Bauteils beschrieben. Außerdem finden Sie zahlreiche Fachausdrücke erläutert, die dem Autolaien – etwa auf einer Werkstattrechnung – in der Regel unverständlich bleiben.

Zweitens: Sie lernen, einfache Störungen zu erkennen und selbst zu beseitigen.

Sie stehen unfreiwillig auf einsamer Chaussee, der Motor hat urplötzlich seinen Dienst quittiert.

Bei vielen modernen Fahrzeugen (links) ist die „Technik" nur schwer auszumachen. Viele Aggregate sitzen versteckt im Inneren. Bei den „Klassikern" (oben) waren die gestalterischen Ambitionen der Designer allein auf das Äußere konzentriert, die Mechanik war gut sichtbar

Sprit ist noch genug im Tank (oder doch nicht?), also muß es etwas anderes sein.
Vorbeifahrenden Autofahrern Ihre Notlage zu signalisieren, ist zumeist zwecklos. Die wenigsten sind bereit, anzuhalten, und noch weniger könnten Ihnen wirklich weiterhelfen (möglicherweise nur deshalb nicht, weil sie diesen handlichen Autohelfer noch nicht gelesen haben).

Sie aber haben Ihren Ratgeber schnell zur Hand und können das defekte „Organ" dank seiner Hilfe rasch erkennen. Streikt die Benzinpumpe, oder hat sich lediglich ein Kabel an der Zündspule gelockert? Wie man das herausbekommt, können Sie nun nachlesen – und den Schaden an Ort und Stelle beheben. So erübrigt sich auch das Warten auf den meist überlasteten Pannendienst. Oft ist es ja nur ein einziger Handgriff, mit dem die „gelben Engel" ein Auto wieder flottbekommen.

Die Panne auf der nächtlichen Autobahn, ein Alptraum für jeden von uns. Nur wer etwas über sein Fahrzeug (und seine Macken) weiß, kommt schnell weiter. Oft erübrigt sich auch so das Warten auf den Pannendienst

Drittens: Früherkennung von Schäden, bevor es richtig teuer wird.

Schäden am Auto lassen sich oft frühzeitig – und zwar ohne Verwendung teurer Meßgeräte – erkennen. Viele Symptome (beispielsweise ein Klackern im Motor oder ein Schleifen, das von einem Rad zu kommen scheint) sind auch für Laien leicht festzustellen. Mit Hilfe dieses Buches kann man herausfinden, welche Ursachen diesen Geräuschen zugrunde liegen.

Selbermachen spart Geld

Durch die Arbeit am eigenen Auto können Sie viel Geld sparen. Nicht nur, daß Sie durchs „Werkeln" die ständige Kontrolle über den Zustand Ihres Fahrzeugs haben (und ernste Schäden frühzeitig erkennen können). Sie haben es auch in der Hand, die Werkstattkosten zu senken – weil Sie nämlich nicht mehr jede Störung teuer beheben lassen müssen.

Sollte das Klackern auf ein defektes Pleuellager hindeuten, kann ein frühzeitiger Werkstattbesuch eventuell einen teuren Austauschmotor ersparen; und das „heulende Rad" kann nach Justierung des Radlagerspiels (ebenfalls in der Werkstatt) wieder seinen Dienst versehen, bevor ein teures Ersatzteil gekauft werden muß.

Viertens: Verringerung der Kosten durch Eigeninitiative.

Handwerk hat goldenen Boden" – ein Sprichwort mit wahrem Hintergrund. Ganz besonders trifft dies auf Bereiche zu, in denen man als Laie selbst wenig erledigen kann und auf die Arbeit (teurer) Fachleute angewiesen ist. Zeit und Geld kann man allerdings sparen, wenn man sich frühzeitig mit der fremden Materie auseinandersetzt – und sich nun ein eigenes Urteil erlauben kann. Wir wollen hier in keiner Weise gegen das ehrbare Automechanikerhandwerk wettern, indem wir seine Überflüssigkeit propagierten – Sie werden nach der Lektüre dieses Buches gewiß weiterhin Werkstätten in Anspruch nehmen müssen. Aber einiges (wie etwa der Wechsel der Wischerblätter oder der Blinkerglühlampen) könnten Sie im Handumdrehen selbst erledigen. Solche Arbeiten ersparen Ihnen nicht nur den Weg in die Werkstatt,sondern auch die Lohnkosten, die inzwischen selbst für solche Tätigkeiten berechnet werden. Dies ist allerdings verständlich – wenn gerade „Saison" für neue Glühlampen oder Wischergummis ist, könnte fast jede Tankstelle einen Mechaniker abstellen, der einzig solche Kleinigkeiten erledigt.

Selbst ist der Mann – und die Frau

Vergessen Sie bitte nicht, daß Sie als „Do-it-yourselfer" eine Garantie für von Ihnen geleistete Arbeit nur bei sich selbst einfordern können. Mitunter verlieren Sie bei Eigenleistungen den Garantieanspruch auf die von Ihnen eingebauten Teile. Das gilt besonders in bezug auf die Garantie bei Neuwagen. Eingriffe, die in irgendeiner Form deren Funktionalität beeinträchtigen, sollten Sie aus eigenem Interesse unbedingt unterlassen. Aber keine Angst – nicht jeder kleine Defekt verlangt die Fahrt zum Kundendienst.

Garantie auf Material und Arbeitsleistung haben Sie leider nur, wenn Sie Ihr Auto in einer Werkstatt reparieren lassen. Die Tests der Automobilfachzeitschriften zeigen aber immer wieder, daß die Eigenleistung (zumindest bei Kleinigkeiten) unterm Strich meist mehr wert ist, als ein teuer Werkstattbesuch

Fünftens: Kontrolle und Umgang mit Werkstätten.

Werkstättentests in der einschlägigen Fachpresse zeigen

es immer wieder: Die hohen Kosten der Werkstätten zwingen zu (über-)rationellen Arbeitsmethoden bei Inspektionen und Reparaturen. Fehler kommen vor – Automechaniker sind auch nur Menschen, die einen schlechten Tag haben können. Mitunter hat es allerdings den Anschein, als könne die von den Werken betriebene Mitarbeiterschulung bei der Einführung neuer Techniken mit den Ereignissen nicht Schritt halten.

Alle Mängel im Auftrag festhalten

Manchmal kommt es auch vor, daß ein fast neuer Luftfiltereinsatz bei der Inspektion überflüssigerweise erneut ausgetauscht wird oder daß der Ersatz der Zündkerzen zwar berechnet, jedoch nicht ausgeführt wird. Bei letzterem ist die Grenze zum betrügerischen Verhalten sicherlich schon überschritten. Mit Hilfe der Tips in diesem Buch sollen Ihnen die Formulierung eines Werkstattauftrags und die Beurteilung der Werkstattarbeit erleichtert werden. Schon wenn Sie Ihren Wagen in die Werkstatt bringen, können Sie einigem Ärger vorbeugen. Das beginnt bereits bei der Auftragserteilung:

- Vereinbaren Sie möglichst einen Termin mit der Werkstatt und fragen Sie, ob Sie den Wagen nicht vielleicht schon am Vortag abends bringen sollen. Für einige Arbeiten muß der Motor zum Beispiel kalt sein, der Werkstatt wird bei früher Anlieferung unnötige Wartezeit erspart.

- Der Werkstattauftrag sollte immer schriftlich erfolgen und möglichst genau formuliert werden. Das Schlimmste, was Sie sich (und Ihrem Geldbeutel) antun können, ist

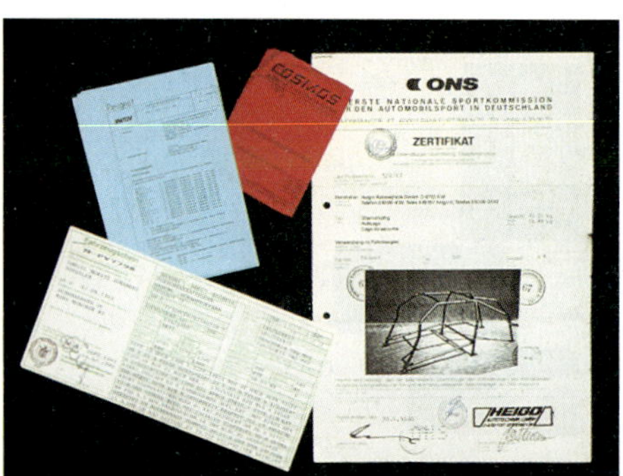

Wird das Auto in der Werkstatt abgegeben, sollten die Fahrzeugpapiere vorgelegt werden. Die Angaben im Kfz-Schein erleichtern die Zuordnung der Ersatzteile und Einstelldaten

Auftrag für die Werkstatt

Wenn Sie einer Werkstatt einen Reparaturauftrag erteilen, sollte genau festgehalten werden, bis zu welchem Umfang die Arbeiten durchgeführt werden dürfen. Stellt der Mechaniker während der Arbeit fest, daß „mehr" zu tun ist, sollte er Sie informieren. Bitten Sie bei der Autoübergabe darum – und geben Sie die Telefonnummer an, unter der Sie (zu Geschäftszeiten) erreichbar sind.

ein Pauschalauftrag wie „Wagen durchsehen und Mängel beseitigen". Über einen derartigen Auftrag wird gerade eine seriöse Werkstatt nicht sehr beglückt sein – er ist nicht konkret genug. Niemand weiß: Soll der „Patient" lediglich am Leben gehalten werden, oder soll man ihm zu einem zweiten Frühling verhelfen? Wenn der Wagen nur Ihnen als Fahrer bekannte „Macken" hat, sollten Sie diese möglichst exakt schildern. Dies hilft der Werkstatt bei der Fehlersuche und erspart Ihnen einen weiteren Besuch sowie erhöhte Kosten. Am besten ist wohl, Sie machen mit dem Kundendienstberater eine Probefahrt und sagen ihm dabei genau, was Sie (und Ihr Fahrzeug) auf dem Herzen haben.

Bei einer Probefahrt auf Mängel hinweisen

• Den Zusatz „Eventuell anfallende Mehrarbeiten sind vor der Durchführung abzusprechen und erfordern einen gesonderten Auftrag", sollten Sie in jedem Fall machen – auch wenn eine „faire" Werkstatt im Zweifelsfall von sich aus Kontakt mit Ihnen aufnehmen würde. Hinterlassen Sie eine Rufnummer, unter der Sie tagsüber erreichbar sind. Lassen Sie sich bei aufwendigeren Reparaturen einen schriftlichen Kostenvoranschlag erstellen. Holen Sie sich dazu ruhig ein paar Vergleichsangebote bei der Konkurrenz ein. Eine Werkstatt ist für drei Wochen an einen solchen Kostenvoranschlag gebunden und darf ihn ungefragt nur geringfügig überschreiten.

• Eine wirklich gute Werkstatt zeichnet sich unter anderem dadurch aus, daß Altteile nicht sofort weggeworfen, sondern zumindest bis zur Abholung des Wagens auf-

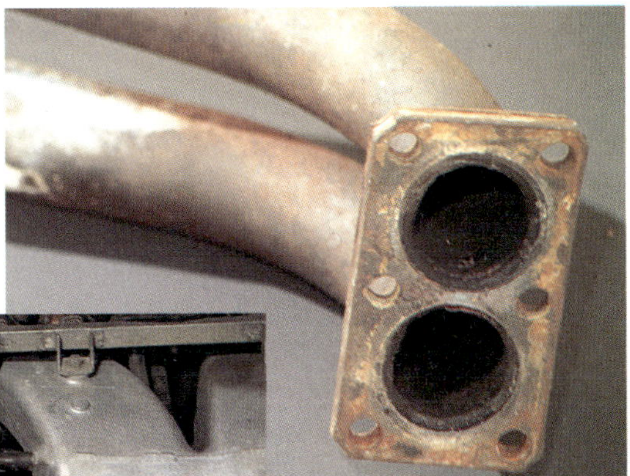

Ihre Altteile sollten bis zur Abholung des Fahrzeugs grundsätzlich aufgehoben werden (Foto oben). Oft genügt aber auch ein kurzer Blick unter die Motorhaube um das Neuteil zu entdecken. Auf dem Foto links ist die neue Lichtmaschine deutlich zu erkennen

bewahrt werden. So kann dem Kunden (auf Verlangen) gezeigt werden, welche Teile ausgetauscht wurden und wo der Defekt lag. Einen diesbezüglichen Wunsch können Sie bereits bei der Auftragsvergabe äußern. Dadurch ist allerdings nicht ausgeschlossen, daß man Ihnen vielleicht Altteile zeigt, die noch nie mit Ihnen und Ihrem Auto unterwegs waren.

Alle Altteile zeigen lassen

• Wenn Sie Ihr Fahrzeug wieder in Empfang nehmen, prüfen Sie möglichst noch auf dem Werkstatthof, ob die in Auftrag gegebenen Arbeiten auch wirklich ausgeführt worden sind. Falls Sie noch Mängel feststellen, sollten Sie umgehend Rücksprache mit dem für Ihren Wagen zuständigen Mechaniker oder dem Werkstattchef halten. Lassen Sie sich die Reparaturarbeiten verständlich erklären. Und nehmen Sie das Fahrzeug nicht mit, wenn noch Mängel erkennbar sind, sondern lassen Sie es im Zweifelsfall besser gleich für eine Nachbesserung stehen.

• Auch die von der Werkstatt ausgestellte Rechnung muß gewissen Standards genügen. Sie sollte detailliert die ausgeführten Arbeiten und die jeweils darauf verwendete Arbeitszeit enthalten. Nahezu alle Autohersteller haben inzwischen Kataloge mit sogenannten Richtwerten (auch Arbeitswerte oder AW genannt) über die Dauer von bestimmten Routinearbeiten erstellt, an die sich jede Markenwerkstatt halten muß. Nur in Ausnahmefällen, wenn sich beispiels-

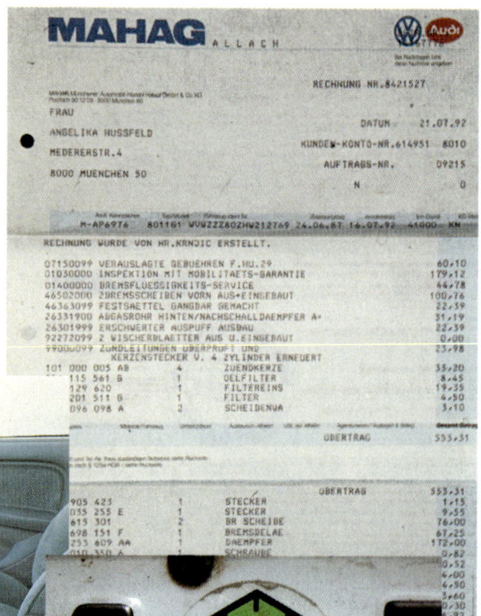

MAHAG ALLACH

RECHNUNG NR.8421527

FRAU
ANGELIKA HUSSFELD
MEDERERSTR.4
8000 MUENCHEN 50

DATUM 21.07.92
KUNDEN-KONTO-NR.614951 8010
AUFTRAGS-NR. 09215
N 0

M-AP6976 801161 WVWZZZ80ZHW212769 24.06.87 16.07.92 41000 KM

RECHNUNG WURDE VON HR.KRNJIC ERSTELLT.

07150099 VERAUSLAGTE GEBUEHREN F.HU.29 60,10
01030000 INSPEKTION MIT MOBILITAETS-GARANTIE 179,12
01400000 BREMSFLUESSIGKEITS-SERVICE 44,78
46502000 2BREMSSCHEIBEN VORN AUS+EINGEBAUT 100,76
46363099 FESTSAETTEL GANGBAR GEMACHT 22,39
26331900 ABGASROHR HINTEN/NACHSCHALLDAEMPFER A+ 31,19
26301999 ERSCHWERTER AUSPUFF AUSBAU 22,39
92272099 2 WISCHERBLAETTER AUS U.EINGEBAUT 0,00
99000099 ZUNDLEITUNGEN UBERPRUFT UND KERZENSTECKER V. 4 ZYLINDER ERNEUERT 23,98
101 000 005 AB 4 ZUENDKERZE 35,20
115 561 B 1 OELFILTER 8,45
129 620 1 FILTEREINS 19,35
201 511 B 1 FILTER 4,50
096 098 A 2 SCHEIDENWA 3,10
UBERTRAG 553,31

UBERTRAG 553,31
905 423 1 STECKER 1,15
035 255 E 1 STECKER 9,55
615 301 2 BR SCHEIBE 76,00
698 151 F 1 BREMSBELAE 67,25
253 609 AA 1 DAEMPFER 172,00
010 350 A 1 SCHRAUBE 0,82

Auf der Rechnung müssen Teile und Arbeitszeiten genau aufgegeführt sein (rechts). Wurde eine Abgassonderuntersuchung durchgeführt, darf die neue ASU-Plakette (unten rechts) nicht fehlen. Ist der Innenraum genauso sauber wie vorher? (unten)

weise aufgrund des hohen Fahrzeugalters Komplikationen bei der Reparatur (etwa durch festgerostete Schrauben) ergeben, können sogenannte Erschwerniszuschläge gerechtfertigt sein.

Auf der Rechnung müssen zudem die Preise aller verwendeten Ersatzteile einzeln ausgewiesen sein. Hier findet sich oft auch die Position „Kleinteile sowie Reinigungs- und Schwemmaterial". Ein solcher Posten ist zulässig, wenn er im nachvollziehbaren Rahmen bleibt. Dahinter verbergen sich zum Beispiel die fünf Zentimeter Isolierband, die benötigt wurden, um ein Kabel zu isolieren, oder ein Klacks Fett für ein Türscharnier – mithin alles, was sich schwerlich in Mark und Pfennig ausweisen ließe. Dieser Posten dürfte allerdings nur selten eine zweistellige D-Mark-Zahl ausmachen.

Kleinteile für 50 Mark – sicher zuviel

• Auf Reparaturarbeiten haben Sie im übrigen eine sechsmonatige Garantie ohne Kilometerbegrenzung. Tritt während dieses Zeitraumes ein Defekt auf, der auf einen Materialfehler am reparierten Teil oder auf unsachgemäße Arbeit hindeutet, haben Sie bei erneuter Reparatur allenfalls das zu bezahlen, was sich als zusätzlich erforderliche Instandsetzung herausstellt. Sie haben nicht zuletzt Anspruch auf Schadenersatz, wenn die Werkstatt nachweislich grob fahrlässig gehandelt hat (beispielsweise die Radmuttern lose waren) und es deshalb zu einem Unfall gekommen ist.

Sechstens: Pflege Ihres Wagens für besseren Werterhalt (wichtig nicht nur für den Wiederverkauf).

Daß Autos nicht nur durch das Alter an sich oder durch eine hohe Laufleistung an Wert verlieren,

Kleinteilen erscheinen auf der Rechnung nicht einzeln, sie werden in dem Posten „Klein- und Reinigungsmaterial" zusammengefaßt

Bei regelmäßiger Lackpflege werden Rostschäden schon früh erkannt. Vernachläßigt man Kontrolle und Pflege, wird es oft teuer

ist wohl jedem Autobesitzer klar. Großen Einfluß auf den Werterhalt eines Wagens hat neben regelmäßiger Wartung der Technik auch die Pflege der Karosserie.
In einem Kapitel am Schluß dieses Buches zeigen wir Ihnen die besten Kniffe und Tricks, das äußere Erscheinungsbild des Wagens möglichst lange „jugendlich-frisch" zu erhalten. Diese einfach durchzuführenden Arbeiten erhöhen nicht nur den Wiederverkaufswert des Autos – sicher hat auch der Besitzer des Wagens bedeutend länger Freude an seinem fahrbaren Untersatz.

Bitte keine Arbeiten an Bremsen und Fahrwerk

Siebtens: Was kann ich selbst machen, was lasse ich besser von einer Tankstelle ausführen?

Mit den beschriebenen Tips soll dieses Buch die Rolle der Betriebsanleitung übernehmen (beziehungsweise deren sinnvolle Ergänzung bilden) und so zum unentbehrlichen Begleiter in Ihrem Handschuhfach werden.
Bekanntlich gibt es ja zwei Arten von „Fachleuten": Die einen gehören zu der Sorte, die mit dem Mundwerk das Auto schon zerlegt, repariert und wieder zusammengebaut haben, bevor es überhaupt in die Nähe einer Werkstatt gekommen ist; die anderen, und das sind die empfehlenswerteren, hören genau zu und machen den Autobesitzer nicht verrückt, bevor nicht ganz genau feststeht, welche Teile nun wirklich kaputt sind.

Aber welche Arbeiten überläßt man nun eigentlich den Spezialisten, die man übrigens nicht nur in Fachwerkstätten, sondern oft auch mal auf einem unscheinbaren Hinterhof findet? Ganz von selbst verbieten sich für alle „Do-it-yourselfer" solche Reparaturen, die eine bestehende Garantie berühren.

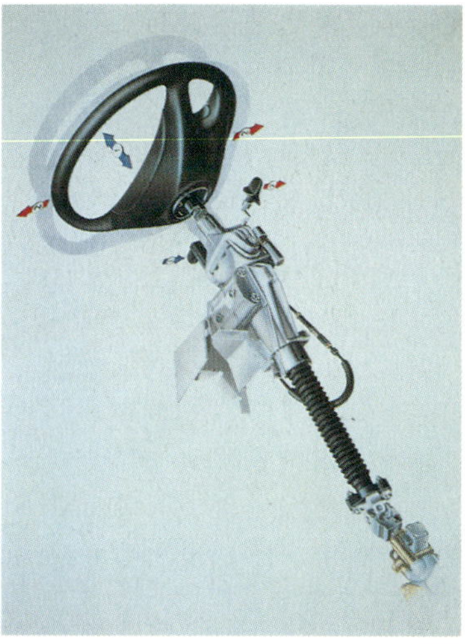

Für den Laien absolut tabu sind alle Reparaturen an der Bremsanlage (rechts) und am Fahrwerk (links). Zum einen erfordern sie genaue Kenntnis über die technischen Zusammenhänge der einzelnen Bauteile, zum anderen sind hier oft Spezialwerkzeuge notwendig um die Arbeiten durchzuführen. Wer hier pfuscht, riskiert nicht nur sein eigenes, sondern auch das Leben seiner Mitmenschen!

Ebenso tabu für Auto-Greenhorns sollten Arbeiten am Motorinneren sein: hier kann schon der kleinste Fehler sehr teuer werden. Finger weg auch von der Bremse – wer da pfuscht, setzt sein Leben (und das anderer) aufs Spiel! Die Radaufhängung ist ein weiterer kritischer Punkt, den man Profis überlassen sollte. Hier werden meist Spezialwerkzeuge benötigt – von den notwendigen Einstellungen nach getaner Arbeit ganz zu schweigen.

Motoreinstellung ist Werkstattangelegenheit

An den Rest seines Autos (und es bleibt ja genug übrig) kann sich der mutige Schrauber dann herantrauen. Allerdings gelten auch hier einige kleine Einschränkungen: Vor der Arbeit (!) sollte man sich eingehend von Fachleuten Tips und Ratschläge einholen, sich in diesem Buch im entsprechenden Kapitel informieren und sich zuletzt vier einfache Fragen stellen:

A. Verstehe ich eigentlich theoretisch und praktisch das, woran ich reparieren will?
B. Habe ich das richtige Werkzeug zur Hand?
C. Bin ich mir sicher, daß ich alles wieder so zusammenbekomme, wie es vor der Reparaturarbeit war?
D. Gibt es jemanden im Bekanntenkreis mit dem nötigen Know-how, der mir zur Not hilft, meine vielen bunten Teile in ein komplettes (und vor allem funktionierendes) Auto zurückzuverwandeln? Wenn bei einer dieser Fragen ein „Weiß nicht" oder „Vielleicht" herauskommt, sollte man das „Basteln" lieber lassen.

Bei viermal eindeutigem „Ja" steht dem Schrauben eigentlich nichts mehr im Wege; lediglich etwas Durchhaltevermögen und eine Portion guter Laune sind noch gefragt. Höchstwahrscheinlich wird

Bei Arbeiten an Neufahrzeugen riskiert man die Garantie; deshalb mit ihnen lieber in die Werkstatt fahren (links). Vorsicht! Unsachgemäße Arbeit an den Bremsen oder der Lenkung kann zu schweren Unfällen führen

man für den ersten eigenen Keilriemen- oder Kerzenwechsel „unendlich“ lange brauchen; vielleicht wird man auch mehrmals die Schnapsidee, selbst Hand anlegen zu wollen, verfluchen. Ist aber irgendwann alles geschafft, und das „allerbeste Stück“ läuft besser als zuvor, ist es doch immer wieder ein tolles Gefühl! Daß man dabei oft eine schöne Summe Geldes gespart hat, ist auch nicht zu verachten!

Jeden trifft einmal das „Pannenglück“

Achtens: Vermeiden von Störungen durch (rechtzeitige) Kontrolle und Austausch.

Obwohl unser geliebtes Automobil auf eine recht lange Entwicklungs- und Reifezeit zurückblicken kann, ist es doch bis heute leider immer noch nicht gelungen, es völlig „immun“ gegen Defekte zu machen. Die Horrorvorstellung „Autopanne“ erwischt fast jeden einmal – und zwar immer zur falschen Zeit am falschen Ort! Um sich diese Geißel vom Hals zu halten, kann man allerdings vorbeugen: Ein Keilriemen oder ein Vorwärmschlauch für die Ansaugluft kosten keine Unsummen, sind aber – wenn sie doch einmal kaputtgehen – oft Auslöser für reichlich Ärger, Folgekosten und Zeitverlust. Hier sollte man sich an die Richtlinien der Hersteller halten und sie lieber früher als zu spät ersetzen. Auch die übrigen Verschleißteile (wie etwa Zündkerzen, Filter oder Kontakte) halten nicht ewig. Deshalb sollte man auch sie besser frühzeitig daheim in der Garage auswechseln, als nachher ihretwegen in dunkler Nacht auf einsamer Landstraße zu stehen.

Ist ein Fahrzeug gut gewartet und gepflegt, wird auch aus der längsten Urlaubsreise keine „Zitterpartie“

Pannenstelle absichern

Tritt am Fahrzeug eine Panne auf, macht sich diese oft schon kurz vorher bemerkbar. Beginnt der Motor zu stottern, oder kommt es zu anderen Störungen, sollten Sie immer versuchen, einen Parkplatz (oder eine andere sichere Stelle) anzufahren. Hier kann die Schadensursache „ungestört“ aufgespürt werden. Steht das Auto ungeschützt, müssen Sie die Pannenstelle auf jeden Fall mit Warnblinkanlage und Warndreieck absichern.

Vorsorge vor Pannen heißt aber auch, sein Fahrzeug öfter mal genauer anzusehen. Oft zeigen sich Probleme nämlich schon frühzeitig. Ein Blick unter die Motorhaube ist deshalb auch für den „Noch-nicht-Fachmann" manchmal sehr nützlich: Scheuert hier irgendwo ein Kabel? Sitzen alle erreichbaren/sichtbaren Schrauben wirklich fest? Sind alle, also auch die ganz kurzen und dünnen Schläuche ausreichend fest montiert? Wer sich etwa nach der Wagenwäsche einmal fünf Minuten lang seinen Motorraum anschaut, kann eventuelle Fehlerquellen schon frühzeitig ausmerzen. Da wir schon einmal dabei sind: Laufen Sie doch einfach einmal um Ihr Auto herum und kontrollieren Sie, ob die Reifen nicht zufällig irgendwo eine Beule oder einen Riß haben. Ist dem so (oder findet sich sogar ein Fremdkörper in der Lauffläche), ist das ein Fall für den Reifenhändler – und nicht für die Straße. Daß auch der Reservereifen bei einem solchen Rundgang einmal untersucht werden sollte, versteht sich fast von selbst: Hat er genug Luft und ist sein „Assistent", der Wagenheber, griff- und funktionsbereit in der Nähe?

Vertrauen ist gut – Kontrolle ist besser

Zu einem richtig zusammengestellten Pannenset gehört der sogenannte Radmutternschlüssel – vom Hersteller aus oft nur ein besseres Spielzeug! Wer bei einer Reifenpanne keine unliebsame Überraschung erleben möchte, sollte daheim einmal probieren, ob er mit dem Bordwerkzeug die Rad-

Bei regelmäßiger Kontrolle des Fahrzeugs fallen einem auch solche Dinge auf, wie ungleichmäßig abgefahrene Reifen (oben) oder angescheuerte Kabel und Schläuche. Wird rechtzeitig etwas unternommen, kann ein teurer Folgeschaden vermieden werden

muttern überhaupt lösen kann. Ist das nicht der Fall, so ist schnellstens ein stabiles Radkreuz oder ein massiver verlängerter Radmutternschlüssel zu besorgen.

Um für eine (hoffentlich nie eintretende) Panne richtig gerüstet zu sein, braucht man aber noch einige andere Accessoires. Allen voran – damit die Panne nicht zu einem Unfall wird – das Warndreieck. Denken Sie auch daran, daß Sie, bevor das Warndreieck nicht in ausreichendem Abstand von Ihrem Wagen steht, niemals die Heckpartie und damit die Rückleuchten des Autos verdekken; es müssen ja wirklich nicht fünf Leute gleichzeitig im Kofferraum herumwühlen – einer reicht!

Das „richtige" Pannenset gibt es nicht

Da sich ja leider die Art einer Panne vorher nicht festlegen läßt, muß man sich wohl oder übel auf die verschiedensten Eventualitäten vorbereiten. Erfahrene „Pechvögel" empfehlen, auf jeden Fall einen Hammer, eine Rolle Isolierband und etwas Draht (beispielsweise Blumendraht) mitzuführen. Mit diesen Utensilien lassen sich einige Fehler ohne fremde Hilfe provisorisch beheben. Darüber hinaus sollten zwei Zangen (eine sogenannte Kombizange und eine Wasserpumpenzange) im Kofferraum des Fahrzeugs zu finden sein. Kreuz- und Schlitzschraubenzieher (am praktischsten als ein umsteckbares Werkzeug) sowie eine Taschenlampe oder Bordlampe zum Anschluß an den Zigarrettenanzünder gehören ebenfalls in den „Hebammenkoffer". Bei den Schraubenschlüsseln wird es dann schon etwas schwieriger – hier gibt es von Modell zu Modell große Unterschiede bei den gängigen Größen. Am sichersten ist es, eine Auswahl von Schlüsseln der Größen „8" bis „19" dabeizuhaben. Sehr hilfreich sind übrigens die kleinen „Ratschen- oder Nußkästen" aus dem Baumarkt. Zu Preisen von meist weniger als dreißig Mark hat man mit ihnen Werkzeuge zur Verfügung, die sich zwar nicht für einen dauerhaften Werkstatteinsatz eignen, aber bei vorsichtigem Gebrauch doch manch wertvollen Dienst leisten können.

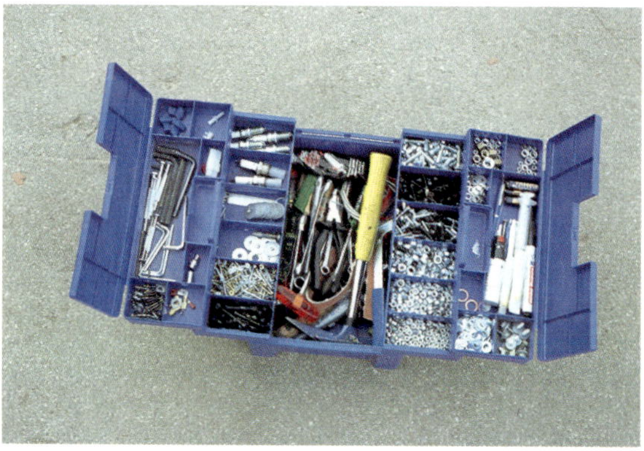

Hat man genügend Platz im Kofferraum, empfiehlt es sich, einen Werkzeugkoffer mitzuführen. So können die meisten Pannenursachen schnell behoben werden.
Wer nicht immer das schwere Werkzeug mitführen will, kann auch ein „Notset" für sein Fahrzeug zusammenstellen

Zu guter Letzt noch ein paar Tips für den Fall, daß man sich selbst nicht helfen kann und fremde Hilfe benötigt. Auf der Autobahn zeigen die kleinen Pfeile auf den Begrenzungspfosten, wo die nächste Notrufsäule ist. Auf einer einsamen Landstraße kann einem nur das Gefühl helfen, die richtige Richtung einzuschlagen. Wer dann aber weder genügend Kleingeld noch eine Telefonkarte dabeihat, scheitert vor der nächsten Telefonzelle. Also vorsorgen – und ein paar „Zehnerl" und/oder Telefonkarte im Auto mitführen. Wenn dann Hilfe herbeigeeilt ist, das Auto aber trotzdem nicht zum Laufen zu bewegen ist, muß ein Abschleppseil her. Hier haben sich Seile aus Hanf, Nylon oder Sisal (mit je einem Schäkel oder Karabiner an jeder Seite) bewährt. Sie dämpfen Anfahrfehler weich ab, und die beiden Schäkel/Karabiner sind am Ende der Fahrt problemlos von den Abschleppösen zu entfernen. Seile aus Stahl sollte man sich vor dem Kauf ganz genau ansehen: Entweder das „gute Stück" ist einfach zu schwach und reißt wie ein Schnürsenkel beim ersten Anfahrruck; oder man bekommt einen „genialen Patentverschluß" mitgeliefert, den man nach der Abschleppaktion – weil er sich hoffnungslos zusammengezogen hat – oft nicht mehr öffnen kann.

Schutzkleidung sollte griffbereit sein

Das ideale Abschleppseil ist natürlich das, das man nie braucht. Ist es aber soweit, sollte es einfach und schnell an den Abschleppösen zu befestigen und wieder zu lösen sein. Hier ist eine Version mit zwei Karabinern vorzuziehen, weil das Seil nicht verknotet werden muß

Für ein Starthilfekabel (besonders wichtig in der kalten Jahreszeit) findet sich sicherlich noch ein Platz im Kofferraum. Ein paar Reservesicherungen und -birnen, ein Satz Arbeitshandschuhe, der Reservekanister und ein paar Lappen müssen natürlich auch noch mit. Das Wetter kann man sich für eine Panne auch nicht aussuchen – daher besonders bei Urlaubsreisen (beispielsweise in den Wintersport) mit dem Schlimmsten rechnen und Schutzkleidung gegen Kälte und Wetter einpacken. Denn: Wenn der Motor streikt, funktioniert auch die Heizung nicht mehr.

Wir wünschen natürlich allen Lesern viele Tausende von pannenfreien Kilometern. Sollte es Sie aber trotzdem einmal erwischen, nehmen Sie dieses Buch aus dem Handschuhfach, schlagen Sie das entsprechende Kapitel auf – und schon wissen Sie, wie Sie sich weiterhelfen können. Und zwar ohne lange auf einen Autofachmann warten zu müssen.

Wie fang ich´s bloß richtig an?

Wer seinen Wagen zum Reparieren bringt, hat wenig Sorgen mit der Beschaffung der Ersatzteile – das erledigt die Werkstatt für ihn mit. Sorgen gibt's oft nachher – nämlich mit der Rechnung! Da hat sich schon so mancher Kunde kopfschüttelnd gefragt: „Wie bitte? So ein kleines Teil kostet so viel Geld?"

Ersatzteilpreise genau vergleichen

Wer seine Reparaturen selbst ausführt, kann bei den Ersatzteilen eine gute Stange Geld sparen. Die Fahrzeug-Hersteller bieten für all ihre Automodelle Ersatzteile als „Originalteile" an, auf die sie zumeist die sogenannte Original-Teile-Garantie gewähren. Beim Kauf eines solchen Reparaturteils muß man leider oft (und unnötigerweise) den Namen des Herstellers mitbezahlen. Unnötig deshalb, weil viele Ersatzteile bedeutend preiswerter auch auf dem freien Teilemarkt (also beim Zubehör-Händler, an einer Tankstelle oder im Kaufhaus) erhältlich sind. Oft entstammen diese Reparaturteile sogar derselben Quelle wie das Originalteil – sind also von dem Zulieferer, der genau dieses Teil auch für den Automobilkonzern fertigt. Es gibt also keine Qualitäts-, aber oft große Preisunterschiede.

Gerade bei den vielen kleinen Verschleißteilen, angefangen beim Scheibenwischerblatt über die Verteilerkappe bis hin zur Zündkerze, kann man guten Gewissens zu den preiswerteren Teilen greifen. Im Geldbeutel machen sich die Unterschiede nicht extrem bemerkbar, dafür sind die Anschaffungs-

Verschleißteile, die sowieso nicht direkt vom Fahrzeughersteller stammen, kann man ohne Risiko bei einem Teilehändler oder der Tankstelle kaufen. Oben ein Satz Zündkerzen, unten ein Ölfilter

kosten insgesamt zu gering. Ganz anders sieht es aber aus, wenn es darum geht, größere Teile zu ersetzen: Anlasser, Lichtmaschine, Kühler und andere Aggregate sind – im Zubehörladen gekauft – oft deutlich preiswerter als ihre „Marken-Zwillinge" aus den Regalen der Hersteller. Ohne Verzicht auf Qualität, Garantie (Kassenzettel aufbewahren!) und Langlebigkeit kann man hier tatsächlich schnell ein paar Hunderter sparen.

Erstausrüsterqualität sollte es schon sein

Wer beim Einparken einen Blinker oder einen Scheinwerfer beschädigt hat, an der Gartenpforte seine Stoßstange verlor oder einen verknautschten Kotflügel sein eigen nennt, sollte zuerst beim nächstgelegenen Auto-Shop nachfragen, was das entsprechende Teil kostet, und danach den Preis mit dem der offiziellen Werkstatt vergleichen. Denn auch hier lassen sich einige Kosten einsparen; der Verlust des Aufklebers „Originalteil" ist da schnell verschmerzt.

Kritisch wird es allerdings beim Thema Auspuff/Katalysator – die Erfahrung hat gezeigt, daß man bei diesen Teilen auf absolute Billigangebote verzichten sollte. Es muß zwar auch hier nicht unbedingt das Originalteil her, aber zumindestens ein Modell in sogenannter „Erstausrüster-Qualität" von einem Markenhersteller. Wer nämlich beim Auspuff am falschen Ende spart, bekommt oft schon nach kürzester Zeit die Quittung – in Form unangenehmen Lärms – präsentiert. Nun gibt es aber leider nicht jedes Ersatzteil beim freundlichen Mann vom Auto-Shop „X Y Z". Einige Dinge (etwa Schalter, Gummileisten oder Motorenteile), die nur zu einem speziellen Modell passen, erhält man nur in den Ersatzteilabteilungen der Fachwerkstätten.
Wer Geld bei der Teilebeschaffung sparen will, muß etwas herumtelefonieren und -laufen – es lohnt sich aber immer.

Teile wie Kotflügelverbreiterungen (oben) oder Zierleisten (unten), die nur für das eine Fahrzeug passen, sind in der Regel nur über den Ersatzteilhandel des Fahrzeugherstellers zu beziehen. Beim Einkauf sollte der Fahrzeugschein nicht vergessen werden – das erleichtert die Zuordnung

Noch ein Tip zum preiswerten Einkauf: In vielen Städten gibt es Teilegroßhändler, die so „groß" schon gar nicht mehr sind – sie haben ihre Läden nämlich längst für den Mann von der Straße geöffnet. Hier findet sich oft die preiswerteste Einkaufsquelle. Wem selbst das billigste Neuteil zu teuer ist, dem bleibt immer noch eine Alternative: gemeint ist der gute alte Schrottplatz.

Augen auf beim „Schrottplatzkauf"

„Garantie" ist zwar nicht gerade das Lieblingswort der Autoverwerter, doch dafür sind die gebrauchten Teile bei ihnen selbst für den kleinsten Geldbeutel erschwinglich. Doch sollte man aufpassen – eine Lichtmaschine, die nach kürzester Zeit ihren Geist aufgibt, ist sicher ein schlechter Kauf.

Geld sparen beim Teilekauf

Die Fahrzeughersteller sind aus Kostengründen schon lange nicht mehr in der Lage, alle Fahrzeugteile selbst zu produzieren. Sie sind eher diejenigen, die das Auto aus vielen angelieferten Teilen zusammenbauen. Viele Ersatzteile sind bei den Zuliefererfirmen direkt zu beziehen. Der Weg zu einem solchen Teileproduzenten kann sich durchaus lohnen. Nicht nur aus Kostengründen – das Ersatzteil hat auf jeden Fall volle Garantie.

Das richtige Werkzeug

Beim Werkzeugkauf wird von beinahe jedem Anfänger ein und derselbe Fehler begangen: es wird gespart! Wer von Anfang an richtigfahren will, sollte in Sachen Werkzeug keine Kompromisse eingehen – und seine „Helfer" nur beim Fachhändler kaufen. Dort gibt es alle großen Marken; und das sind Produkte, die auch bei ständigem Gebrauch ein Leben lang halten. Leider haben diese Werk-

Viele Gebrauchtteile kann man preiswert beim Schrotthändler beziehen. Allerdings sollte man hier genau darauf achten, daß die Teile nicht zusehr „gebraucht" sind. Ein Vorteil ist auch, daß man den Ausbau schon einmal „gefahrlos" üben kann

zeuge den Nachteil, daß sie empfindliche Löcher in den Geldbeutel reißen. Aber wer sich einmal über Billigwerkzeug geärgert hat, weiß, daß es preiswerter kommt, einmal gutes Werkzeug zu kaufen als dreimal schlechtes. Eine halbwegs akzeptable Entscheidung ist auch der Kauf in Kaufhäusern oder Baumärkten mit größerer Werkzeugabteilung. Wer in der gehobenen Preisklasse zugreift, ist meist sehr gut bedient.

Gutes Werkzeug lohnt sich immer

Blenden lassen sollte man sich keinesfalls von hochtrabenden Namen oder dem oft verwendeten Aufdruck „Chrom-Vanadium". Letzteres sagt nichts über die Qualität des Werkzeugs aus. Auswahlkriterium sollte – neben der Preisfrage – hauptsächlich die Überlegung sein: Handelt es sich wirklich um ein Markenfabrikat?

Soviel zum Allgemeinen. Kommen wir nun zu der Frage: Welches Werkzeug braucht man als Autobastler überhaupt? Beginnen wir mit den Schraubendrehern, auch Schraubenzieher genannt. Von diesen sollte man am besten einen ganzen Satz kaufen, bestehend aus sechs bis zehn Stück und sortiert als Schlitz- und Kreuzschlitz. (Leider) gilt auch hier: je teurer, desto besser! Das Heft (das ist der Griff) sollte gut in der Hand liegen. Es wird heute in der Regel aus schlagfestem Kunststoff gefertigt. Vor diesem Heft in Richtung Klinge haben die guten Schraubenzieher-Modelle einen Sechskant, auf den ein Ringschlüssel aufgesteckt werden kann. Das ermöglicht, daß auf festsitzende Schrauben wesentlich mehr Kraft

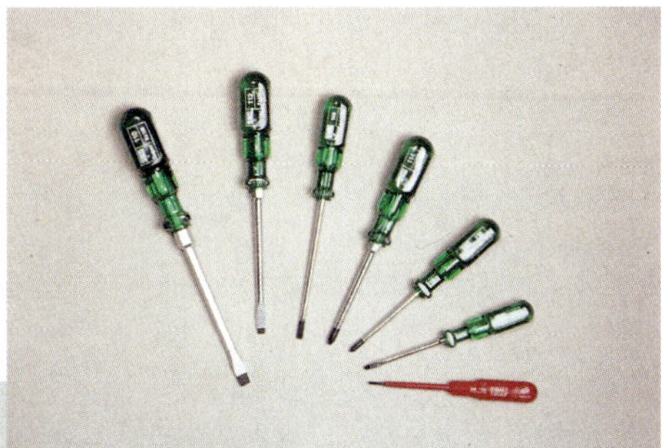

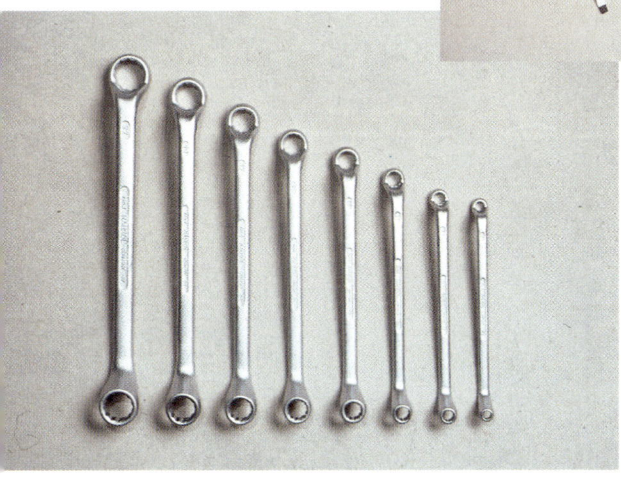

Die am häufigsten verwendeten Werkzeuge sollte man nur in besserer Qualität kaufen. Schraubenzieher (oben) und Ringschlüssel (links) sollten schon einer gewissen Belastung standhalten. Spezielle Werkzeughändler bieten eine große Auswahl; doch auch hier hat Qualität ihren Preis

ausgeübt werden kann. Die Klingen der Schraubenzieher sollten speziell gehärtet sein, sonst hat man nicht lange Freude an ihnen.

Nun zu den Schraubenschlüsseln: Diese gibt es in unterschiedlichen Variationen.
Für den Normalbedarf genügt als Erstausrüstung ein Satz kombinierter Ring/Gabel-Schlüssel. Diese haben auf der einen Seite einen leicht gekröpften (geneigten) Ringschlüssel, auf der anderen Seite – und zwar in derselben Größe – einen Gabel- oder Maulschlüssel. Diesen Satz sollte man in Größen von sechs bis 22 Millimeter in seinem Werkzeugkoffer haben.

Qualität hat auch beim Werkzeug ihren Preis

Als Erweiterung dazu könnten Schlüssel in denselben Größen von Nutzen sein – nur mit dem Unterschied, daß diese Ringschlüssel nun weiter gekröpft (also stärker geneigt) sein sollten. Mit ihnen erreicht man dann auch Schrauben, die versteckt liegen. Nahezu unentbehrlich ist ein guter Steckschlüsselsatz, auch Nuß-, Knarrenkasten- oder Ratschensatz genannt. Mit einer solchen „Knarre" kann man besonders schnell arbeiten, da der Schlüssel nicht jedesmal umgesetzt werden muß. Auch sind schlecht erreichbare Schrauben mit der Knarren-Verlängerung und den

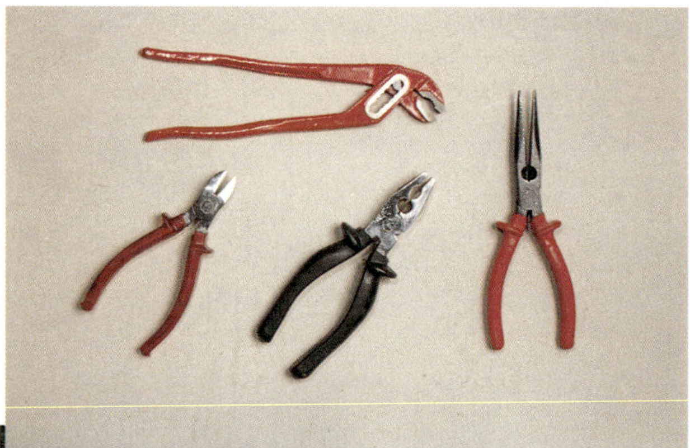

Beim Kauf der Zangen sollte man sich erst einmal auf das Nötigste beschränken. Zangen gibt es für jeden Verwendungszweck, das Angebot ist sehr groß. Zu Beginn tut es aber eine kleine Auswahl

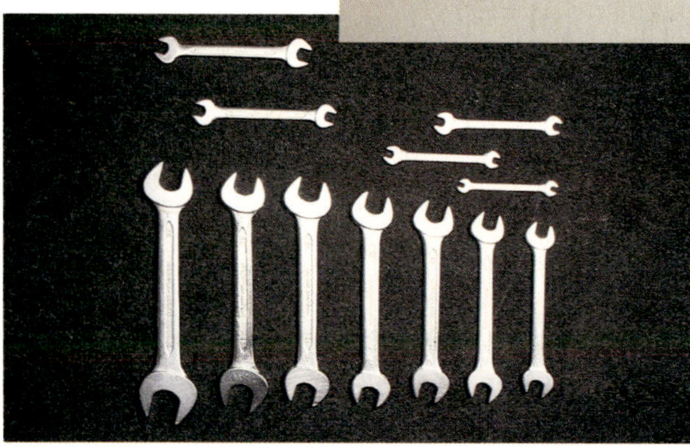

Um eine durchdrehende Schraube halten oder kontern zu können, empfiehlt sich der Kauf eines Gabelschlüsselsatzes. Auch in diesem Fall sollte man kein Billigwerkzeug verwenden, da es beim Abrutschen oder Brechen des Schlüssels zu bösen Verletzungen kommen kann

Gelenken leicht zu packen und können so auch ordentlich angezogen werden. Für den Anfang kauft man einen Satz mit Halbzoll-Antrieb, die Nüsse sollten von acht Millimeter bis mindestens 19 Millimeter reichen. Als ergänzende Anschaffung folgt ein Steckschlüsselsatz mit einem Viertelzoll-Vierkantantrieb. Dieser ist für die feineren Aufgaben bestens geeignet. Bei der Anschaffung gilt auch hier: Lieber etwas mehr Geld ausgeben – und dann um so länger Freude am Werkzeug haben.

Werkzeug kann man nicht genug haben

Zwischenfrage: Einen großen und einen kleinen Hammer haben Sie doch bestimmt? Wenn nicht – bitte gleich kaufen. Denn ohne Hammer ist man – selbst als äußerst zurückhaltender „Autoschrauber" – leider nur ein halber Mensch. Nicht, daß sein Gebrauch unverzichtbarer Bestandteil der Arbeit wäre; aber ganz ohne ihn geht es oft überhaupt nicht weiter.
Das Kapitel Zangen ist ebenfalls sehr umfangreich. Hier kann man sich aber für den Anfang auf drei bis vier Modelle beschränken. Die universellste aller Zangen ist und bleibt wohl die Wasserpumpenzange – sie gehört einfach in jeden Werkzeugkasten. Es sei aber auch hier wieder vor „Drei-Mark-fünfzig-Objekten" gewarnt – sie können einem den Handballen quetschen. Als nächstes gehört eine Kombizange in die Werkzeugkiste. Sie ist so ein Mittelding zwischen Wasserpumpenzange und Seitenschneider, den man sich übrigens auch zulegen sollte. Ob man als Ergänzung

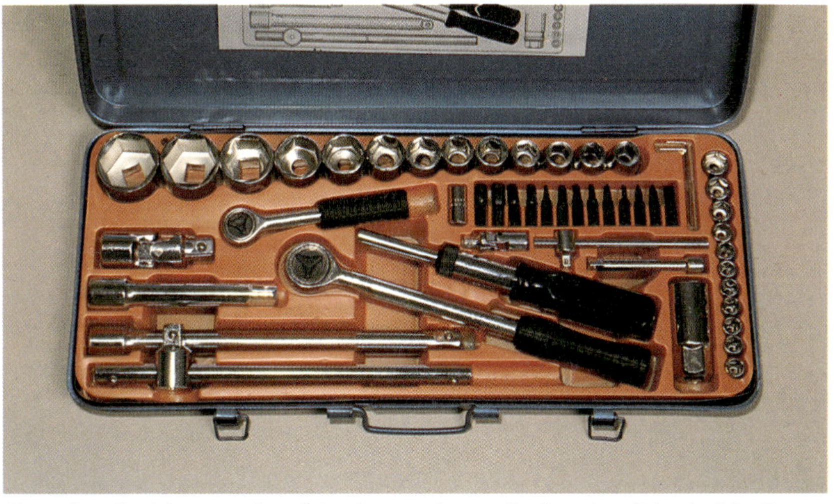

Um auch an die vielen versteckten Schrauben zu gelangen, die einem das „Schrauberleben" so schwer machen, ist ein Steckschlüsselsatz sehr hilfreich. In diesem Fall kann man (aus Kostengründen) auch auf „No-name-Qualität" zurückgreifen – wenn man nicht die höchsten Ansprüche stellt. Wichtig ist es die Einzelteile sauber zu halten, die „Ordnung" verschwindet schon von alleine

zu diesem „Zangen-Trio" nun noch eine Spitzzange, eine Gripzange oder eine Flachzange anschafft, sollte man dem Verlauf und der Art der Arbeiten überlassen: Zugekauft wird dann, was für die betreffende Arbeit gebraucht wird.

Arbeitsschritte genau planen

Für Arbeiten an der Elektrik ist eine Prüflampe unbedingt erforderlich. Sie zeigt sicher an, ob an der Stelle, wo Strom sein sollte, auch wirklich welcher ist. Wer dann so ausgerüstet ist wie beschrieben, kann eine Menge selbst erledigen. Weitere Werkzeuge – seien es Imbusschlüssel (Innensechskant), ein Rangierwagenheber oder ein Ausbeulset für Karosseriearbeiten – können später zugekauft werden.

Mit dem Vorsatz, ab jetzt einige Arbeiten am Fahrzeug selbst ausführen zu wollen, ist es noch nicht getan. Wir empfehlen Ihnen, sich in jedem Fall zuerst theoretisches Rüstzeug für eine geplante Arbeit zu verschaffen. Wenn die Reihenfolge der Arbeitsschritte von vornherein bekannt ist, gehen einem die Arbeiten nämlich erheblich leichter von der Hand. Außerdem ist es sinnvoll, vor einer Reparatur (beziehungsweise Wartung) den Umfang der Arbeit sowie die erforderlichen Werkzeuge zu kennen. Dann können Sie selbst beurteilen, ob Sie die Maßnahme mit den Ihnen zur Verfügung stehenden Mitteln wirklich durchführen können und wollen.

Um keine böse (teure) Überraschung zu erleben, ist es bei allen Reparaturen wichtig, die nächsten Arbeitsschritte genau zu „planen". Besonders bei Arbeiten am Motor ist gründliches Arbeiten wichtig. Nie in Eile arbeiten!

Lesen Sie deshalb immer zuerst das entsprechende Kapitel in diesem Buch. Es gibt Auskunft über den Schwierigkeitsgrad einer Wartungs-/Reparaturarbeit und nennt die erforderlichen Werkzeuge.

Umweltschutz

Egal, wo Sie die Arbeiten an Ihrem Fahrzeug durchführen: Auf die Umwelt muß Rücksicht genommen werden. Dies beinhaltet nicht nur den Umgang mit den Betriebsstoffen wie Benzin, Öl oder Kühlerflüssigkeit. Auch die Lärmbelästigung sollte nicht unterschätzt werden.

Nehmen Sie stets auch die Betriebsanleitung Ihres Wagens zur Hand. Dort sind fahrzeugspezifische Besonderheiten aufgeführt, deren Beachtung selbstverständlich Vorrang vor den Hinweisen in diesem Buch hat.

Die richtigen Arbeitsbedingungen

Alle in diesem Buch geschilderten Arbeiten lassen sich problemlos in der heimischen Garage ohne Grube oder Hebebühne ausführen. Einiges läßt sich auch neben der Straße erledigen. In den größeren Städten, wo der Anteil an „Freiluftbastlern" naturgemäß sehr hoch ist, gibt es seit einigen Jahren zahlreiche Auto-Selbsthilfewerkstätten, deren Adressen in jedem Branchenfernsprechbuch zu finden sind. Hier kann man für relativ geringes Entgelt stunden- oder tageweise einen „richtigen" Arbeitsplatz mit mehr oder weniger kompletter Werkstatt-Infrastruktur mieten. Manche Selbsthilfewerkstätten bieten zudem auch Sonderdienstleistungen an (wie beispielsweise Lackierservice) – für die komplizierteren Arbeiten oder bei garstigem Wetter eine empfehlenswerte Einrichtung.

Viele Arbeiten, die es erforderlich machen, das Auto anzuheben, lassen sich kostengünstig in einer Hobbywerkstatt durchführen

Unachtsamkeit birgt die meisten Gefahren

Ein weiteres Augenmerk sollte der Vorbereitung des Arbeitsplatzes gewidmet werden. Das gilt auch für die Notreparatur am Straßenrand. Über mögliche und vermeidbare Fehler erfahren Sie im nächsten Abschnitt mehr.

Gefahren bei Eigenreparaturen

Da sollen Sie nun ermuntert werden, an Ihrem Auto handwerklich initiativ zu werden – und schon rauben wir Ihnen jegliche Motivation durch ein Kapitel mit zahlreichen Hinweisen darauf, wobei man sich überall den Daumen blauschlagen kann. Doch keine Sorge: Viele Verletzungsrisiken beim Werkeln am Auto lassen sich bereits durch die Beachtung einiger weniger Grundsätze vermeiden.

Arbeitsablauf studieren

Wie im vorigen Kapitel ausgeführt, kommt diesem (theoretischen) Schritt auch im Hinblick auf Unfallvermeidung eine wichtige Rolle zu. Denn nur wer die einzelnen Arbeitsschritte kennt, kann wissen, wann er beispielsweise eine zu lösende Feder vor unkontrolliertem Wegflug sichern muß.

Intaktes Werkzeug verwenden

Eine nicht zu unterschätzende Gefahr geht von defektem, minderwertigem oder schlicht ungeeignetem Werkzeug aus.
Ein Schraubenzieher mit beschädigter Klinge ist zwar ungeeignet, eine Schraube zu lösen – aber wenn er doch verwendet wird und vom Schraubenkopf (der zugleich vermurkst wird) abrutscht, ist er immer noch gut genug, eine schmerzhafte Wunde hervorzurufen. Ähnliches gilt für Schraubenschlüssel, die nicht mehr genau auf die Schraubenmuttern passen. Bei der Wasserpumpenzange ist der Verstellmechanismus oft so ausgeleiert, daß bei Kraftanwendung beide Griffteile den Handballen (und weniger das Werkstück) in die Zange nehmen. Der bei Fahrradbastlern so beliebte „Knochen"sollte aus jeder Werkzeugkiste verbannt werden. Uns sind bis Drucklegung des Buches nur Ausführungen bekannt, die anstatt aus hochwertigem Werkzeugstahl eher aus einer „Butter-Aluminium-Legierung" bestehen. Diese „Spielzeug-Teile" tragen ihren Namen vermutlich nicht nur wegen ihres Aussehens, sondern auch deshalb, weil das Mittelstück nach Abbrechen eines Endes bis genau dorthin vordringen kann. Auch alle anderen Werkzeuge sollten einer gewissen Mindestqualität genügen. Und Sie selbst sollten sich unbedingt angewöhnen, das richtige Werkzeug für die je-

Möglichst oft Handschuhe tragen

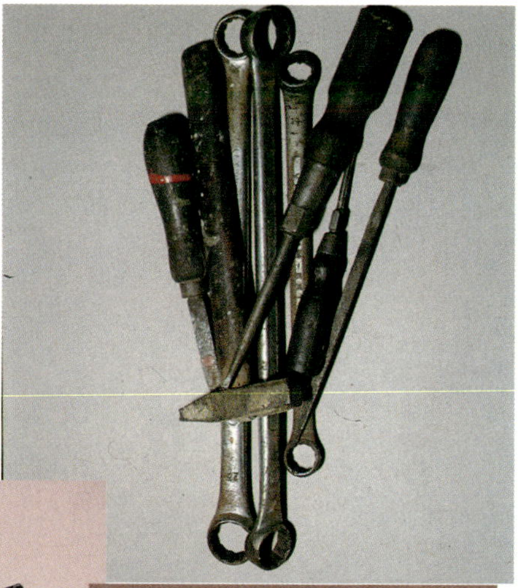

Ihrer Gesundheit zuliebe sollten Sie auf derart „verbrauchtes" Werkzeug (rechts) verzichten. Mit solchem „Schrott" macht man zudem mehr kaputt als ganz. Das gleiche gilt für den „Knochen" (unten rechts); er wurde nur als abschreckendes Beispiel abgelichtet. Ein Hydraulikheber (unten) hingegen erleichtert und beschleunigt das Arbeiten sehr

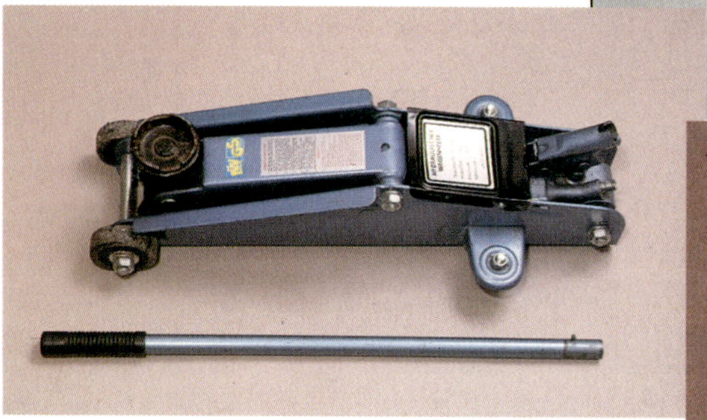

weilige Aufgabe zu verwenden. Eine Zange hat an einer Sechskantmutter zum einen aus Unfallvorsorgemaßnahmen nichts zu suchen (neigt zum Abrutschen). Auch würde man mit der Zange die Sechskantmutter schnell runddrehen. Danach kann man auch mit korrektem Werkzeug (in dem Fall Ringschlüssel oder Ratsche mit Nuß) den Sechskant kaum mehr lösen.

Vorsicht beim Anheben des Fahrzeugs

Vorausschauend hantieren

Das meint beispielsweise: Wenn Sie mittels eines Schraubenschlüssels eine Mutter lösen wollen, sollten Sie gleich überlegen, ob die Hand im Falle des Abrutschens gegen eine scharfkantige Blechnaht oder ähnliches schlagen würde. Durch Tragen von Arbeitshandschuhen können Sie das Verletzungsrisiko erheblich mindern. Ist das nicht möglich, sollte das scharfe Bauteil gepolstert werden (beispielsweise mit einem Lappen). Manchmal braucht man das Werkzeug lediglich in einem anderen Winkel am Werkstück ansetzen, um besser und sicherer Kraft ausüben zu können.

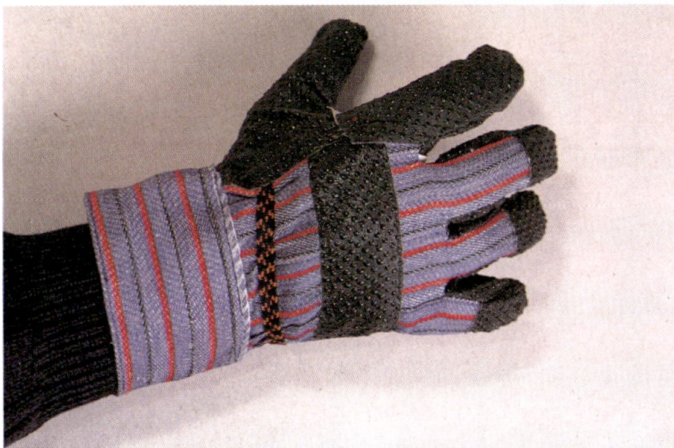

Bei vielen Arbeiten kann man Arbeitshandschuhe tragen. Sie verringern das Verletzungsrisiko erheblich

Fahrzeug aufbocken

Für das Aufbocken eines Fahrzeugs gelten besondere Vorsichtsmaßregeln:

- Vor dem Aufbocken ist immer (!) die Handbremse des Wagens fest anzuziehen und ein Gang einzulegen.

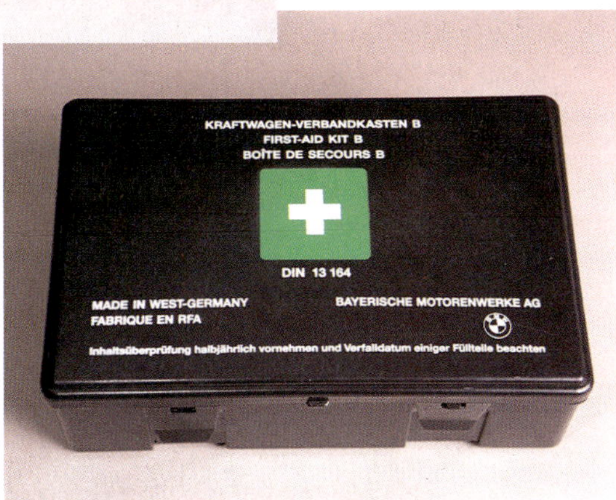

Bei allen Arbeiten muß ein vollständig gefüllter Verbandskasten griffbereit sein

• Es ist stets darauf zu achten, daß Räder und (!) Wagenheber auf festem Untergrund stehen – das Wegrutschen des Fahrzeugs kann lebensgefährlich sein.
Falls Sie mit dem Bordwagenheber (also dem vom Hersteller mitgelieferten Wagenheber) arbeiten, sollten Sie auch nur die werkseitig vorgesehenen Ansatzstellen (Wagenheberaufnahmen) benutzen. Verwenden Sie hingegen einen Scheren- oder einen Rangierwagenheber, können Sie das Fahrzeug unter Umständen auch an anderen stabilen Punkten anheben. Achten Sie dann aber darauf, daß keine Blechteile verbogen werden können und daß Sie keine Bremsleitungen, Kabel oder ähnliches abquetschen.

Arbeiten bei laufendem Motor

Für manche Kontrollen ist es erforderlich, den Motor laufen zu lassen. Dabei ist folgendes zu beachten:
• Abgase aus Verbrennungsmotoren sind giftig. Sie enthalten unter anderem das geruchlose und unsichtbare Kohlenmonoxyd, das über die Lunge in den Blutkreislauf gelangt, dort die Sauerstoffaufnahme blockiert und auf diese Weise zum Tod durch inneres Ersticken führt. Prüf- und Einstellarbeiten am

Motor nur im Freien laufen lassen

Achtung: die Warnschilder die in jeder Garage hängen (sollten) sind ernst zu nehmen. Motoren nur im Freien warmlaufen lassen!

Durch die Abgase, die (obwohl katalysatorgereinigt) den Auspuff verlassen, kann großer Schaden an der Gesundheit entstehen. Deshalb darf nur im Freien am laufenden Motor gearbeitet werden. Wer bei Arbeiten in der geschlossenen Garage den Motor laufen läßt, setzt sein Leben auf's Spiel!

laufenden Triebwerk sind stets (!) im Freien auszuführen. Dabei spielt es keine Rolle, ob Ihr Wagen mit einem Katalysator ausgestattet ist oder nicht. Dieser verringert zwar die Belastungswerte einiger Schadstoffe – doch unschädlich machen kann auch ein Kat diese Stoffe nicht.

Vorsicht vor rotierenden Motorteilen!

• Die Handbremse muß immer angezogen sein:
– Bei Fahrzeugen mit Schaltgetriebe muß sich der Schalthebel in Leerlaufstellung befinden;
– bei Fahrzeugen mit Getriebeautomatik muß der Wählhebel in Position „P" oder „N" stehen.

• Achtung vor schnellaufenden Aggregaten! Personen mit langen Haaren müssen unbedingt die Haare hochstecken, damit diese nicht etwa in den Keilriemen oder andere rotierende Teile gelangen können.

• Bei Fahrzeugen mit elektrischem Kühlerlüfter ist zu beachten, daß dieser meist thermostatisch geregelt ist – und somit unvermittelt anspringen könnte. Mitunter ist er auch unabhängig von der Zündung angeschlossen. Er kann dann sogar bei abgeschaltetem Motor plötzlich anlaufen.

• Die meisten Fahrzeuge verfügen heutzutage über eine sogenannte Transistorzündanlage. Diese produziert nicht nur sehr hohe Zündspannungen (ca. 20000 Volt), sondern auch lebensgefährlich hohe Ströme. Bei allen Arbeiten an der Zündanlage ist deshalb darauf zu achten, daß die Zündung ausgeschaltet ist oder daß Sie nur mit Werkzeugen hantieren, die eine hin-

Die richtige Arbeitkleidung ist wichtig. Auch wenn eine „winterliche" Kontrolle des Motorraumes ansteht, darf auf keinen Fall ein langer Schal getragen werden. Ebenso sind die Hände vor den sich drehenden Teilen wie Kühlerlüfter, Lichtmaschine und Keilriemen fernzuhalten

Erste-Hilfe-Kasten griffbereit

Sogar unter „Profischraubern" kommt es – allein in der Bundesrepublik – jährlich zu mehreren tausend schweren Arbeitsunfällen. Einige davon enden tödlich!
Selbst derjenige, der beim Schrauben äußerst vorsichtig vorgeht, kann sich leicht eine kleine Verletzung zuziehen. Deshalb muß ein Erste-Hilfe-Kasten bei allen Arbeiten in und ums Auto immer griffbereit zur Stelle sein.

reichende Isolierung sicherstellen. Gewöhnliche Gummihandschuhe reichen nicht aus.

Schutzkleidung

Unter diese Rubrik fällt zuerst ein „Anti-Schutz-Kleidungsstück": gemeint ist Ihre Armbanduhr. Zu Beginn aller weitergehenden Reparaturen sollten Sie sich ihrer unbedingt entledigen. Nicht nur der Uhr wegen (die Schaden nehmen könnte), sondern vor allen Dingen, weil man mit ihr häufig an (und hinter) verschiedenen Teilen hängenbleibt – und so Armverletzungen geradezu heraufbeschwört.

Geeignete Arbeitskleidung tragen

Durch die Verwendung von Schutzkleidung bei Reparaturarbeiten am Auto können Sie das Verletzungsrisiko nochmals drastisch vermindern. Der Vollständigkeit halber erwähnen wir hier auch Artikel und deren Einsatzzweck, die Sie als Hobbybastler möglicherweise nie benötigen werden.

Zweckmäßig sind in jedem Falle Arbeitshandschuhe aus Wildleder oder Stoff, wie sie in jedem Baumarkt erhältlich sind. Neben dem Vorzug, bei der Arbeit weitgehend saubere Hände zu behalten, schützen sie die Hände vor kleineren Verletzungen durch scharfkantige Teile. Bei Arbeiten, die viel Fingerspitzengefühl verlangen, sind diese Handschuhe jedoch aufgrund ihrer groben Machart manchmal etwas hinderlich.

Da umherfliegende Schleifpartikel zu schwersten Augenverletzungen führen können, ist bei jeglichen Arbeiten mit Schleifböcken, Winkelschleifern und anderen derartigen Maschinen eine Schutzbrille zu tragen. Achten Sie beim Kauf darauf, daß die Brille auch an den Seiten gut abdichtet. Sie sollte zu-

Die Profis wissen, was man wann trägt. Am bequemsten ist und bleibt der Overall

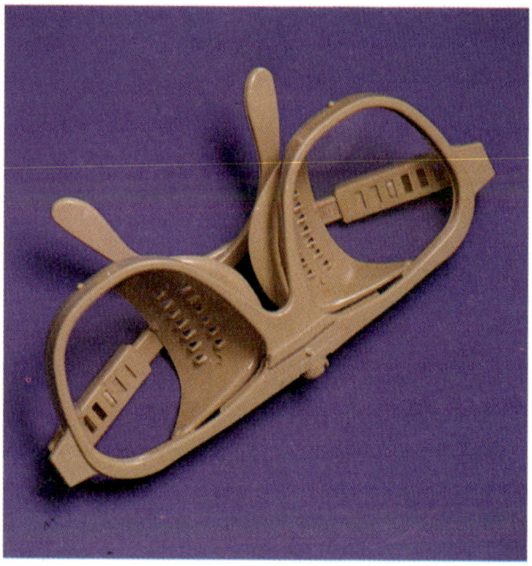

Bei allen Schleif- und Bohrarbeiten ist grundsätzlich eine Schutzbrille zu tragen

dem möglichst über auswechselbare Gläser verfügen.

Bei Schleifarbeiten am Fahrzeug ist die Verwendung eines Mund- und Nasenschutzes aus Vliesmaterial anzuraten, denn viele Schleifstäube enthalten gesundheitsschädliche Substanzen. Bedenken Sie aber, daß diese simplen „Hals-Nasen-und-Rachen"-Schützer gegen Lösungsmittel oder Kraftstoffgase wirkungslos sind. Hier hilft nur das Arbeiten bei guter Belüftung.
Wenn Sie vorhaben, häufiger an Ihrem Wagen zu arbeiten oder wenn Sie im Pannenfall gerne Ihre normale Kleidung schützen möchten, empfiehlt sich ein Arbeitsoverall aus Baumwolldrillich. Er hat letztendlich aber nur kosmetische Bedeutung.
Ohrenschützer (in Fachkreisen auch „Micky-Mäuse" genannt) sind bei lärmintensiven Arbeiten erforderlich. Sie sehen aus wie Kopfhörer ohne Kabel. Für den Hausgebrauch reicht „Ohropax" (in jeder Apotheke erhältlich) völlig aus.

Viele Giftstoffe sind im Auto

Umgang mit Betriebsstoffen

Auto und Umwelt – das sind zwei Dinge, die nach weitverbreiteter Ansicht miteinander auf Kriegsfuß stehen müßten.

Dafür sind nicht nur die Abgase verantwortlich oder die Energie, die schon für die Produktion des Fahrzeugs aufgewendet werden muß, sondern auch eine ganze Reihe chemischer Substanzen, ohne die kein Auto läuft. Zahlreiche Stoffe sind giftig, ätzend, brennbar – oder mehreres davon gleichzeitig.

Keine Angst vor schmutzigen Händen. Nimmt man das geeignete Reinigungsmittel, lassen sich auch die „schlimmsten" Finger wieder salonfähig machen

Durch den gewohnten Umgang mit Kraftstoff vergißt man zu leicht, daß es sich hierbei um eine hochgiftige Substanz handelt

Hautkontakt immer vermeiden

Durch richtige Verwendung (und vor allem auch Entsorgung) von Betriebsstoffen können Sie einen wichtigen Beitrag leisten, Umweltschäden zu vermindern. Die Mißachtung von Umweltvorschriften kann übrigens empfindliche strafrechtliche Konsequenzen haben. Um welche Stoffe es sich handelt und was zu beachten ist, haben wir nachfolgend aufgelistet:

- **Kraftstoff:** Kraftstoffe sind brennbar. Besonders Otto-Kraftstoffe (Benzin) sind leicht flüchtig und schon in geringen Konzentrationen in der Luft hochexplosiv. Offenes Feuer ist von allen Teilen der Kraftstoffanlage fernzuhalten. Auch darf es nicht in die Nähe des Tanks gelangen. Dieser bildet gerade dann, wenn er leer erscheint, die reinste Bombe! Deswegen gilt rund ums Auto: „Rauchen verboten". Unverbleites und bleihaltiges Benzin enthalten unter anderem krebserregendes Benzol, verbleites Benzin zusätzlich das hochgiftige Bleitetraäthyl. Der Kontakt mit Haut und Augen sowie das Einatmen der Dämpfe sind zu vermeiden. Bei versehentlichem Verschlukken von Kraftstoffen aller Art gilt: Sofort zum Arzt!
- **Öl:** Öl gibt es in mehreren Varianten in unserem Auto: als Motoröl, Getriebeöl und Hydrauliköl. Öle verseuchen Grundwasser. Sie dürfen daher niemals ins Abwasser gelangen. Achten Sie deshalb gelegentlich auf Ölflecken unter Ihrem Auto und lassen Sie Lecks umgehend beseitigen. Sehr gut können Sie frische Ölflecken feststellen, wenn Sie beispielsweise eine Zeitung unter das geparkte Auto legen.

Tankstellen und andere Geschäfte, die Motoröl verkaufen, sind gesetzlich verpflichtet, die jeweils verkaufte Menge als Altöl kostenlos entgegenzunehmen. Kaufhäuser, deren Organisationsstruktur die Rücknahme von Ölen kaum ermöglicht, können diese Verpflichtung an genau benannte Altölsam-

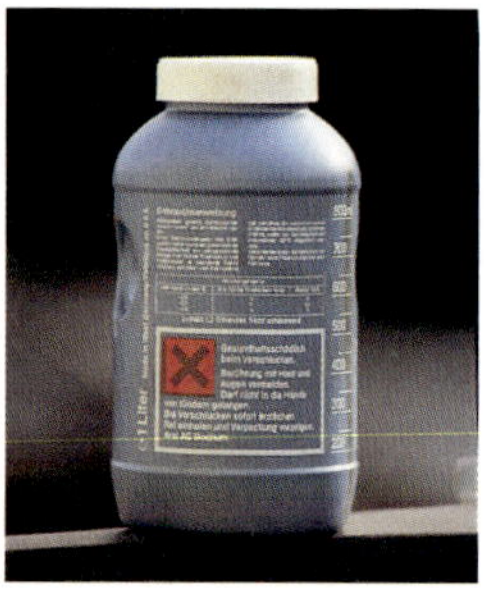

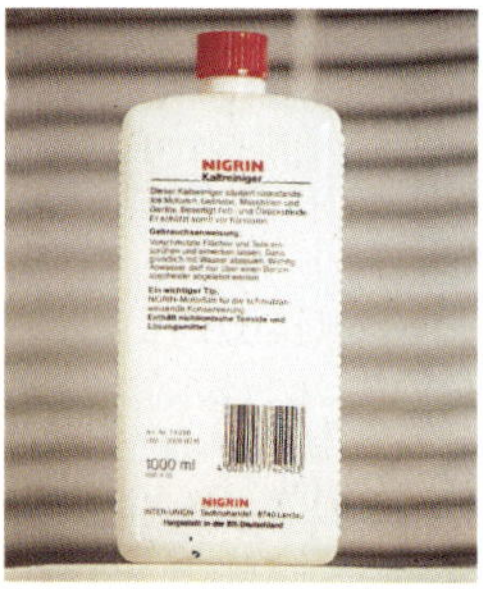

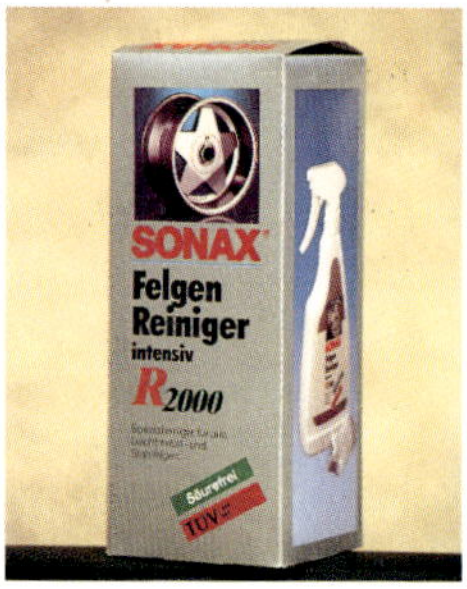

Die Flüssigkeiten, mit denen man bei Reparaturen in Berührung kommen kann, sind größtenteils nicht ungiftig. Frostschutzmittel (oben links), Batteriesäure (oben rechts) und Kaltreiniger (unten links) müssen nach Hautkontakt gründlich mit Wasser und Seife entfernt werden. Der Umwelt zuliebe sollte man immer auf säurefreie Reiniger (unten rechts) zurückgreifen

melstellen übertragen. Wenn Sie Öl selbst wechseln wollen, aber kein Absauggerät verwenden möchten (bei einigen Fahrzeugtypen ist der Ölwechsel durch gewöhnliches Ablassen empfehlenswert), sollten Sie stets den Kassenbon (als „Rücknahme-Pfand") aufbewahren. Doch aufgepaßt: Öle dürfen nicht mit anderen Stoffen gemischt werden – in einem solchen Fall erlischt die Rücknahmeverpflichtung, die Entsorgung kann erheblich teurer werden.

• **Säuren:** Jede Autobatterie enthält Säure (verdünnte Schwefelsäure). Sie wirkt stark ätzend und zerstört Metalle und Kleidung. Deshalb ist eine Autobatterie stets aufrecht zu lagern und zu transportieren. Säurespritzer sind sofort mit viel klarem Wasser zu entfernen. Ist Säure auf die Kleidung gelangt, verhält sie sich besonders heimtückisch: Löcher entstehen meist erst, wenn das Kleidungsstück gewaschen wird. Flecken sind am besten umgehend mit Sodalösung zu neutralisieren.

• **Bremsflüssigkeit:** Bremsflüssigkeit ist hochgiftig und greift den Lack Ihres Wagens an. Verschüttete Bremsflüssigkeit ist mit klarem Wasser abzuspülen und gesondert zu entsorgen. Sollte bei Ihnen gebrauchte Bremsflüssigkeit anfallen, bitten Sie Tankstelle oder Werkstatt, sie abzunehmen. Am besten lassen Sie einen Bremsflüssigkeitswechsel gleich dort machen.

• **Kühlflüssigkeit:** Kühlflüssigkeit besteht aus Wasser und Glykol als Frostschutz. Auch Letzteres ist für die Umwelt weniger problematisch. Trotzdem sollten Sie Ihr abgelassenes Kühlwasser durch Tankstelle oder Werkstatt entsorgen lassen.

Bio-Produkte für die Autoreinigung

• **Kaltreiniger:** Ein Kaltreiniger ist ein Mittel, das Ölverschmutzungen löst. Wegen seiner Zusätze ist er schon bei Zimmertemperaturen voll wirksam. Mit einem Dampfstrahler können Ölreste (nach einer ausreichenden Einwirkzeit) mühelos entfernt werden. Verwenden Sie möglichst biologisch abbaubare Produkte. Daß Sie diese Arbeiten nur dort durchführen, wo Abwässer durch einen Ölabscheider gefiltert werden, sollte selbstverständlich sein. Es kommen deshalb nur Tankstellen oder Selfwash-Center in Frage. Eine Motorwäsche von der Tankstelle durchführen zu lassen, kann teuer werden. Hier lohnt das Selbermachen.

Vorsicht Lebensgefahr!

Mit den Flüssigkeiten eines Motors ist nicht zu spaßen. Was dem Kunststoff des Batteriegehäuses nichts anhaben kann, frißt sofort Löcher in die Kleidung. Ins Auge gelangt, kann Erblindung die Folge sein. Deshalb im Umgang mit allen Säuren und Betriebsstoffen größte Vorsicht walten zu lassen. Bei Hautkontakt immer mit reichlich klarem Wasser spülen und gegebenenfalls einen Arzt aufsuchen.

Der Motor von A(nsaugluft) bis Z(ündung)

Über den Motor und seine Funktion scheint jeder etwas zu wissen. Größen wie „PS" oder „Hubraum" geistern an jedem Stammtisch umher; sie sind sogar für viele Autofahrer kaufentscheidend. Fragt man aber etwas genauer nach, wie denn so alles funktioniere, müssen die meisten schnell passen. Obwohl es im Grunde doch so einfach ist.

Der Automotor ist im Prinzip nichts anderes als eine Maschine, die aus Verbrennung von Kraftstoff Wärme gewinnt. Da Luft bei Erwärmung die Eigenschaft hat, sich auszudehnen, entsteht in einem abgeschlossenen Raum bei Temperaturerhöhung ein Überdruck. Dieser Verbrennungsdruck erzeugt in einem Automotor eine Auf-und-ab-Bewegung der Kolben. Diese wird durch die Kurbelwelle in eine Drehbewegung umgeformt.

Ein „Benziner" nutzt von hundert Prozent Energie, die im Kraftstoff

Von modernen Motoren wird viel verlangt. Neben großer Höchstleistung müssen sie schon bei niedrigen Drehzahlen „Biß" haben. Gleichzeitig sollen sie wenig Sprit verbrauchen und möglichst schadstoffarm sein

enthalten sind, ungefähr 35 Prozent für effektive Arbeit. Das will heißen: Der Ottomotor arbeitet mit einem Wirkungsgrad von etwa 35 Prozent.

Beim Dieselmotor sieht die Energiebilanz etwas besser aus. Der Dieselkraftstoff hat nicht nur eine höhere Dichte (ein Liter Diesel wiegt mehr als ein Liter Benzin) und damit mehr Energie, beim Diesel ist auch die Verbrennungstemperatur (und damit der Wärmeverlust) geringer. So erreicht der Dieselmotor einen Wirkungsgrad von bis zu 46 Prozent. Je besser nun der Wirkungsgrad eines Motors ist, desto niedriger wird sein Kraftstoffverbrauch. Aus diesem Grund hat der Dieselmotor in der Regel einen leicht geringeren Verbrauch als ein gleichstarker Benzinmotor mit einem vergleichbaren Hubraum.

Der Motor besteht aus einer Vielzahl unterschiedlicher Bauteile. Diese haben zwar teilweise komplizierte Namen, ihre Funktion aber ist meist sehr einfach:

- Kurbeltrieb (Kolben, Pleuelstange und Kurbelwelle);
- Motorgehäuse (Zylinderkopf, Zylinder und Kurbelgehäuse);
- Motorsteuerung (Einlaß- und Auslaßventil, Nockenwelle und Nockenwellenantrieb;

Für die Topmodelle wird von den Herstellern hoher Aufwand betrieben. Neben der Vierventil- und Katalysatortechnik – beide inzwischen üblich – kommen hier teilweise variable Ventilsteuerung und für jeden Zylinder getrennte Drosselklappen zum Einsatz

In aufwendigen Prüfstandversuchen werden die Motoren optimiert

Bei der Entwicklung neuer Motoren spielen die Abmessungen eine große Rolle. Fällt die Antriebseinheit kompakt aus, bleibt mehr Platz für den Fahrgastraum

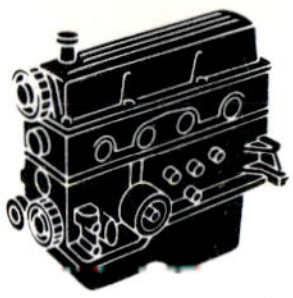

- Kraftstoffanlage (Kraftstofftank, Kraftstoffpumpe und Vergaser oder Einspritzanlage);
- Zündanlage (Zündverteiler, Zündspule und Zündkerzen);
- Auspuffanlage (Auspuffkrümmer, Katalysator, Hauptschalldämpfer)
- Motorschmierung (Ölwanne, Ölpumpe und Ölfilter);
- Motorkühlung (Wasserpumpe, Kühler und Ventilator);

Am besten werden diese Begriffe verstanden, wenn ihre Funktion kurz erläutert wird.

Kurbeltrieb

Fangen wir mit dem Herzstück eines jeden Motors an:
Der Kolben wird durch den bei der Verbrennung entstehenden Druck im Zylinder nach unten gedrückt und durch die Drehung der Kurbelwelle anschließend wieder nach oben geschoben. Wegen der hohen Verbrennungstemperaturen, die bis zu 2500 Grad Celsius betragen können, und bei einem Verbrennungsdruck von bis zu 90 bar muß der Kolben aus einer sehr widerstandsfähigen Speziallegierung hergestellt werden. Schließlich wird er (wegen der Fliehkraft, die auf ihn wirkt) bei hoher Drehzahl bis zu 2400 mal in der Minute mit einer Kraft belastet, die etwa dem doppelten Fahrzeuggewicht entspricht. Seine Ausdehnung durch die hohen Temperaturen muß sich in Grenzen halten, damit er nicht zu eng in den Zylindern läuft und einen „Kolbenfresser" verursacht.

Die Kolbenkraft wird über die Pleuelstange auf die Kurbelwelle übertragen, wo sie dann (durch die außermittige Lagerung) nicht nur in eine Drehbewegung umgesetzt wird, sondern sich auch durch das Hebelgesetzes verstärkt. Dies klingt im ersten Moment kompliziert, ist aber das gleiche Prinzip, nach dem auch eine Fensterkurbel oder eine Kaffeemühle funktioniert: Eine gerade gerichtete Kraft wird durch einen Hebelarm verstärkt und in eine Drehbewegung umgesetzt.

An einem Ende der Kurbelwelle sitzt die Schwungscheibe mit der Kupplung, die die Kraft an das Getriebe weiterleitet. Des weiteren werden von der Kurbelwelle noch andere Aggregate angetrieben. So bewegt sie (über Riemen) den Zündverteiler, die Nockenwelle, die Lichtmaschine, die Benzinpumpe, die Wasserpumpe und den Kompressor der Klimaanlage.

Der Kurbeltrieb (rot) sorgt dafür, daß die Hubbewegung der Kolben in eine Drehbewegung umgesetzt wird. Es entsteht ein Drehmoment

Motorgehäuse

Die Kurbelwelle ist im Kurbelgehäuse in Lagerschalen gelagert, damit sie sich reibungsarm drehen kann und dem Pleuel und den Kolben Führung bietet.

Unterhalb des Kurbelgehäuses ist die Ölwanne befestigt, in der sich das Motoröl sammelt. Der Zylinderblock ist von Wasserkanälen durchzogen, die für einen raschen Abtransport der Verbrennungs- und Reibungswärme sorgen. Über Wasserdurchflußkanäle gelangt das Kühlmittel auch in den Zylinderkopf, der den oberen Abschluß des Motorgehäuses bildet. Er ist mit speziellen Zylinderkopfschrauben fest mit dem Zylinder verbunden. Diese Verbindung muß den bei der Verbrennung entstehenden Drücken sicher standhalten können. Zwischen Zylinder und Zylinderkopf befindet sich die Zylinderkopfdichtung, die im allgemeinen aus Asbest und Metall besteht. Sie muß nicht nur gasdicht abschließen, sondern auch gegen Motoröl und Kühlwasser (mit allen chemischen Komponenten und Zusätzen) resistent sein.

Im Motorgehäuse laufen die Kolben auf und ab

Kein Wunder also, daß diese Dichtung ab und zu ihrer Aufgabe nicht mehr ganz gewachsen ist, undicht wird und erneuert werden muß.

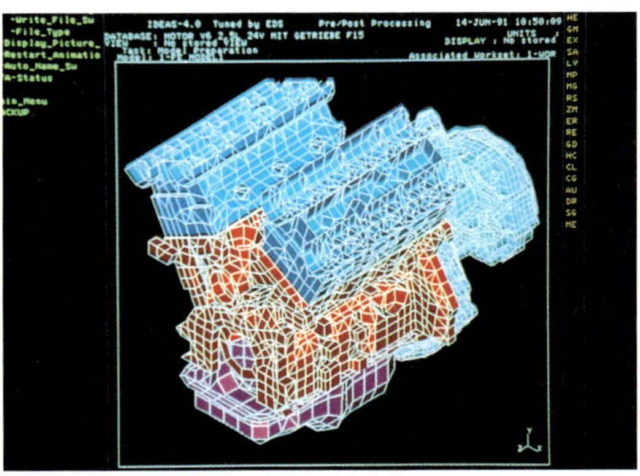

Moderne Motoren werden am Computer entworfen. So können die Techniker schon früh erkennen, welche Qualitäten das Triebwerk haben wird. Im Bild die Darstellung eines V-6-Motors, (bei ihm liegen zwei Zylinderbänke gegenüber), der durch seine Formgebung sehr verwindungssteif ist

Um eine hohe Laufzeit zu ermöglichen, dürfen die einzelnen Bauteile des Motors nur geringe Fertigungstoleranzen aufweisen. Stichprobenartig werden die Teile elektronisch vermessen. Auf dem Bild gut zu erkennen sind die sechs Zylinderbohrungen mit den ringförmigen Kanälen, durch die später das Kühlwasser fließt

Motorsteuerung

Die Motorsteuerung sorgt dafür, daß die Frischgase rechtzeitig in den Zylinder gelangen und die Altgase möglichst schnell und vollständig abtransportiert werden.

Die Ventile müssen exakt gesteuert werden

Für diesen Vorgang werden insgesamt drei Bauteile benötigt:

- Einlaß- und Auslaßventile,
- Nockenwelle,
- Nockenwellenantrieb.

Jeder Zylinder hat mindestens ein Einlaß- und ein Auslaßventil, beide sitzen im Zylinderkopf. Moderne Motoren werden sogar mit vier Ventilen pro Zylinder ausgestattet, also je zwei Einlaß- und zwei Auslaßventilen. So kann im selben Zeitraum eine größere Menge an Frisch- beziehungsweise Abgasen angesaugt oder ausgestoßen werden. Auf diesem Weg werden der Verbrauch und die Schadstoffe gesenkt und gleichzeitig die Motorleistung erhöht. Diese Mehrventilmotoren erkennt man beispielsweise an der Aufschrift am Fahrzeugheck „16 V" (Motor mit vier Zylindern à vier Ventilen = **16V**entile). Die Ventile müssen bei hohen Drehzahlen etwa 40 mal in der Sekunde zum exakten Zeitpunkt geöffnet und geschlossen werden. Diese genaue Steuerung geschieht durch eine Nockenwelle (seltener zwei), die oben im Zylinderkopf sitzt. Sie wird über einen Zahnriemen von der Kurbelwelle angetrieben. Bei den meisten Motoren kann man die Nockenwelle sehen, wenn man den Deckel öffnet, durch den das Motoröl eingefüllt wird. Die Ventile sind einer großen thermischen Belastung ausgesetzt, da sie in den „Brenn"punkt des Geschehens – den Brennraum – hineinragen. Das Einlaßventil erreicht dabei Temperaturen von etwa 500 Grad Celsius, das Auslaßventil sogar bis zu 800 Grad. Um störungsfrei zu laufen, müssen diese Teile sehr präzise hergestellt werden.

Die Ventile, durch die der Motor „atmet", werden von der (den) Nockenwelle(n) gesteuert. Sie rotieren im Zylinderkopf oberhalb der Zylinder. Die Wellen werden über einen Kunststoffriemen oder eine Kette direkt von der Kurbelwelle angetrieben

Durch diese hohen Temperaturen würden sich die Ventile so weit ausdehnen, daß sie nicht mehr dicht schließen würden – gäbe es da nicht das Ventilspiel. Das Ventilspiel, gemessen in Millimetern, ist nichts weiter als ein kleiner Luftspalt zwischen Nockenwelle und Ventil, der bei Erwärmung der Teile kleiner wird. Die Einstellung dieses Ventilspiels wird auch oft als „Ventile einstellen" bezeichnet. Wenn das Ventilspiel etwas zu groß ist, öffnen die Ventile zu spät und schließen zu früh, das Ventil klappert ein bißchen. Der Motor kann (bei normalem Fahrbetrieb) aber keinen Schaden erleiden. Dieses Spiel wird meist bei kaltem Motor eingestellt und beträgt dann in der Regel nur 0,2 bis 0,4 Millimeter.

Zu kleines Spiel kann für den Motor tödlich sein

Im Gegensatz dazu wäre ein zu kleines Ventilspiel sehr schlecht für den Motor. Die mangelnde Kühlung des Ventils (allein die Zeit, in der es geschlossen ist, reicht ihm, die Wärme an den gekühlten Zylinderkopf abzugeben) würde zu ernsthaften Motorschäden führen. Das undichte, nicht ganz schließende oder sogar durch Überhitzung durchgebrannte Ventil könnte den Verbrennungsdruck in den Ansaugkrümmer zurückschlagen lassen – ein Vergaserbrand wäre dann nicht auszuschließen. Dies ist auch der Grund, warum immer mehr Fahr-

Bleifrei für Motoren

Um die Abgase mit Hilfe des Katalysators entgiften zu können, darf der Kraftstoff kein Blei enthalten. Es würde die Edelmetallschicht im Kat überziehen und so die Reinigungswirkung vermindern. Alte Motoren benötigen jedoch das Blei, um die Auflageflächen zwischen den Ventilen und dem Zylinderkopf zu schmieren. Ob Ihr Fahrzeug bleifreien Sprit verträgt, können Sie an jeder Tankstelle oder beim Fahrzeughersteller erfragen.

In einem schalltoten Raum wird der Motor auf seine Geräuschentwicklung hin untersucht. Ein zu hoher Geräuschpegel bedeutet zusätzliche Umweltbelastung

zeughersteller dazu übergehen, hydraulische (mit Motoröl gefüllte) Elemente zwischen Nockenwelle und Ventil einzusetzen. Die sogenannten Hydrostößel gleichen die Wärmeausdehnung der Ventile aus und machen dadurch eine Einstellung überflüssig. Die Einstellung des Ventilspiels wird sehr unterschiedlich vorgenommen. In der Regel wird dazu eine Einstellschraube verdreht, die den Abstand zwischen dem oberen Ventilende und der Betätigungseinrichtung verändert, oder es müssen unterschiedlich starke Einstellplättchen montiert werden.

Das „Ventileeinstellen“ will gelernt sein

Diese Einstellung kann mit etwas Übung auch von einem Laien durchgeführt werden. Aufgrund der äußerst unterschiedlichen Motorbauarten kann man hier aber keine allgemeinverbindlichen Tips erteilen. Im Zweifelsfall sollte man in seiner Werkstatt nachfragen, ob es nicht möglich ist, einmal bei der Ventileinstellung dabeisein zu können. Der Wunsch wird zwar beim Werkstattmeister ein unwilliges Murren hervorrufen, doch der Geselle, der ja die eigentliche Arbeit macht, ist im allgemeinen durchaus bereit, einem interessierten Nichtfachmann etwas zu zeigen. Wenn man beim Zuschauen alles versteht, kann man die Arbeit beim nächstenmal vielleicht selbst ausführen.

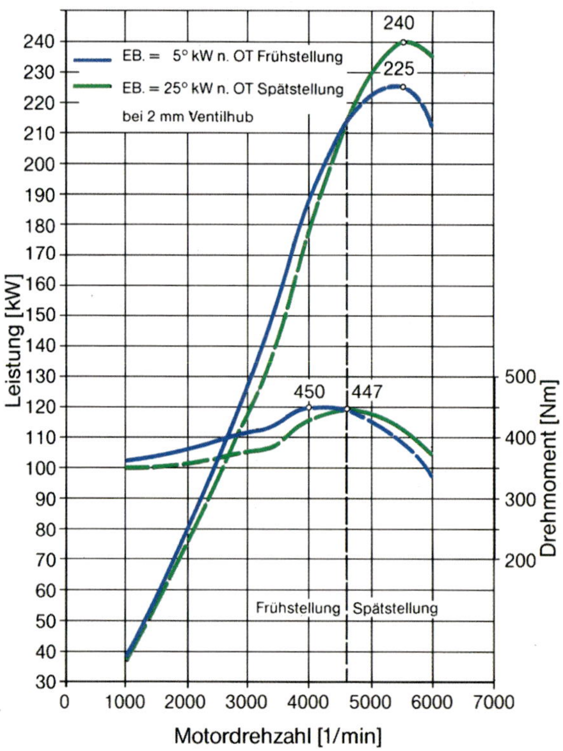

Motorleistung und Drehmoment werden auf dieser Grafik sichtbar. Beide sind stark von der Drehzahl abhängig, die Maximalwerte sind durch die Zahlen angegeben. Durch eine leichte Verdrehung der Einlaßnockenwelle können beide Werte noch einmal gesteigert werden

Motorleistung, Drehmoment und Energiehaushalt

Die Leistung eines Motors wird auf einem Prüfstand ermittelt. Hier zeigt sich, bei welcher Motordrehzahl wieviel Kraft zur Verfügung steht. Im Kfz-Schein taucht das Ergebnis dann als „kW bei min-1" auf (also zum Beispiel „K094/05800". Diese Zahlen sagen aus, daß die Maximalleistung des Motors 94 kW (=128 PS) bei einer Motordrehzahl von 5800 Umdrehungen in der Minute beträgt. Die Umrechnung von kW (Kilowatt) in PS ist übrigens recht einfach: kW-Zahl multipliziert mit dem Faktor 1,36 ergibt die PS-Zahl.

Drehmoment ist wichtiger als Leistung

Für die Alltagstauglichkeit des Motors ist aber weniger seine Höchstleistung maßgebend (wer will schon permanent mit Höchstdrehzahl durch die Gegend fahren), sondern vielmehr, bei welcher Drehzahl er sein größtes Drehmoment (sprich seine größte Kraft) entfaltet. Diese Angabe ist leider nur in der Betriebsanleitung oder im Verkaufsprospekt zu finden. Hier gilt die Regel: Je niedriger die Drehzahl ist, bei der das maximale Drehmoment erreicht wird, desto „nervenschonender" läßt sich der Motor fahren. Dies ist mit ein Grund, warum Dieselmotoren sparsamer gefahren werden können. Ihr maximales Drehmoment erreichen sie oftmals schon bei 2000 Kurbelwellenumdrehungen pro Minute. Wer allerdings an sportlicher Fahrweise interessiert ist, wird an einem normalen Dieselmotor kaum Gefallen finden. Durch sein Arbeitsprinzip ist er in der Kraftabgabe zwar gleichmäßiger, aber nicht so spritzig.

Auch die Länge der Ansaugrohre beeinflußt die Motorcharakteristik. Lange Rohre (oben) erhöhen das Drehmoment bei geringen Drehzahlen; kurze Ansauglänge sorgt für schnellen Gaswechsel bei hohen Drehzahlen. Unten ein Motor mit variabler Ansaugrohrlänge, die beide Vorzüge vereinigt

Die Kraft des Motors ist direkt von der Füllung der Zylinder abhängig. Um dem Kolben das Ansaugen der Frischluft zu erleichtern kann ein Turbolader (Pfeil) zum Einsatz kommen. Dieser drückt die Gase in den Motor und sorgt so für ein hohes Drehmoment bei niedrigen Drehzahlen

Ein weiteres interessantes Thema ist der Energiehaushalt eines Fahrzeugs. Wer glaubt, daß die Motorleistung aus dem Kfz-Schein auch an den Rädern zur Verfügung steht, der irrt. Diese Leistung wird ja im ausgebauten Zustand auf einem Motorprüfstand gemessen und hat mit der auf die Straße gebrachten Leistung nicht mehr viel zu tun. Einem Fahrzeug, das an der Kurbelwelle 47 kW (=64 PS) aufzuweisen hat und das mit ca. 80 km/h fährt, stehen zum Beschleunigen noch magere 7,99 kW (=10,8 PS) zur Verfügung. Das klingt schon gar nicht mehr so beeindruckend. Von den 47 kW (=hundert Prozent) benötigen Kühlerventilator und Lichtmaschine bis zu zehn Prozent, das Getriebe und Differential „rauben" die gleiche Energiemenge. Sonstige Aggregate verbrauchen bis zu weiteren vier Prozent.

Von der Motorleistung bleibt nicht viel

Somit kommen an den Reifen nur noch 76 Prozent der Motorleistung an. Jetzt gilt es, das Fahrzeug bei 80 km/h in Bewegung zu halten: Der Rollwiderstand durch die Radlager und Reifen verschlingt 17 Prozent, und der Luftwiderstand nimmt (im ungünstigsten Fall) 42 Prozent der Energie in Anspruch. Somit verbleiben von der ursprünglichen Motorleistung leider nur noch 17 Prozent (oder in diesem Fall rund zehn PS), um ein anderes Fahrzeug zu überholen. Da der Luftwiderstand der größte (Minus-)Posten in der Rechnung ist, wird hier seit Jahren geforscht und gefeilt.

Einteilung der Motoren

Für Motoren gibt es verschiedene, zunächst wohl verwirrende Einteilungsmöglichkeiten. So unterscheidet man zwischen:

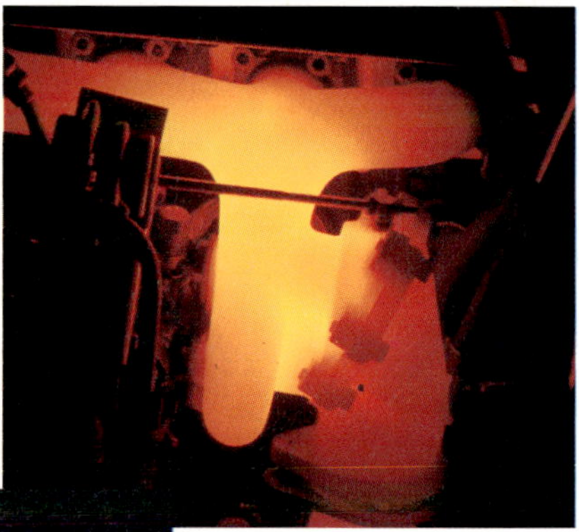

Läuft der Motor auf dem Prüfstand (oben), wird schnell deutlich, daß ein großer Teil der Energie in Form nutzloser Abwärme verpufft. Der Luftwiderstand „bremst" den Motor am stärksten. Er ist mit ein Grund für die geringen Fahrleistungen der „Oldies" (links). Bei der Konstruktion neuer Karosserien wird hingegen auf einen geringen c_W-Wert größten Wert gelegt

- Arbeitsweise (Vier- und Zweitaktmotoren),
- Kühlung (Wasser- und Luftkühlung),
- Zylinderanordnung (Reihen-, Boxer-, und V-Motor),
- Kolbenbewegung (Hub- und Rotationkolbenmotor),
- Zündung und Gemischbildung (Otto- und Dieselmotor).

Zweitakter und Wankel sind „Exoten"

Eine Invasion der Zweitaktmotoren haben wir in Deutschland anläßlich der Maueröffnung erleben können. Und wer einmal einige Kilometer hinter einem „Trabbi" hergefahren ist, weiß um die Nachteile eines Zweitaktmotors: schlechte Abgaswerte, hoher Kraftstoff- und Ölverbrauch, starke Geräusch- und Geruchentwicklung. Aus diesen Gründen werden in heutigen Fahrzeugen ausschließlich Viertaktmotoren verwendet.
Am Zweitakter wird aber seit einiger Zeit wieder herumgeforscht, in ein paar Jahren könnte er dem Automobilbau neuen Schwung geben.

Auch luftgekühlte Motoren werden immer seltener, da die Geräuschentwicklung nicht mehr dem heutigen Standard entspricht.
Fast völlig ausgestorben ist der Rotationskolbenmotor – nach seinem Erfinder Felix Wankel (*13.8.1902) auch Wankelmotor genannt. Damit bleiben für den heutigen Motorbau nur noch zwei Motorarten übrig: Der Otto- und Dieselmotor. Beide arbeiten nach dem Viertaktprinzip, sind (in der Regel) wassergekühlt und haben Hubkolben. Damit erschöpfen sich aber die Gemeinsamkeiten.

Zweitakter bringen bei gleichem Hubraum eine höhere Leistung als Viertaktmotoren. Erstens haben sie doppelt so viele Arbeitstakte und zweitens weniger innere Reibung. Nockenwelle und Ventile fehlen, der Motor kann höher drehen. Da das Kurbelgehäuse von Frischgasen durchströmt wird, müssen die Kolben und Lager durch Öl geschmiert werden, das dem Kraftstoff beigemengt wird. Das Abgasverhalten ist daher schlechter als beim Viertakter. Zweitakter werden nur noch dort eingesetzt, wo es auf hohe Leistung ankommt (so bei Motorrädern oder Rennkarts; oben). Die einzigen Vorteile des Wankelmotors (rechts) sind seine hohe Laufruhe und seine kompakte Bauform

„Otto's" Arbeitsspiel

Wohl jeder Führerscheinbesitzer ist in der Fahrschule mit der Arbeitsweise des Viertaktmotors konfrontiert worden. Doch Hand aufs Herz: wer kann sich noch an die nebulösen Ausführungen des Fahrlehrers erinnern? Dabei ist das Prinzip des Ottoviertaktmotors (benannt nach seinem Erfinder Nikolaus Otto) ebenso einfach wie genial: Ein Arbeitsspiel gliedert sich beim Viertaktmotor in vier Teile, die alle ineinander übergreifen.

Die vier Takte machen´s möglich

Erster Takt: Ansaugen

Der für das Einlaßventil zuständige Nocken der Nockenwelle öffnet das Ventil, kurz bevor der Kolben nach unten läuft. Das Gemisch wird mit einer Geschwindigkeit von bis zu 100 m/s (das entspricht in etwa 360 km/h) angesaugt. Dabei verwirbeln Luft und Kraftstoff zusätzlich.

Zweiter Takt: Verdichten

Kurz nachdem der Kolben den tiefsten Punkt erreicht hat (dem sogenannten UT = unterer Totpunkt), schließt das Einlaßventil. Der nun nach oben laufende Kolben verdichtet (komprimiert) das angesaugte Benzin-Luft-Gemisch auf den sechsten bis zehnten Teil seines ursprünglichen Volumens. Die Temperatur des Gemisches steigt dadurch auf 400 bis 500 Grad Celsius, der Druck auf bis zu 18 bar.

Dritter Takt: Arbeiten

Kurz bevor der Kolben nun seinen höchsten Punkt (OT = oberer Totpunkt) erreicht, springt an der Zündkerze der Zündfunke über, der das Gemisch entzündet. Dieser Moment wird als Zündzeitpunkt (ZZP) bezeichnet und meist in Grad auf der Kurbelwelle vor dem Oberen Totpunkt angegeben. Die Einstellung

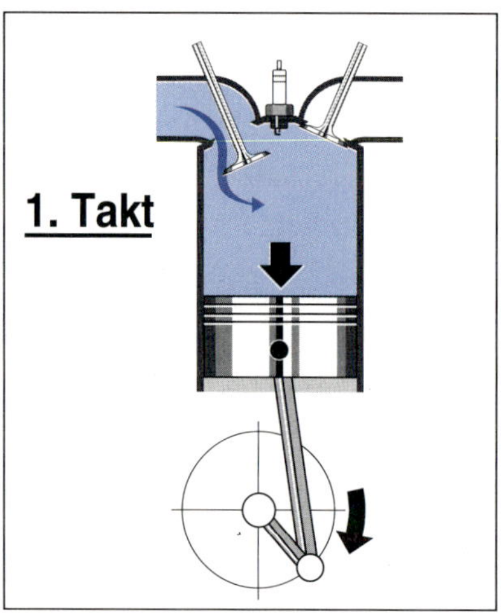

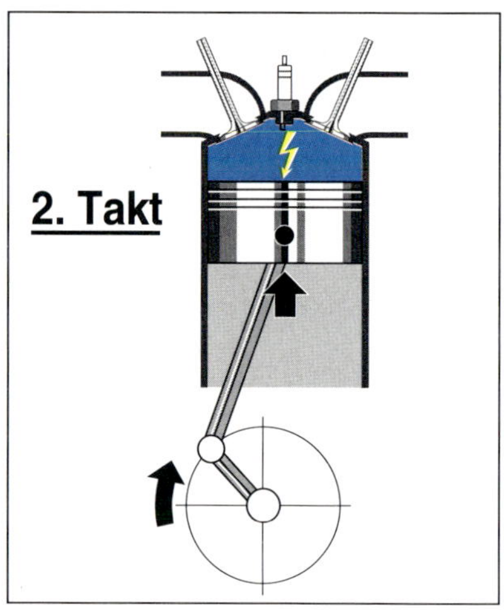

dieses Zündzeitpunktes ist von großer Wichtigkeit für das gesamte Verhalten des Motors. So hängen unter anderem der Benzinverbrauch, das Startverhalten, der Leerlauf, die Umweltschädlichkeit und sogar die Lebensdauer des Motors direkt von der korrekten Einstellung des Zündzeitpunktes ab. Da das Benzin-Luft-Gemisch in etwa eine Tausendstelsekunde benötigt, um sich vollständig zu entzünden, wird der Zündzeitpunkt bei steigender Drehzahl so angepaßt, daß auf jeden Fall eine möglichst vollständige Verbrennung des Gemischs stattfinden kann.

Nur der dritte Takt bringt Leistung

Die bei der Verbrennung entstehenden Temperaturen betragen ca. 2000 bis 2500 Grad Celsius, der Verbrennungshöchstdruck steigt kurzzeitig auf bis zu 60 bar an. Dieser hohe Druck schießt den Kolben nun mit einer Geschwindigkeit von bis zu 16 Metern in der Sekunde abwärts. Das entspricht zwar nur rund 60 km/h, bezogen auf die kurze „Fahrstrecke" des Kolbens und die winzige Zeitspanne von nur einigen Zehntelsekunden ergibt dies aber eine extreme Beschleunigung. Die Temperatur fällt jetzt auf etwa 800 Grad Celsius und der Druck sinkt auf drei bis vier bar ab.

Vierter Takt: Ausstoßen

Kurz vor dem unteren Totpunkt öffnet sich das Auslaßventil und entläßt die verbrannten Abgase (mit Schallgeschwindigkeit) in das Auspuffsystem. Dabei unterstützt der inzwischen wieder aufwärtsgehende Kolben die Entleerung. Das Auslaßventil schließt sich erst nach dem oberen Totpunkt, obwohl sich ja das Einlaßventil schon vor dem oberen Totpunkt geöffnet hat. Für eine sehr kurze Zeit sind also beide Ventile geöffnet. Während dieser Zeitspanne, die Ventilüberschneidung genannt wird, verbessern sich die Zylinderfüllung, die innere Kühlung des Mo-

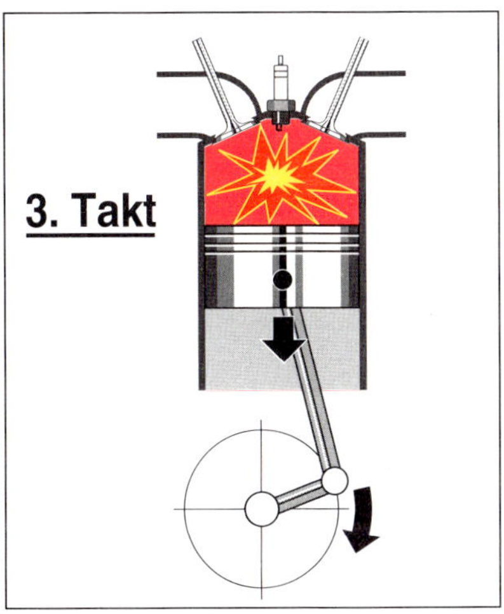

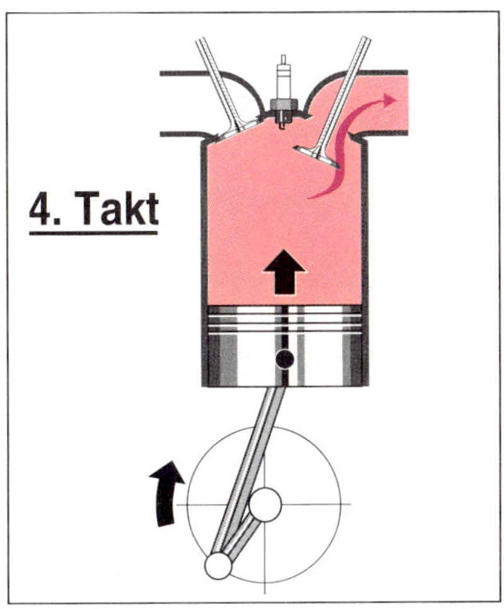

tors. Grund: Verbrannte Gase, die durch das geöffnete Auslaßventil strömen, bewirken einen leichten Unterdruck. Dieser erleichtert den Frischgasen den Eintritt durch das Einlaßventil. Einen solchen Effekt hat sich fast jeder schon einmal im täglichen Leben zunutze gemacht – beim Lüften eines Zimmers: Man öffnet nicht nur ein Fenster, sondern zwei, um einen besseren Durchzug und damit eine schnellere und gründlichere Durchlüftung zu erreichen.

Der Dieselmotor ist robuster – und teurer

Aufbau und Funktion eines Dieselmotors

Der Dieselmotor ist von der Funktionsweise einfacher aufgebaut als der Benzinmotor. Er arbeitet nach einem ganz anderen Arbeitsverfahren, nämlich nach dem Prinzip der Selbstzündung. Er benötigt also keine aufwendige und störanfällige Zündanlage, sondern das Diesel-Luftgemisch entzündet sich durch die hohe Kompressionstemperatur von alleine. Der Dieselkraftstoff ist um einiges zündwilliger als der beim Benzinmotor verwendete Ottokraftstoff. Um eine vorzeitige Zündung zu verhindern, wird er erst dann eingespritzt, wenn die angesaugte Luft bereits sehr hoch verdichtet wurde. Ein weiteres wichtiges Unterscheidungsmerkmal besteht darin, daß das zündfähige Diesel-Luft-Gemisch erst innerhalb des Zylinders entsteht und nicht außerhalb in einem Vergaser oder Ansaugkanal. In der Fachsprache spricht man hier von der „inneren Gemischbildung". Der Dieselkraftstoff wird in der Einspritzpumpe auf einen sehr hohen Druck gebracht und dann an die einzelnen Einspritzdüsen weitergeleitet. Diese Einspritzdüsen sitzen entweder direkt im Brennraum (Direkteinspritzung, im Pkw-Be-

Der größte Unterschied zwischen Otto- und Dieselmotor besteht darin, daß der Benziner Luft und Kraftstoff ansaugt, der Diesel hingegen nur Luft. Diese wird bei anschließender Verdichtung so stark erhitzt, daß sich der eingespritzte Dieselkraftstoff von alleine entzündet. Eine Zündung ist nicht notwendig

reich wegen des lauten Nagelgeräusches eher selten), oder sie sind in eine sogenannte Vorkammer eingebaut, die mit dem Brennraum verbunden ist. Trotz des einfacheren Aufbaus ist der Dieselmotor in der Herstellung immer etwas teurer als ein vergleichbarer Benzinmotor. Das hängt vor allem damit zusammen, daß die ganze Bauweise stabiler und schwerer ausgelegt sein muß. Schließlich sind die auftretenden Kräfte und Drücke um einiges größer als beim Ottomotor.

Dieselmotoren lassen sich schaltfaul fahren

Das beginnt schon beim Verdichtungsverhältnis, das mehr als doppelt so hoch ist wie beim Benzinmotor, also etwa 1:22. Das bedeutet, daß die angesaugte Frischluft auf den 22. Teil zusammengepreßt wird. Daraus resultiert ein erheblich höherer Verbrennungsdruck. Für den Motorbau bedeutet dies nicht nur, daß die verwendeten Werkstoffe eine höhere Belastung aushalten müssen, sondern auch, daß durch die massivere Bauweise des Motors der Anlasser, die Lichtmaschine und die Batterie großzügiger dimensioniert werden müssen.

Ein für den Kauf entscheidender Pluspunkt des Dieselmotors ist die größere Wirtschaftlichkeit im Kurzstreckenbetrieb und bei mittleren Geschwindigkeiten. Durch die höhere Verdichtung und den daraus resultierenden größeren Verbrennungsdruck nutzt der Dieselmotor den Kraftstoff besser aus. Er hat daher seine meiste Kraft (auch „größtes Drehmoment“ genannt) schon bei einer vergleichsweise niedrigen Motordrehzahl. Er kann also eher „schaltfaul“ gefahren werden und senkt noch die Kosten für den Kraftstoff. Der Nachteil eines Diesel-

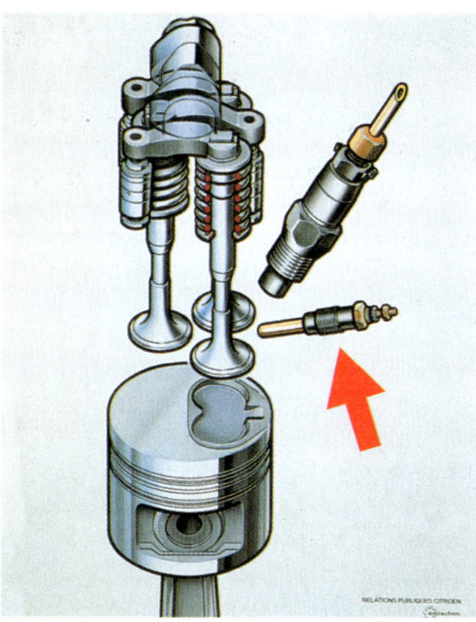

Um einen kalten Dieselmotor starten zu können, ist es notwendig, den Brennraum vorher aufzuheizen. Dies erledigen Glühkerzen (Pfeil). Durch den Einsatz von Elektronik und Rußfiltern (Diesel-Kat) werden Diesel nicht nur sparsamer, sondern auch schadstoffarm

motors ist eher sekundärer Natur: Die Selbsthilfe ist im Pannenfall nur sehr eingeschränkt möglich – es gibt ganz einfach keine Zündungs- oder Vergaserteile, die man prüfen könnte. Und um eine Störung an der Einspritzpumpe zu finden, bedarf es eines Spezialisten. So gesehen ist ein Diesel weniger anfällig für Motorpannen, denn er kennt nur zwei Betriebszustände: Entweder er läuft, oder er läuft nicht. Gut für die Umwelt: Durch moderne Abgasreinigungsanlagen ist auch der Diesel etwas umweltschonender geworden. Moderne Elektronik und ein Rußfilter sorgen dafür.

Bei einer Dieselpanne hilft meist nur die Werkstatt

Der Ölkreislauf

Bei jedem Viertaktmotor wird das Öl in einem Kreislauf durch den Motorblock geschickt. Dazu gibt es eine Ölpumpe, die zumeist direkt von der Kurbelwelle angetrieben wird. Anfang und Ende des Ölkreislaufs ist die Ölwanne, in der sich das Öl sammelt und abkühlt. Sie bildet meist den tiefsten Punkt eines Motors. An ihrer Unterseite ist die Ölablaßschraube angebracht. Von der Ölwanne wird das Öl von der Ölpumpe angesaugt und durch zahlreiche etwa strohhalmdicke

Bei vielen Dieselmotoren hilft ein Turbolader, die Luft in den Zylinder zu bringen. In einem Turbolader (rechts) drehen sich zwei Schaufelräder. Das eine wird durch die Abgase angetrieben, das andere drückt (mit dem ersten Rad durch eine Welle verbunden) die Frischluft in die Zylinder. So muß der Motor die Luft nicht ansaugen, er bekommt sie quasi frei Haus geliefert. Dies senkt nicht nur den Verbrauch, es erhöht auch stark die Leistung

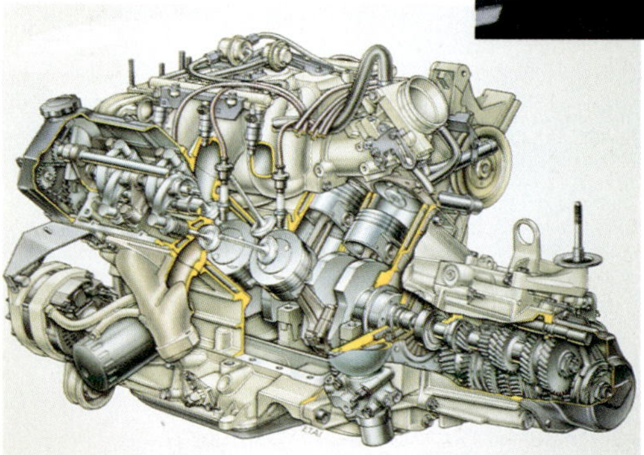

In jedem Motor gibt es eine Vielzahl von Teilen, die sich drehen oder bewegen. Berühren sich zwei Teile, müssen sie geschmiert werden, sonst gibt es schnell Schäden an ihren Oberflächen. Das Motoröl hat nun die Aufgabe, einen Schmierfilm auf alle Oberflächen zu legen und die Teile so voneinander zu trennen.
Das Öl muß aber nicht nur schmieren, auch die Motorkühlung und die Abdichtung zwischen Kolben und Zylinderwänden gehören zu seinen Aufgaben

Bohrungen und Kanäle an ölabhängige Teile – wie etwa an die Lagerstellen der Kurbelwelle und der Nockenwelle – gepreßt. Solange die Lagerstellen noch nicht „ausgeleiert" oder verschlissen sind, bremsen sie den ungehinderten Abfluß etwas. So kann durch den Rückstau ein Öldruck aufgebaut werden. Dazu ist des weiteren eine gewisse Zähigkeit des Motoröls erforderlich. Anschließend sammelt sich das Öl wieder in der Ölwanne und kühlt ab.

Motoröl schmiert und kühlt

Ein etwas anderes Prinzip, die sogenannte „Trockensumpfschmierung", findet man gelegentlich bei hochkarätigen Sportwagen (beispielsweise beim Porsche 911). Dort fließt das Öl nicht in eine einfache Ölwanne zurück, sondern wird nach dem Austreten aus den Lagerstellen im Trockensumpf gesammelt und von einer weiteren Ölpumpe in einen separaten Öltank befördert. Diese aufwendige Maßnahme wird ergriffen, um sicherzustellen, daß die Druckölpumpe selbst bei scharfer Kurvenfahrt (es könnten Zentrifugalkräfte wirken) keine Luft aus der Ölwanne ansaugt – dabei könnten die Lager trockenlaufen. Außerdem läßt sich mit diesem Kniff die Gesamtölmenge des Motors vervielfachen (wichtig zum Beispiel für die Kühlung des Öls).

Aufgaben des Motoröls

• Schmierung

Was jeder schon gemerkt hat, der einmal Motoröl zwischen den Fingern hatte: Es ist glitschig,

Vor allem im Renn- und Rallyesport wird das Motoröl (wie das übrige Material auch) extrem beansprucht. Dort kennt der Motor meist nur zwei Gaspedalstellungen: Leerlauf oder Vollgas. Die hohen Anforderungen sorgen für ständige Weiterentwicklungen der Schmierstoffe

und setzt den Reibungswiderstand zwischen den Fingern herab. Mit anderen Worten: es schmiert. Und genau dies ist der Hauptzweck des Öls im Motor. Es soll die Reibung zwischen den Metallteilen im Triebwerk herabsetzen. Angestrebt wird ein Zustand, der dafür sorgt, daß sich die Metallteile de facto nicht berühren. Nur so kann der Verschleiß der Komponenten begrenzt werden.

Der Ölfilm schützt vor Motortod

Erreicht wird dieser „Schwebezustand" durch einen ständig vorhandenen Schmierfilm aus Motoröl. Dieser wird zwischen den Metallteilen aufgebaut und muß so lange erhalten bleiben, wie auch der Motor läuft. Wenn man einmal bedenkt, daß im Automotor an einigen Lagerstellen pro Sekunde zigmal Druckwechsel von mehreren Tonnen auftreten, kann man ermessen, welche Schwerstarbeit das Öl zu leisten hat. Sollte der Schmierfilm einmal reißen (etwa weil der Öldruck nicht ausreicht, das Öl zu heiß, zu kalt oder überaltert ist), kann ein Fresser die Folge sein.

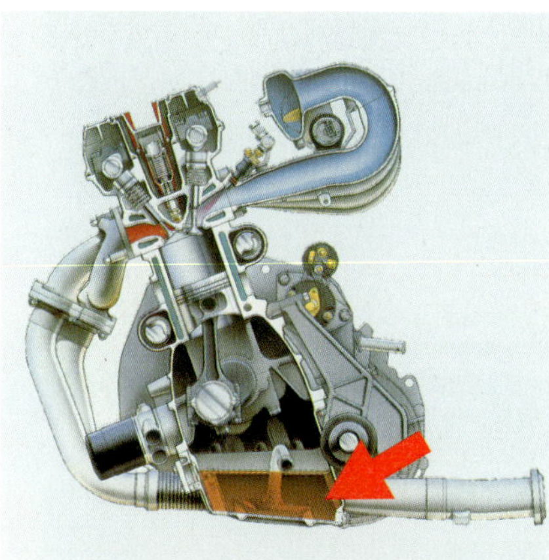

Nachdem das Öl seine Aufgaben (Schmierung, Kühlung) erfüllt hat, fließt es von den verschiedenen Stellen im Motor zurück in die Ölwanne (Pfeil). Dort wird es durch den Fahrtwind abgekühlt

Wenn man Stammtisch-Diagnosen Glauben schenkt, so ist die Ursache fast jedes kapitalen Motorschadens ein Kolbenfresser. Tatsächlich kann ein Kolbenfresser entstehen, wenn die Metallflächen der Kolben und Zylinder wegen der fehlenden Ölfilm-Zwischenschicht direkt aneinanderreiben. Durch die entstehende Hitze können sich Metallpartikel beider Teile regelrecht miteinander verschweißen und so zum Motortod führen. Meist bleibt ein Motor beim Kolbenfresser schlagartig stehen und läßt sich kein Quentchen mehr drehen. Mitunter kommt es aber auch nur zu einem kurzfristigen Kol-

Öl wird alt

Da es sich beim Motoröl um ein „Naturprodukt" handelt, altert dieses auch. Die Verbrennungsgase und die Umgebungsluft, mit der das Öl stark verschäumt wird, sorgen für eine Oxidation. Spätestens nach einem halben Jahr sollte der Schmierstoff gewechselt werden.

benklemmer – hier läuft der Motor weiter (oft allerdings mit verminderter Leistung und blauem Qualm aus dem Auspuff).
Es können aber auch andere Reibpartner fressen – recht anfällig sind etwa die Pleuellager an der Kurbelwelle. Ursache dafür: ebenfalls meist Schmiermittelmangel.

• Kühlung

Nicht nur das Kühlwasser, auch das Öl kühlt den Motor (und muß deshalb selbst gekühlt werden). Während das Kühlwasser eher den Motorblock und den Zylinderkopf kühlt, übernimmt das Öl diese Aufgabe bei den sich bewegenden „Innereien". Entweder es wird von der Ölpumpe direkt dorthin gefördert, wo etwas zu kühlen ist, oder es gelangt als „Schleuderöl" (durch Bewegung einzelner Motorteile) an die Kühlstellen. Um das Öl wieder kaltzubekommen, verfügen einige Fahrzeuge über stark verrippte Ölwannen, bei einigen anderen Modellen wird es auch durch spezielle Ölkühler geleitet. Sollten sich solche Einrichtungen am Wagen befinden, sollte man diese (mit dem Hochdruckreiniger) sauberhalten und dafür sorgen, daß die Kühlwirkung nicht durch nachträgliche Anbauten (Spoiler, Zusatzscheinwerfer oder ähnliches) ungünstig beeinträchtigt wird.

Damit das Schmiermittel schnell angesaugt werden kann, sitzt die Ölpumpe möglichst tief im Motor (Pfeil). Angetrieben wird sie meist durch eine Kette von der Kurbelwelle, geschmiert wiederum durch Motoröl

• Schmutzfänger

Öl hält den Schmutz in der Schwebe

Eine weitere Aufgabe des Motoröls ist die Motorinnenreinigung. Chemische Substanzen sorgen dafür, daß sowohl Verbrennungsrückstände, die an den Kolbenringen vorbei ins Kurbelgehäuse gelangt sind, als auch Abriebpartikel im Öl in der Schwebe gehalten werden. Zwar wird ja das Öl zur Reinigung durch einen Ölfilter geleitet, doch ist dieser nur begrenzt aufnahmefähig. Er kann zum Beispiel gegen Säuren, die bei der Verbrennung entstehen, nichts ausrichten. Damit die nach längerer Laufzeit im Öl enthaltenen Bestandteile nicht dem Motor schaden (beziehungsweise den Motor nicht zusetzen), ist der regelmäßige Ölwechsel so wichtig.

• Ölsorten

Ein altes Sprichwort sagt: „Wer gut schmiert, der gut fährt...". Fast allen Besitzern fällt zum Thema „Öl im Auto" zuerst das Motoröl

ein, obwohl es ja auch noch einige andere „Ölquellen" im Wagen gibt. Das hängt sicherlich damit zusammen, daß man Motorölstandskontrollen recht häufig durchführt (oder zumindest durchführen sollte).
Die Mineralölfirmen machen in diesem Bereich sehr viel Werbung. Leider ist die Nachprüfbarkeit über Vorteile der vielgepriesenen Elixiere für den Kunden mangels geeigneter Untersuchungsmöglichkeiten sehr begrenzt. Damit bleibt die Entscheidung für eine bestimmte Ölsorte und Ölqualität letztlich eine Glaubensfrage.

Mit Motoröl ist es schlimmer als mit Haarschampoo: Da steht man nun im Kaufhaus, bei der Tankstelle oder im Autozubehörshop vor dem Regal und kann sich einfach nicht entscheiden, wie „thermoelastisch" oder so ähnlich es der Motor nun wirklich haben muß. Mit den Bezeichnungen auf den Öldosen weiß man als Laie oft wirklich nicht viel anzufangen. Wir wollen hier etwas Licht ins Dunkel bringen.

„Gut erzogene" Synthetiköle

Die Öle, die heute im Handel sind, werden auf zwei unterschiedliche Weisen produziert: Da gibt es zum einen die herkömmlichen Öle auf Mineralölbasis und zum anderen die sogenannten Synthetiköle, die aus künstlichen Schmiersubstanzen chemisch gewonnen werden. Diese Synthetiköle können schon bei der Entwicklung dazu „erzogen" werden, eine konstante Vis-

Durch billige Öle bekommen die Motorteile nicht nur ungenügende Schmierung, es bilden sich auch hartnäckige Ölrückstände auf den Ventilen und Kolbenböden (unten). Die Zeiten großer Kühleröffnungen (siehe unten rechts) ist vorbei, Motoröl muß auch hohe Temperaturen überstehen. Bei der Entwickung neuer Öle arbeiten Fahrzeug- und Ölhersteller eng zusammen (rechts)

kosität (Fließfähigkeit) an den Tag zu legen – und zwar über einen großen Temperaturbereich hinweg. Ganz besonders wird hier immer auf Dünnflüssigkeit bei niedrigen Temperaturen Wert gelegt, weshalb diese Öle meist als „Leichtlauföl" gekennzeichnet sind. Dem Motor wird der Kaltstart erleichtert, weil der Anlasser kein zähes Öl mitbewegen muß. Außerdem ist frühzeitig volle Schmierfähigkeit gewährleistet.

„SAE" heißt nicht „Schon am Ende"

Der Ölfilm auf den Lagerstellen und der Zylinderwandung ist nicht so leicht dem gefürchteten Filmriß ausgesetzt. Dieser tritt unter anderem auf, wenn dem kalten Motor zu hohe Drehzahlen zugemutet werden. Bei denen kann der Schmierfilm einfach nicht mitkommen. Auch soll mit Leichtlaufölen eine Senkung des Kraftstoffverbrauchs möglich sein. Sie sind allerdings zumeist erheblich teurer als andere Ölsorten.

Die übrigen Bezeichnungen auf den Dosen sagen etwas über die Viskosität der Öle, über Qualitätsstandards, denen sie unter Prüfbedingungen genügen müssen, sowie über ihre Eignung für Otto- oder Dieselmotoren aus. Eine typische Bezeichnung ist beispielsweise „SAE 15W-40 API SF/CC". Das „SAE" vor der Zahlenangabe steht für „Society of Automotive Engineers" (eine übergeordnete Organisation amerikanischer Automobilfirmen, die die dahinter-

Auch wenn der Ölmeßstab umständlich zu erreichen ist, – die regelmäßige Kontrolle ist sehr wichtig. Spätestens bei jeder dritten Betankung ist ein kurzer Check fällig

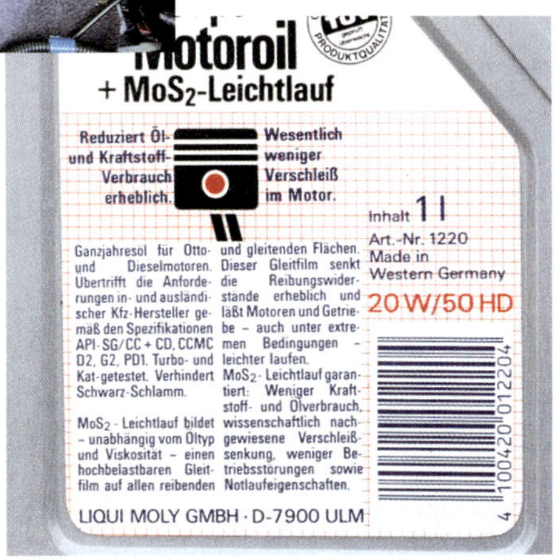

Die von den Fahrzeugherstellern geforderten Öleigenschaften sollten genau eingehalten werden. So sind vorzeitige Schäden am Motor (zumindest relativ) sicher auszuschließen. Die „Qualität" des Schmierstoffs wird durch Buchstabenkombinationen angegeben

stehenden Viskositätsklassen erfunden haben). „15 W-40" bedeutet nun, daß das Öl einen Viskositätsbereich von 15 bis 40 abdeckt. Je niedriger der untere Wert, desto dünnflüssiger ist das Öl in kaltem Zustand; je höher der obere, desto schmierstabiler bleibt es auch bei hohen Temperaturen. Das „W" steht für Wintereignung. Die Bezeichnungen „SE" oder „SF" benennen die Eignung für Benzinmotoren, „CC" oder „CD" für Dieselmotoren. Je höher der jeweils zweite Buchstabe im Alphabet steht, desto hochwertiger ist in der Regel das Öl.

Kein „Ölchen-wechsle-dich", kein Misch-masch

Spezielle Dieselmotoröle enthalten zudem einige Reinigungszusätze, die die stärkeren Verbrennungsrückstände im Motor lösen und in der Schwebe halten sollen. Ihre Verwendung in Ottomotoren kann unerwünschte Folgen haben (beispielsweise das Absinken der Kompression), weil durch die starke „Waschtätigkeit" auch erwünschte Ablagerungen an den Kolbenringen beseitigt werden.

Nach Angaben der Mineralölindustrie sollen heute alle Mehrbereichsöle – gleich, ob mineralisch oder synthetisch – problemlos untereinander mischbar sein. Wir empfehlen trotzdem, die Ölsorte und Ölmarke nicht öfter als nötig zu wechseln oder zu mischen.

Ölstand messen

Sehr leicht selbst auszuführen ist die Motorölstandskontrolle. Sie sollte regelmäßig beim Tanken durchgeführt werden. Um diese Tätigkeit kommt wohl kein Autobesitzer herum, außer er findet immer einen mitleidigen (oder aber geschäftstüchtigen) Tankwart. Un-

Hochleistungs- und Dieselmotoren verlangen in der Regel nach speziellen Schmierstoffen

Der Ölmeßstab ist in der Regel farblich gekennzeichnet und dadurch leicht zu finden

ter der Motorhaube eines jeden Autos mit Viertaktmotor findet man einen Peilstab, an dem sich der Ölstand in der Ölwanne ablesen läßt. Zum Messen des Ölstands muß das Auto absolut waagerecht stehen. Der Motor sollte mindestens zwei Minuten stillgestanden haben, damit wirklich alles Öl in der Wanne zusammenlaufen konnte.

Was soll die Ölpumpe mit Luft?

So geht's: Ölpeilstab herausziehen und gründlich abwischen. Danach den Stab vollständig in die Öffnung zurückstecken und erneut herausziehen. Nun kann man den Ölstand ablesen. Er sollte nie unter die untere Marke (Minimum) absinken und nie über der oberen Marke (Maximum) liegen. Der Zwischenraum zwischen den Markierungen bezeichnet einen Unterschied von zirka einem Liter (differiert etwas, je nach Fahrzeug; genaue Angaben dazu in der Betriebsanleitung).

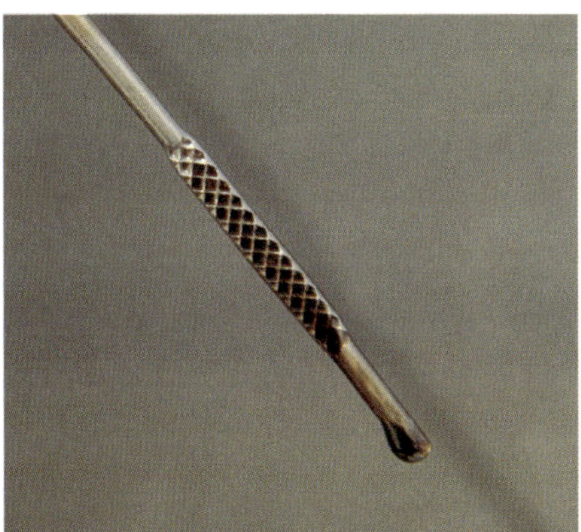

Ölkontrolle: nichts leichter als das. Der vom Hersteller vorgeschriebene Füllstand wird durch die Markierungen auf dem Peilstab angegeben

Öldruck

Genügender Öldruck ist für den Motor lebenswichtig. In jedem Auto gibt es zu dessen Überwachung entweder eine Öldruckkontrolleuchte, ein Zeigerinstrument oder beides. Neuerdings ist in einigen Fahrzeugen sogar zusätzlich ein Summer eingebaut, der bei zu geringem Öldruck akustisch warnt. Wird zu geringer Öldruck angezeigt, (Aufleuchten der Öldruckkontrolle während des Motorlaufs), kann das folgende Ursachen haben:

• **Ölstand zu niedrig:** Leuchtet die Öldruckkontrollampe während der Fahrt vornehmlich in Kurven auf, ist mit hoher Wahrscheinlichkeit der Ölstand zu niedrig. Die Ölpumpe saugt Luft aus der Ölwanne an. Das

Leuchtet die Ölkontrollampe (oben) während der Fahrt auf, muß der Ursache sofort nachgegangen werden. Die Werte des Öldruckmanometers müssen den Angaben des Herstellers entsprechen

kann sehr schnell zu kapitalen Motorschäden führen. Deshalb: Sofort anhalten und Ölstand kontrollieren. Erforderliche Menge nachfüllen, bis der Ölstand wieder zwischen den Markierungen am Peilstab liegt.
Sollte dies wirklich der Grund gewesen sein, bedeutet das allerdings auch, daß der Besitzer die Kontrolle des Ölstands in letzter Zeit viel zu selten durchgeführt hat. Schließlich ist die Minimummarke am Peilstab für gewöhnlich schon mit einem Toleranzzuschlag versehen.

• **Öldruckschalter/Instrument defekt:** Auch dieser Fehler kann auftreten. Doch man sollte sich nie darauf verlassen, daß nun ausgerechnet der Öldruckgeber (er sitzt am Motorblock und gibt das Meßsignal für die Anzeige) oder das Instrument kaputt sind, bevor man nicht alle anderen Fehlermöglichkeiten abgecheckt hat.

• **Motor ist verschlissen:** Wenn ein Automotor in die Jahre kommt und schon zigtausende Kilometer gelaufen ist, zeigen sich selbst bei bester Pflege und Wartung gewisse Verschleißerscheinungen. So wird beispielsweise das Spiel zwischen den Lagern größer. Durch den entstandenen Zwischenraum läuft das Öl dann schneller ab. Somit sinkt auch der Öldruck im Laufe der Zeit immer weiter ab. Besonders bei Autos mit Zeigerinstrument für den Öldruck sagt dies eine Menge über den Motorzustand aus. Deshalb sollte diesem Instrument während der Probefahrt beim Gebrauchtwagenkauf auch die gebührende Beachtung geschenkt werden: Entscheidend ist der angezeigte Öldruck bei betriebswarmem (!) Motor. Er sollte, je nach Drehzahl, bestimmte Werte nicht unterschreiten.

Öldruck – wichtig beim Gebrauchtwagenkauf

Diese Werte sind von Fahrzeug zu Fahrzeug verschieden und sollten deshalb der Bedienungsanleitung entnommen werden.

Der Öldruckschalter (oben) schließt das Kabel bei stehendem Motor kurz, die Ölkontrollampe am Armaturenbrett leuchtet auf. Ab einem vorgegebenen Öldruck unterbricht er die Leitung, die Lampe hat keine Masse mehr, sie erlischt. Alte Motoren mit hoher Laufleistung (links) haben zwischen den einzelnen mit Öl versorgten Bauteilen so viel Spiel, daß sich kein genügender Öldruck mehr aufbauen kann. Sinkt der Öldruck zu weit ab, läßt ein Lagerschaden oder ein Fresser nicht mehr lange auf sich warten

Bei Fahrzeugen, die nur eine Kontrolleuchte haben, kann man – wenn diese im Leerlauf aufleuchtet – für gewöhnlich vom Schrottwert des Motors ausgehen. Die am häufigsten verwendeten Öldruckschalter sind nämlich auf sehr geringen Ansprechdruck geeicht und schlagen erst dann Alarm, wenn der Öldruck hart gegen Null geht.

• **Das Öl wird zu heiß:** Dieses Problem tritt am häufigsten bei sommerlichen Vollgasfahrten auf der Autobahn oder bei Paßfahrten auf. Zu heißes Öl ist meist auf konstruktive Mängel bei hochgezüchteten Motoren zurückzuführen.

Bei Paßfahrten auf die Öltemperatur achten

• **Abhilfe:** Tritt eine Überhitzung auf, muß man den Motor abkühlen lassen. Am besten fährt man mit leichtem Gasfuß und reduzierter Geschwindigkeit weiter, denn sonst droht ein kapitaler Motorschaden. Die richtige Öltemperatur spielt eine so entscheidende Rolle, daß sie im folgenden Teil extra behandelt wird. Leider verfügen die wenigsten Autos über ein Ölthermometer. Der nachträgliche Einbau kann aber speziell für Schnellfahrer und Besitzer von Wohnwagen lohnend sein.

• **Ölpumpe defekt:** Schäden an der Ölpumpe sind zwar nicht vollkommen auszuschließen, treten aber relativ selten auf. Die Ölpumpe ist wartungsfrei und gehört naturgemäß zu den bestgeschmierten Bauteilen im Motor. Auch Verschleißerscheinungen treten kaum auf.

Öltemperatur

Motoröle „funktionieren" nur in einem bestimmten Temperaturbereich. Derjenige, der zuhause schon einmal in der Bratpfanne Speiseöl erhitzt hat, konnte beobachten, daß das Öl mit steigender Temperatur dünnflüssiger wird. Ebenso ist es beim Motoröl.
Durch enormen Entwicklungsaufwand in den Versuchslabors der Ölfirmen ist es gelungen, den Temperaturbereich, in dem die Schmiereigenschaften des Öls möglichst konstant bleiben, ständig zu erweitern. Das Ergebnis dieser Versuche: Gute Motoröle verkraften heute kurzfristig Temperaturspitzen von über 150 Grad Celsius.

Für die Ölkontrolleuchte gilt: Immer ernst nehmen

Die Öldruckkontrolleuchte muß bei stillstehendem Motor und eingeschalteter Zündung aufleuchten, aber nach dem Anlassen des Motors sofort erlöschen. Sie darf während des Betriebes nicht aufleuchten. Sonst gilt: Unverzüglich anhalten, Motor abstellen und nach der Ursache suchen! Nicht weiterfahren, bevor der Mangel behoben ist. Notfalls den Wagen zu einer Werkstatt schleppen lassen.

Steigt die Öltemperatur zu weit an, kann der Öldruck absinken. Grund: Das nun dünnflüssige Öl kann sich zu leicht an den Lagerstellen „vorbeimogeln" – es sinkt zu schnell ab. Jetzt werden nicht mehr alle Lager im Motor genügend mit Öl versorgt, der Schmierfilm reißt und der gefürchtete Fresser (siehe oben) ist die mögliche Folge.

• Ölverbrauch / Ölverlust

Jeder Automotor verbraucht etwas Öl. Falls er nichts verbraucht oder sogar ein rätselhaftes Ansteigen des Ölstands festgestellt wird, liegt das entweder an Beimischungen von Kraftstoff (viel Chokebetrieb, Stadtverkehr, falsche Vergasereinstellung, Schwimmernadelventil defekt) oder an Wasserzugaben (Kondenswasser bei viel Kurzstreckenbetrieb, Kühlwasser wegen defekter Zylinderkopfdichtung); im letzteren Fall wird das Öl milchig.

Zeigt sich auf der Innenseite des Öleinfülldeckels ein milchiger Schlamm, hat sich Wasser mit dem Motoröl vermischt. Dies kommt bei häufigem Kurzstreckenverkehr vor, kann aber auch von einer beschädigten Kopfdichtung herrühren

Maßvoller Ölverbrauch ist ganz normal

Wieviel Öl darf der Motor denn nun verbrauchen? Das hängt vom Fahrzeugtyp und vom Verschleißzustand ab. Moderne Motoren verbrauchen zum Teil nur 0,1 bis 0,2 Liter auf tausend Kilometer, auch 0,5 bis ein Liter pro tausend Kilometer sind für einige Autos noch akzeptabel. Wenn aber ein moderner Motor mehr als 1,5 Liter benötigt, so ist es wahrscheinlich um die Kolbenringe oder Ventilschaftdichtungen nicht mehr zum besten bestellt – das Problem sollte man mit der Werkstatt klären. Auf jeden Fall sollte man mit einer solchen „Ölräucherei" nicht mehr lange durch die Gegend fahren – der Umwelt und des Geldbeutels zuliebe.

Ölthermometer auch bei kaltem Motor beachten

Das Ölthermometer informiert nicht nur über zu hohe Öltemperaturen, sondern auch über zu niedrige. Dank seiner Hilfe läßt sich das Erreichen der wirklichen Motorbetriebstemperatur erheblich zuverlässiger messen als mit dem Kühlwasserthermometer. Oft steht dieses schon längst im Normalbereich, wenn die Öltemperatur noch unterhalb 60 Grad Celsius liegt. Bei dieser Öltemperatur sollte dem Motor noch nicht zuviel abverlangt werden.

Mitunter wird das Öl nicht verbraucht, sondern geht verloren. Man sollte gelegentlich nachschauen, ob sich Ölflecken unter dem Wagen befinden. Wenn ja, sind Dichtungen defekt – und diese sollten schnellstmöglich erneuert werden. Wenn dazu der Motor oder das Getriebe ausgebaut werden müssen, kann das allerdings empfindlich ins Geld gehen. Man sollte sich beraten lassen.

Undichte Stellen schnell abdichten lassen

Ölwechsel und Ölfilterwechsel

Die Intervalle, in denen Ölwechsel und Filterwechsel anfallen, differieren stark zwischen einzelnen Automarken und Motorversionen. Im allgemeinen liegen sie bei Ottomotoren bei 10 000 Kilometern und bei Dieseltriebwerken bei 7 500 Kilometern. Die Autohersteller versuchen die Ölwechselintervalle weitmöglichst auszudehnen, um ihre Fahrzeuge als wartungsarm ausweisen zu können. Die Angaben stellen deshalb meist Obergrenzen des für den Motor Zumutbaren dar. Bei ungünstigen Betriebsbedingungen (beispielsweise Kurzstrecken- oder Stadtverkehrsfahrten) können kürzere Intervalle angebracht sein. Hier erreicht das Motoröl nämlich selten Temperaturbereiche, in denen gebundenes Kondenswasser „ausgekocht" werden könnte. Außerdem bilden sich vermehrt aggressive Säuren, die vom Öl aufgenommen werden.

Weil sich einige Bestandteile des Öls im Laufe der Zeit zersetzen und wichtige Eigenschaften des Öls verlorengehen können, empfiehlt sich ein halbjährlicher Ölwechsel – selbst wenn man kilometermäßig das nächste Wechselintervall noch nicht erreicht hat.

Ablassen oder absaugen?

Früher galt: „Ablassen ist grundsätzlich besser." Doch die Konstrukteure haben moderne Motoren

Undichtigkeiten an Motor oder Getriebe belasten nicht nur die Umwelt, sie können auch die Gummimanschetten der Lenkung und der Antriebswellen anlösen (links). Vor allem im Stadtverkehr „altert" das Öl schnell. Halbjährlicher Wechsel ist deshalb ratsam

– nachdem die Absaugmethode vor einigen Jahren in Mode gekommen ist – für den „Ölwechsel durch Absaugen" konzipiert. Für Fahrzeuge, bei denen die Saugsonde durch die Peilstaböffnung nicht an den tiefsten Punkt der Ölwanne gelangen und diese folglich auch nicht vollständig leersaugen kann, gilt nach wie vor: Ablassen durch die Ablaßöffnung.

Durchführen des Ölwechsels

Bei nachstehenden Arbeiten gilt: Entsorgungsvorschriften peinlichst genau befolgen (siehe auch Kapitel „Umgang mit Betriebsstoffen"). Zunächst fährt man den Motor betriebswarm. So wird das Öl dünnflüssiger, und die Schlammpartikel werden aufgewühlt. Vor dem Ablassen überzeugt man sich, daß man wirklich den passenden Ölfilter und die erforderliche Ölmenge gekauft hat. Sonst muß man womöglich nötigen Nachschub zu Fuß besorgen.

Absaugen ist in der Regel einfacher

Absaugen

Bei dieser Methode zieht man zunächst den Ölpeilstab heraus und führt die Saugsonde so tief ein, bis sie den Grund der Ölwanne erreicht. Dies ist in der Praxis oft schwierig festzustellen. Vorsichtiges Tasten hilft aber weiter. Wird die Sonde zu weit eingeführt, legt sie sich oft im Bogen in die Ölwanne und taucht mit ihrem Ende nicht mehr ein. Dann saugt sie Luft und kündet fälschlicherweise das Ende des Saugvorgangs an. Ist die Ölwanne entleert, kann der Filter gewechselt werden.

Der Filter läßt sich mit einem Ölfilterband einfach herausschrauben (unten); der neue wird vor dem Einbau an der Dichtung leicht eingeölt. So läßt er sich beim nächsten Wechsel sicher lockern (rechts oben). Die neue Dichtung der Ablaßschraube (rechts unten) nicht vergessen! Nach dem Öleinfüllen die Dichtigkeit noch einmal überprüfen

Ablassen

Hierzu benötigt man eine flache Schüssel mit hinreichendem Fassungsvermögen, einen Trichter sowie ein verschließbares Transportgefäß (beispielsweise einen alten Ölkanister) für die Ölrückgabe. Zunächst stellt man die Schüssel unter die Ölwanne und öffnet die Ölablaßschraube. **Vorsicht:** Hier besteht ernste Verbrühungsgefahr, da das Öl über hundert Grad Celsius heiß sein kann.
Nachdem das Öl vollständig ausgelaufen ist, Ölablaßschraube mit neuem (!) Dichtring einsetzen und gut handfest anziehen, aber nicht mit Gewalt.

Immer das Datum des Ölwechsels notieren

Ölfilter wechseln

Der Ölfilter (mitunter auch Patrone zum Einsetzen) ist bei jedem Ölwechsel zu ersetzen. Gelegentlich anderslautende Anweisungen der Automobilhersteller sind nach unserer Ansicht ausnahmsweise besser zu ignorieren. Wozu der Ölwechsel, wenn man das frische Öl dann durch einen halbverschmutzten Filter schickt? Vor dem Filterwechsel wird eine flache Schüssel unter den Motorbereich gestellt, über welchen an der Dichtfläche des Ölfilters austretendes Öl herablaufen könnte.

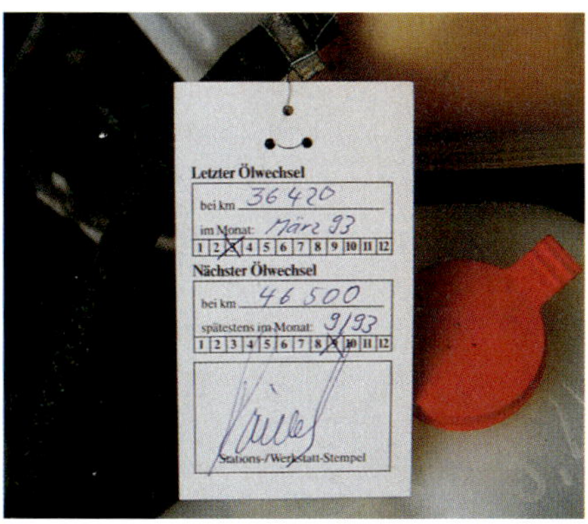

Ein Ölzettel im Motorraum erhält den Eintrag des Kilometerstands bei dem der Ölwechsel durchgeführt wurde. So wird der nächste Wechsel sicher nicht „versäumt"

Zum Lösen des Filters benutzt man am besten einen speziellen Ölfilterlöseschlüssel, der für ein paar Mark im Zubehörhandel erhältlich ist. Nun wird der neue Filter an der Dichtung mit etwas frischem Motoröl benetzt und handfest auf das Gewinde geschraubt. Anschließend langsam frisches Öl bis zur Maximum-Markierung in den Motor füllen. Dann den Motor starten und so lange mit Leerlaufdrehzahl laufen lassen, bis die Öldruckkontrollleuchte wieder erlischt. Dies kann einige Sekunden dauern.

Unbedingt nochmals die Dichtigkeit der Ablaßschraube und des Ölfilters überprüfen!

Nach Abstellen des Motors muß die Ölfüllmenge noch einmal überprüft und gegebenenfalls ergänzt werden. Beim ersten Motorlauf wird nämlich der Ölfilter mit zirka einem Viertel Liter Öl gefüllt. Das erklärt das eventuelle Absinken des Ölstands. Zum Schluß notiert man sich Datum und Kilometerstand auf einem Zettel (den man im Wagen mitführen sollte). So versäumt man nicht den nächsten Ölwechseltermin.

Kraftstoffanlage

Der Kraftstoff, der an der Tankstelle in das Fahrzeug gefüllt worden ist, legt einen langen Weg zurück, bis er endlich verbrannt wird. Erste Station ist der Tank, der im allgemeinen aus Stahlblech hergestellt wird, bei neueren Fahrzeugen aber auch aus Kunststoff gefertigt sein kann. Verschlossen ist der Tank mit einem Tankdeckel.

Dieser besitzt eine Entlüftungsöffnung, damit kann sich im Tank weder ein Unterdruck (durch das Ansaugen des Benzins) noch ein Überdruck (wegen Erwärmung durch Sonneneinstrahlung) bilden. Falls diese Entlüftungsöffnung einmal durch Schmutzpartikel verschlossen sein sollte, kann sich unter Umständen der ganze Tank zusammenziehen. Das sieht zwar originell aus, ist aber für den Fahrzeugbesitzer – wegen der hohen Reparaturkosten – nicht sehr witzig. Wer ein älteres Auto sein eigen nennt, sollte es sich abgewöhnen, immer nur so viel zu tanken, daß die Benzinuhr knapp vor Reserve steht. Die im Tank enthaltene Luft führt nämlich immer eine gewisse Menge an Luftfeuchtigkeit mit sich – und die kann auf Dauer zu Rostschäden im Inneren des Tanks führen. Im Tank sitzt ein Schwimmer, der über ein Gestänge einen Geber ansteuert, das den jeweiligen Kraftstoffstand an die Tankuhr im Armaturenbrett weitermeldet.

Nicht ständig mit halbvollem Tank fahren

Die Eichung der Tankuhr ist leider nicht immer sehr exakt. So kann es passieren, daß der Wagen mit leerem Tank stehenbleibt, obwohl (laut Benzinuhr) noch genug Kraftstoff vorhanden sein müßte. Falls einen die Genauigkeit der Tankanzeige interessiert, sollte man den Tank einmal komplett leerfahren (vorher aber Reservekanister auffüllen!) und sich nach Einfüllen des

Bei Kat-Fahrzeugen ist der Tankstutzen durch einen Einsatz verengt. So kann nur mit einer dünnen Bleifrei-Zapfpistole getankt werden

Läßt sich der Tankdeckel nur noch schwer öffnen und schließen, wirktein Tropfen Öl vom Peilstab wahre Wunder

Kraftstoffs aus dem Kanister die Stellung des Zeigers merken. Für die Zukunft gilt: Wird diese Markierung erreicht, sind noch fünf Liter Sprit im Tank. Weitere Anhaltspunkte kann man beim nächsten Volltanken (bei eingeschalteter Zündung) finden: Ein Auge schweift auf das Zählwerk der Zapfsäule, das andere auf die Stellung der Tankanzeige. So kann man vergleichen, welcher Füllstand mit welcher Anzeige übereinstimmt.

Die Pumpe fördert mehr als nötig

Bei älteren Vergasermotoren saugt die Kraftstoffpumpe so viel Kraftstoff an, wie der Motor benötigt. Bei Einspritzmotoren und modernen Vergasermodellen wird permanent mehr angesaugt als tatsächlich benötigt wird. Der überschüssige Kraftstoff fließt über die Rückflußleitungen in den Tank zurück. So erreicht man eine bessere Kühlung des Kraftstoffs und kann verhindern, daß sich in den Benzinleitungen Dampfblasen bilden. Die Blasen verursachen keine Schäden, der Motor beginnt aber zu Stottern und bringt keine Leistung. In Extremfällen kann die Pumpe nichts fördern, der Motor stirbt ab. Nach einer Abkühlung (bei geöffneter Motorhaube) kann die Fahrt dann weitergehen.

Zwischen der Pumpe und dem Vergaser oder der Einspritzanlage ist fast immer ein Benzinfilter

Im Sommer nicht volltanken

Im Sommer kann es vorkommen, daß sich das Benzin im Tank stark ausdehnt. Deshalb sollte bei hohen Temperaturen nicht vollgetankt werden. Der Sprit dehnt sich dabei nämlich stark aus, weil er in der Tankstelle in einem kühlen, unter der Erde liegenden Tank gelagert wird und sich im Fahrzeug stark erwärmt.

Die Kraftstoffpumpe saugt den Sprit aus dem Tank im Heck des Fahrzeugs an und leitet ihn unter Druck zum Vergaser weiter. Sie wird oft von einem Nocken der Nockenwelle angetrieben und von dort durch das Motoröl geschmiert. Der Austausch ist in der Regel sehr einfach, eine Reparatur hingegen meist nicht möglich

eingebaut. Bei Motoren mit Vergaser ist ein Filterwechsel ganz einfach: Zuerst sucht man den auf dem Filter eingeprägten Pfeil. Er gibt die Durchflußrichtung an – der neue Filter muß genauso eingebaut werden, da er sonst nicht einwandfrei funktioniert. Dann werden die beiden kleinen Schlauchschellen (so vorhanden) mit einem Schraubenzieher gelockert und der alte Filter aus den Schläuchen gezogen. Anschließend wird der neue Filter einfach eingesetzt und mit den Schlauchschellen gesichert.

Benzinfilterwechsel besser zu früh als zu spät

Einspritz- und Dieselmotoren haben etwas größere und aufwendiger konstruierte Benzinfilter, die in einem Metallgehäuse sitzen. Die Kraftstoffleitungen sind fest mit dem Filter verschraubt. Die Anschlüsse haben häufig kleine Kupferdichtungen, die bei einem Filterwechsel ebenfalls immer erneuert werden sollten. Beide Motorenmodelle springen nach dem Filterwechsel etwas unwillig an. Grund: Der Filter muß erst mit Kraftstoff gefüllt werden. Der Dieselmotor besitzt hierfür extra eine kleine Handpumpe an der Einspritzpumpe (oder in der Leitung vor der Einspritzpumpe), mit der sich der Filter wieder füllen läßt. Ist bei einem Dieselmotor die manuelle Entlüftung der Pumpe notwendig, wird dies in der Regel in der Bedienungsanleitung gut beschrieben.

Vergaser

Vom Benzinfilter geht eine Leitung direkt in den Vergaser. Dieser hat grundsätzlich nur die Aufgabe, das Benzin möglichst fein zu zerstäuben und in einem bestimmten Verhältnis mit der Luft zu vermengen. Für die vollständige Verbrennung wären für ein Kilogramm

Nach dem Lösen der beiden Schellen kann der Filter leicht von den Schläuchen getrennt werden. Austretendes Benzin sollte man mit einem Lappen auffangen (links)

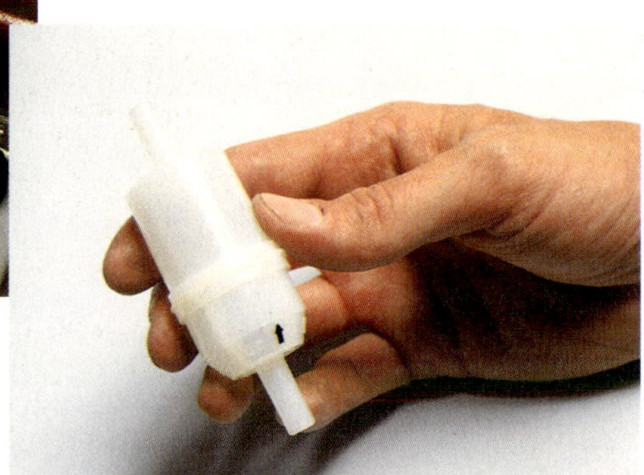

Wird der neue Filter montiert (rechts), muß unbedingt auf die richtige Durchflußrichtung geachtet werden. Ein Pfeil zeigt diese an. Nur so kann genügend Sprit zum Vergaser gefördert werden

Benzin 14,8 Kilogramm Luft nötig. Der Kraftstoff gelangt durch das Schwimmernadelventil in die Schwimmerkammer. Diese ist eine kleine Vorratskammer für Benzin, die mit einem Schwimmer ausgerüstet ist. Dieser öffnet oder schließt ein Ventil (je nach Füllungsgrad der Schwimmerkammer). Exakt dasselbe Prinzip findet sich im Wasserkasten einer Toilettenspülung. Sinn der Schwimmerkammer ist es, den Vergaser immer mit dem gleichen Schwimmerniveau zu versorgen. So kann der Motor in kürzester Zeit auf eine veränderte Gaspedalstellung reagieren. Da der Förderdruck der Benzinpumpe niedriger ist als der Schließdruck des Schwimmernadelventils, fördert die Benzinpumpe kein Benzin mehr, sobald die Schwimmerkammer gefüllt ist. In der unteren Etage des Lufttrichters (das ist die Vergaseröffnung, durch die der Motor die Luft ansaugt) sitzt die Drosselklappe. Sie ist über einen Seilzug direkt mit dem Gaspedal verbunden und verkleinert oder vergrößert den Durchmesser des Lufttrichters. Dadurch wird mehr oder weniger Luft angesaugt. Diese durchströmende Luft zieht eine (durch Düsen) genau bemessene Benzinmenge mit sich, vermischt sich mit ihr und führt sie über das Ansaugrohr durch das Einlaßventil in den Verbrennungsraum.

Die Luft zieht das Benzin mit in den Motor

Im Leerlauf passiert das gleiche, nur daß das Benzin nicht über die

Auch wenn's einen interessiert: Das Innere des Vergasers ist für den Laien tabu. Vergaser sind relativ teuer, Preise bis zu über tausend Mark sind möglich. Oben gut zu erkennen die Schwimmerkammer und die Lufttrichter, durch die der Motor Luft und Kraftstoff ansaugt. Unten sind Teile der Startautomatik abgebildet

Ein Vergaser ist – von außen nicht sofort zu erkennen – ein kompliziertes Bauteil. Durch seine verschiedenen Einrichtungen wird der Motor unter allen Fahrzuständen mit dem richtigen Kraftstoff-Luft-Gemisch versorgt. Seine Einstellung wird jährlich bei der ASU-Prüfung kontrolliert

Hauptdüse, sondern über die Leerlaufdüse in den Lufttrichter gelangt. Wenn der Motor kalt ist, hat das Benzin die unangenehme Eigenschaft, sich an den kalten Innenwänden des Lufttrichters und der Ansaugrohre niederzuschlagen (zu kondensieren). Deshalb muß der Vergaser für diesen speziellen Fall, den Kaltstart, ein ganz besonders fettes (=benzinreiches) Gemisch herstellen.

Bei Kälte braucht der Motor mehr Benzin

Um auch bei ganz niedrigen Temperaturen ein zündfähiges Gemisch zu erreichen, kann das Mischungsverhältnis bis hin zu einen Teil Kraftstoff zu drei Teilen Luft (1:3) angefettet werden. Für die Bereitstellung dieses fetten Gemisches ist die Starterklappe verantwortlich, die oberhalb der Drosselklappe im Lufttrichter sitzt. Sie bewirkt im geschlossenen Zustand eine Unterdruckerhöhung. Dadurch saugt der Motor mehr Sprit und weniger Luft an. Betätigt wird die Starterklappe entweder per Hand (und heißt dann Choke) oder sie ist mit einer Automatik gekoppelt, der sogenannten Startautomatik. Das ist eine Bimetall-Spiralfeder, die sich bei Temperaturunterschieden zusammenzieht oder ausdehnt und dadurch eine Drehbewegung der Starterklappe auslöst.

Die Erwärmung dieser Feder erfolgt entweder elektrisch, durch Kühlwasser oder durch beides. Verschiedene Einrichtungen sorgen dafür, daß sich der Motor bei geschlossener Starterklappe nicht „verschlucken" kann. So ist zum Beispiel die Starterklappenwelle nicht genau in der Mitte der Klappe

Jeder Motor benötigt beim Kaltstart und in der Warmlaufphase ein fetteres Gemisch als im betriebswarmen Zustand. Dafür sorgt in erster Linie eine sogenannte Starterklappe (links). Sie schließt die Ansaugöffnung oberhalb der Drosselklappe, der Motor saugt weniger Luft an als normal. Um diesen Zustand wieder zu ändern und um das Gemisch abzumagern, wird eine Bimetallfeder durch das Kühlwasser erwärmt – sie öffnet die Klappe langsam wieder

angeordnet, sondern etwas außermittig. Bei steigender Drehzahl wirkt der Sog damit stärker auf eine Flanke der Klappe und kann so die Klappe (gegen den Druck der Bimetallfeder) öffnen. Die Kaltstart- und Warmlaufphasen eines Motors sind wahre Benzinfresser: Der Benzinverbrauch bei Temperaturen um den Gefrierpunkt liegt auf den ersten fünf Kilometern um etwa 60 Prozent höher als bei 20 Grad.

Stärkere Autos haben einen „Zusatzvergaser"

Ein weiteres wichtiges Bauteil des Vergasers ist die Beschleunigungseinrichtung: Bei plötzlichem Gasgeben wird die Luft schneller angesaugt als der Kraftstoff (der allein durch seine größere Masse etwas träger reagiert). Damit aber gerade bei einem Beschleunigungsvorgang, beispielsweise beim Überholen, sofort die volle Leistung zur Verfügung steht, wird von einer kleinen Membran- oder Kolbenpumpe eine zusätzliche Menge Kraftstoff in das Mischrohr gespritzt. Bei Motoren mit größerem Hubraum (ab etwa 2,5 Litern) ist der normale Vergaser selbst bei raffiniertestem Aufbau nicht mehr ausreichend. Deshalb verwendet man dort den sogenannten Stufen- oder Registervergaser. Er besteht eigentlich aus zwei getrennten Vergasern, die beide in dasselbe Ansaugrohr münden. Der kleinere ist für den Leerlauf und mittlere Belastungen zuständig, der größere

Die Beschleunigerpumpe sitzt seitlich meist am Vergaser. Sie wird mechanisch durch die Bewegung der Drosselklappe betätigt und spritzt beim Niedertreten des Gaspedals immer etwas zusätzlichen Kraftstoff in den Ansaugtrichter

Einfache Vergaserreinigung

Bei Störungen am Vergaser sollte erst einmal überprüft werden, ob nicht eventuell vorhandene Bohrungen durch Schmutz verschlossen sind. Ist der Vergaser schmutzig, sollte man ihn zunächst mit etwas Kaltreiniger und einem weichen Pinsel säubern. Besitzt die Schwimmerkammer eine Ablaßschraube, kann man diese öffnen und den Sprit ablassen. Loser Schmutz und Dreck werden dabei herausgespült. Ein sauberer Lappen fängt den Sprit auf.

schaltet sich erst bei Vollast zu. So werden bei niedrigen Drehzahlen eine hohe Luftgeschwindigkeit und damit eine gute Zerstäubung erreicht, bei hohen Drehzahlen ist aber trotzdem noch eine gute Füllung der Zylinder gewährleistet. In Fahrzeugen mit geregeltem Katalysator werden heute (wenn nicht eh eine Einspritzanlage für das Wohl des Motors sorgt) elektronisch geregelte Vergaser eingebaut. Der Grund hierfür: Die Zusammensetzung des Gemisches muß genauestens auf den jeweiligen Betriebszustand abgestimmt werden, denn nur so kann man eine wirkungsvolle Reinigung der Abgase erreichen. Elektronikvergaser kommen mit erheblich weniger Bauteilen aus, da sämtliche Betriebszustände elektronisch erfaßt und an ein Steuergerät gemeldet werden.

Das Steuergerät errechnet für jeden möglichen Betriebs- und Lastzustand die exakte Kraftstoffzuteilung. Der Nachteil dieser Vergaserbauart liegt auf der Hand: Ohne aufwendige Diagnosegeräte kann von uns Normal-Bastlern nichts mehr überprüft oder eingestellt werden.

Wenn das Ventil schon so heißt...

Die meisten Vergaser haben seitlich noch ein etwa daumengroßes, meist messingfarbenes Ventil, auf das ein Kabel führt. Dieses Ventil bezeichnet man als elektromagnetisches Leerlaufabschaltventil. Es macht genau das, was sein Name aussagt: Es unterbricht beim Abstellen des Motors die Benzinzufuhr für den Leerlauf – der Motor kann nicht nachlaufen. Sollte das Ventil einmal defekt sein, stirbt entweder der Motor im Leerlauf ab oder man muß permanent mit dem Gas spielen, um den Motor am Laufen zu halten. Was darüber hinaus noch passieren kann: Der Motor läuft nach dem Ausschalten der Zündung wie ein Traktor weiter und muß bei ange-

Das elektrische Abschaltventil sorgt dafür, daß der Motor nur bei eingeschalteter Zündung mit Benzin versorgt wird. Zur Prüfung wird die Zündung eingeschaltet und der Stecker abgezogen. Ist ein Klacken zu hören, ist das Ventil in Ordnung. Eine eventuelle Störung hat eine andere Ursache: Durch den Sechskant kann das Ventil schnell ausgebaut werden; durch den einzigen Kabelanschluß ist auch der Einbau nicht schwierig. Das defekte Teil dient beim Kauf als Muster

zogener Handbremse mit eingelegtem Gang abgewürgt werden. Die Überprüfung des Abschaltventils ist nicht schwer: Dazu wird die Zündung eingeschaltet und das Kabel vom Ventil vorsichtig abgezogen. Dabei sollte am Ventil ein leichtes Klicken zu hören sein. Ist das nicht der Fall, schließt man bei eingeschalteter Zündung ein Prüflämpchen zwischen dem Kabel und dem Minuspol der Batterie an. Wenn das Lämpchen nicht leuchtet, liegt am Anschluß des Ventils keine Spannung an. Hier muß das Kabel an seinen Ursprung (meistens Zündspule, Anschluß 15) zurückverfolgt und falls nötig komplett ausgetauscht werden. Sollte das Lämpchen hingegen leuchten, ist das Ventil selbst defekt und kann an seinem Sechskant leicht aus dem Vergasergehäuse geschraubt werden. Doch Vorsicht: Das neue Ventil nicht mit Gewalt einschrauben, sonst reißt das Vergasergehäuse ein.

Der Luftfilter sitzt nicht immer direkt am Motor

Der Luftfilter hat zwei Aufgaben: zum einen die Filtrierung der angesaugten Luft, zum anderen die Dämpfung des nicht unerheblichen Ansauggeräusches. Die Lage des Luftfilters variiert von Motor zu Motor: Häufig befindet er sich oben auf dem Vergaser in einem schwarzen Luftfiltergehäuse. Bei Einspritzmotoren sitzt das Filtergehäuse oft in einiger Entfernung zum Motor, aber selbst mit ungeschultem Auge ist es schnell auszumachen. Dieses Gehäuse hat einen abnehmbaren Deckel, der entweder seitlich durch Klammern

Ein Motor würde ohne Luftfilter schneller verschleißen. Schmutzpartikel würden sich zwischen die Kolben und die Zylinderwände klemmen, Riefen und Schleifspuren wären die Folge. Der Austausch des Filters ist sehr einfach. Entweder wird das Gehäuse durch Abnehmen des Deckels von oben geöffnet (bei den meisten Vergasermodellen der Fall) oder das Luftfiltergehäuse der Einspritzanlage (links) seitlich durch Lösen der Klammern geöffnet und der Einsatz ausgetauscht. Laub und Schmutzreste werden aus dem Gehäuse entfernt

oder von oben mit Schrauben gehalten wird. Sobald der Deckel entfernt ist, kann auch der Luftfilter herausgenommen und begutachtet werden.

Bei sichtbar starker Verschmutzung muß der Filter unbedingt ausgetauscht werden: Die Kosten für einen neuen Luftfilter sind auf Dauer geringer als die Kosten, die durch den erhöhten Kraftstoffverbrauch bei einem verschmutzten Filter entstehen. Eine leichte Verölung an einem Punkt auf der Außenseite des Filters ist übrigens normal. Sie kommt von der Kurbelgehäuseentlüftung. Sollte der Filter jedoch insgesamt stark verölt sein (oder sogar Motoröl am Boden des Luftfiltergehäuses schwimmen), ist ein sofortiger Werkstattbesuch zur Klärung unumgänglich. Hier liegt unter Umständen ein ernsthafter Motorschaden vor. Eventuell sind die Kolbenringe verschlissen: Sie lassen den Verbrennungsdruck ins Kurbelgehäuse gelangen. Der Überdruck fördert das Öl durch die Entlüftungsleitung des Motorgehäuses in den Vergaser.

Die Einspritzung hat viele Vorteile

Kraftstoffeinspritzung

Die Vorteile der Einspritzung gegenüber einem Vergasermotor sind beträchtlich. Das beginnt beim besseren Kaltstart- und Warmlaufverhalten: Der Kraftstoff muß keinen so weiten Weg bis in den Zylinder zurücklegen und kondensiert deshalb auch nicht so stark an den kalten Wänden des Ansaugrohrs. Es setzt sich fort im niedrigen Dreh-

Moderne Einspritzanlagen können den Kraftstoff genauer dosieren als jeder Vergaser. Notwendig ist dazu in jedem Fall eine elektronische Regelung; nur dann können Temperatur, Motordrehzahl und die für die Abgasreinigung wichtige Abgaszusammensetzung gemessen und für die Einspritzmenge berücksichtigt werden

zahlbereich, wo wegen der genaueren Kraftstoffzerstäubung mehr Drehmoment zur Verfügung steht. Beim Beschleunigen reagiert der Einspritzmotor viel direkter. Außerdem kann im Schiebebetrieb (der Wagen rollt, das Gaspedal ist aber nicht getreten – zum Beispiel beim Befahren eines Gefälles) die Benzinzufuhr komplett abgestellt werden. Damit sind günstigere Verbrauchs- und Abgaswerte zu erreichen.

Am Einspritzer läßt sich wenig „basteln"

Die Kraftstoffpumpe arbeitet im Gegensatz zum Vergasermotor nicht mechanisch, sondern elektrisch und ist in der Regel in den Tank eingebaut. Von der Kraftstoffpumpe gelangt das Benzin in den Kraftstoffilter und von dort in einen Druckspeicher oder -regler, der den Leitungsdruck konstant hält. Jetzt erreicht es die Einspritzventile, die entweder elektromagnetisch öffnen und schließen (zum Beispiel mittels Bosch L-Jetronic) oder einfach bei einem bestimmten Druck abspritzen (zum Beispiel mittels K-Jetronic von Bosch). Die Einspritzventile sind nicht mit dem Saugrohr oder dem Zylinderkopf verschraubt, sondern werden nur in Gummidichtungen eingesteckt. So wird vermieden, daß sie sich bei Erwärmung des Motors aufheizen und sich im Kraftstoff Dampfblasen bilden können. Für den Kaltstart steht immer ein Kaltstartventil zur Verfügung, das bei Bedarf eine zusätzliche Menge Kraftstoff in das Saugrohr spritzt. So wird die Kondensation des Kraftstoffs an den Saugrohrwänden ausgeglichen.

Der Warmlaufregler und der Zusatzluftschieber werden beide über eine Bimetallfeder aktiviert und sorgen durch Anreicherung des Gemisches (beziehungsweise insgesamt vermehrte Gemischzuführung) für ein besseres Warmlaufverhalten. Die Pannenhilfe an einem Einspritzmotor reduziert sich auf die Fehlersuche im Zündungssystem (siehe dort) und den Wechsel des Luft- und Kraftstoffilters. Alles weitere sollte man der Fachwerkstatt überlassen.

Bei Einspritzmotoren wird von der Drosselklappe nur die Luftzufuhr zum Motor geregelt. Die angesaugte Menge wird gemessen und in elektrische Signale umgewandelt. Ein Steuergerät verarbeitet diese (und andere) Meßwerte und regelt über die Einspritzdauer die Benzinmenge

Pannenhilfe am Vergaser und Vergasereinstellung

Wenn nach mehreren vergeblichen Startversuchen der Motor nicht angesprungen ist, die Zündanlage aber einen ausreichend starken Funken liefert, muß der Fehler in der Benzinaufbereitung gesucht werden. Als erstes überprüft man, ob Kraftstoff im Tank ist. Denjenigen, die nun lächeln, sei gesagt, daß diese Fehlerursache in der ADAC-Pannenstatistik nicht so selten ist. Also, Tankdeckel öffnen, den Wagen schaukeln und am Einfüllstutzen horchen: Falls es nicht leise gluckert, ist der Tank leer, auch wenn die Tankanzeige auf „Voll" steht. Ist Kraftstoff vorhanden, wird als nächstes die Benzinpumpe geprüft. Dazu folgt man der unteren Leitung von der Benzinpumpe zum Benzinfilter, zieht sie am Filter ab und läßt einen Helfer ganz kurz den Anlasser betätigen. Achtung: Das freie Schlauchende ist nach unten, aber nicht auf den Auspuff oder ein elektrisches Bauteil zu richten – sonst besteht durch das austretende Benzin Brandgefahr! Daß während dieser Arbeiten absolutes Rauchverbot herrscht, dürfte klar sein. Ebenso sollte der Mi-

Brandgefahr durch austretendes Benzin

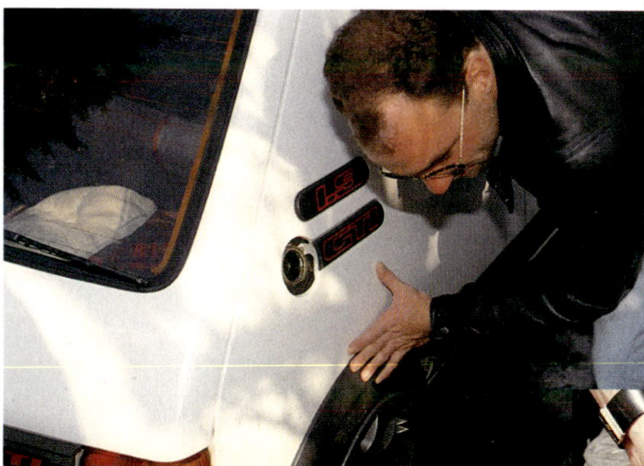

Obwohl die Tankanzeige einen ausreichenden Benzinvorrat anzeigt, bleibt das Fahrzeug plötzlich stehen. Zuerst sollte nun der Tankdeckel geöffnet und das Auto etwas bewegt werden. Sind Geräusche aus dem Tank zu hören, ist noch Sprit vorhanden. Nach Abziehen der Kraftstoffleitung sollte der Anlasser kurz betätigt werden. Tritt kein Sprit aus, ist aller Wahrscheinlichkeit nach die Benzinpumpe defekt oder der Benzinfilter verstopft. Der Austausch ist in beiden Fällen relativ einfach

nusanschluß vom Pol der Batterie abgetrennt werden, damit jede Art von Funkenbildung vermieden wird. Kommt jetzt kein Benzin aus der Benzinpumpe, ist entweder die Kraftstoffleitung zwischen Tank und Kraftstoffpumpe abgeklemmt, oder die Benzinpumpe ist defekt (beziehungsweise undicht) und muß ersetzt werden. Das Auswechseln erfordert im allgemeinen keine besondere Geschicklichkeit: Zuerst die beiden Schläuche mit Klebeband markieren (oben/unten oder hinten/vorne) und nach Lösen der Schlauchschellen abziehen. Dann die beiden Schrauben am Fuß der Benzinpumpe lösen und die Benzinpumpe herausziehen.

Jeder Benzinpumpe die richtige Dichtung

Die Fußdichtung der Benzinpumpe ist in ihrer Stärke genau abgemessen und darf nicht gegen eine andere ausgetauscht werden. Darunter könnte die exakte Förderleistung der Pumpe leiden. Zuletzt sollte die Öffnung im Motor, wo die Pumpe saß, mit einem sauberen Lappen verschlossen werden, damit kein Schmutz oder Kleinteile in das Innere des Motors fallen können. Die ausgebaute Pumpe sollte beim Kauf der neuen als Muster dienen. Der Einbau geschieht in umgekehrter Reihenfolge.

Ein weiterer, wenn auch seltener Störfaktor kann ein verstopfter Benzinfilter sein. Er liegt zwischen Tank und Benzinpumpe.

Arbeiten mit Benzin

Arbeiten, bei denen man mit Kraftstoff in Berührung kommt, müssen sehr sorgfältig durchgeführt werden. Hautkontakt soll man vermeiden. Läßt er sich nicht verhindern, müssen die betroffenen Stellen gründlich mit Wasser und Seife gereinigt werden. Außerdem herrscht natürlich absolutes Rauchverbot!

Um Verwechslungen sicher zu vermeiden, sollten die Kraftstoffleitungen vor dem Ausbau der Pumpe mit Klebeband versehen und mit einem Stift markiert werden. Werden die Anschlüsse verwechselt saugt die Pumpe später an der falschen Seite an, der Motor springt sicherlich nicht an

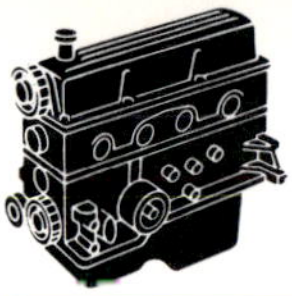

Vorsicht beim Auswechseln. Sobald dieser Filter auf einer Seite von der Leitung getrennt wird, ergießt sich der Inhalt des Benzintanks auf dem Boden. Deshalb sollte der Tank vor dem Ausbau möglichst leergefahren werden. Beim Ausbau ist ein leerer Benzinkanister oder eine ausreichend große Plastikschüssel unterzustellen.

Schwimmernadelventil durch Klopfen lösen

Sollte bei der Überprüfung der Benzinpumpe Benzin aus dem Schlauch gespritzt sein, liegt der Fehler entweder im Benzinfilter zwischen dem Vergaser und der Benzinpumpe oder im Vergaser selbst. Um den Benzinfilter zu prüfen, befestigt man den Schlauch der Benzinpumpe, der bei der Pumpenprüfung abgezogen wurde wieder an seinem Anschluß. Dann wird der Benzinschlauch direkt am Vergaser abgenommen und nach unten gehalten. Wenn der Helfer jetzt kurz den Anlasser betätigt, muß aus dem Schlauch Benzin austreten. Andernfalls ist der Benzinfilter nicht mehr durchlässig und muß ausgetauscht werden. Sollte aber Benzin kommen, ist der Benzinfilter in Ordnung. Die Prüfung des Vergasers kann beginnen.

Man entfernt als erstes den Deckel des Luftfilters. Dazu werden sämtliche Klammern oder Schrauben gelöst und der Deckel samt Luftfilter entfernt. Ganz oben erkennt man nun eine runde Messingklappe, die Starterklappe. Mit etwas Gefühl läßt sie sich bei durchgetretenem Gaspedal in die geöffnete Stellung bringen. Nun tritt der Helfer mehrmals auf das Gaspedal, während man durch die Vergaseröffnung ins Innere des Vergasers späht. Auf halber Höhe muß aus einem Röhrchen ein feiner Benzinstrahl austreten. Falls nichts zu sehen ist, sollte man seine Ohren zu Hilfe nehmen: Ein leises Zischgeräusch deutet auf eine ausreichende Benzinversorgung hin. Ist weder etwas zu sehen noch zu hören, heißt das, daß die Benzinpumpe den Vergaser zwar mit Benzin versorgt, dieses Benzin aber innerhalb des Vergasers nicht weitergeleitet wird. Höchstwahrscheinlich hängt hier das Schwimmernadelventil. Oft kann dieses durch Klopfen an die Seite des Vergasers, wo die Benzinleitung hinführt, wieder gelöst werden. Bei

Bleifrei für Motoren

Um die Abgase mit Hilfe des Katalysators entgiften zu können, darf der Kraftstoff kein Blei enthalten. Es würde die Edelmetallschicht im Kat überziehen und so die Reinigungswirkung vermindern. Alte Motoren benötigen jedoch das Blei, um die Auflageflächen zwischen den Ventilen und dem Zylinderkopf zu schmieren. Ob Ihr Fahrzeug bleifreien Sprit verträgt, können Sie an jeder Tankstelle erfragen.

Gelegenheit muß es aber gegen ein neues ausgetauscht werden. Wegen der anschließenden Einstellarbeiten sollte dies in einer Werkstatt durchgeführt werden.

Vergasereinstellung

Vergasereinstellen Profis überlassen

Die Einstellung eines Vergasers sollte von einem Laien ohne die entsprechenden Prüfgeräte wie Abgastester oder Drehzahlmesser nicht verändert werden – schließlich hängt nicht nur das gesamte Leistungsverhalten des Motors, sondern auch seine Umweltverträglichkeit sowie die Lebensdauer in hohem Maße von der Vergasereinstellung ab. Nach einer Zündungseinstellung kann es jedoch notwendig sein, die Leerlaufdrehzahl an die neue Einstellung anzupassen. Generell hat jeder einfache Vergaser nur zwei von außen zugängliche Einstellschrauben:

- eine für die Leerlaufgemischzusammensetzung (CO-Einstellschraube; sie reguliert den Kohlenmonoxidgehalt im Abgas);
- eine für die Leerlaufdrehzahl.

Nur an der zweiten Schraube darf vom Laien etwas eingestellt werden. Beide Schrauben sitzen seitlich am Vergaser, jede in einer runden Vertiefung. Die größere der beiden ist meistens für die Leerlaufdrehzahl, die kleinere für die Einstellung des CO-Gehalts der Abgase zuständig. Durch Hineindrehen der Schraube verringert sich die Drehzahl, durch Herausdrehen erhöht sie sich. Für die Einstellung muß der Motor – weil die Startautomatik ja auch die Leerlaufdrehzahl erhöht – warm sein. Jetzt wird mit einem passenden Schlitzschraubenzieher die Drehzahl so eingestellt, daß der Motor nicht zu schnell, sondern schön rund läuft, ohne zu stottern oder abzusterben. Falls der Wagen über einen eingebauten Drehzahlmesser verfügt, kann die Drehzahl auch danach eingestellt werden. Die Anzeige ist zwar meistens nicht hundertprozentig exakt, aber diese Differenz spielt keine große Rolle. Wie hoch die Leerlaufdrehzahl sein muß, steht in der ASU-Bescheinigung.

Ist der Leerlauf zu niedrig eingestellt, muß die betreffende Regulierschraube etwas herausgeschraubt werden (gegen den Uhrzeigersinn). Bei modernen Vergasern darf der Drosselklappenspalt (kleines Foto) nie verändert werden, deshalb ist er mit einer Kappe gesichert

Abgasanlage

Was beim Auto hinten herauskommt, erregt in letzter Zeit zunehmend umweltbewegte Gemüter. Da die Abgasanlage ein ausgeklügelter Baustein im System eines Verbrennungsmotors ist, scheint es sinnvoll, genaueres über deren Aufgaben zu erfahren. Im folgenden Teil werden Aufbau und Funktion der Abgasanlage beim Viertaktmotor beschrieben. Ferner beinhaltet er einige wichtige Tips, die beim Selbstwechsel der Auspuffanlage beachtet werden sollten – denn schließlich stellt diese Arbeit ein beliebtes Betätigungsfeld der Garagenbastler dar.

Der Auspuff ist auf den Motor abgestimmt

Aufbau und Funktion der Abgasanlage

Die Auspuffanlage eines Wagens ist nicht einfach ein Rohr mit ein paar „Dosen" darin, durch das die Verbrennungsgase geleitet werden. Sie ist vielmehr ein Bauteil, das mit mehr oder weniger Aufwand auf bestimmte motorspezifische Charakteristika abgestimmt ist. So beeinflußt sie, unabhängig davon, ob sie mit oder ohne Abgaskatalysator ausgestattet ist, ganz wesentlich das Leistungsverhalten und den Kraftstoffverbrauch des Autos, darüber hinaus auch den mehr oder minder umweltschädlichen Schadstoffausstoß. Für Technikfreaks sei hier an einem kleinen Beispiel erläutert, was gemeint ist. (weniger Interessierte dürfen den nächsten Absatz gerne überschlagen):

Nur ein sorgfältig auf den Motor abgestimmter Auspuffkrümmer (Pfeil) ermöglicht die volle Leistungsausbeute und verringert dabei zusätzlich den Kraftstoffverbrauch. Die Platzverhältnisse im Motorraum geben die Form vor

Sportauspuff – ja oder nein?

Die von manchen Herstellern in Anzeigen versprochene Leistungssteigerung findet in der Regel nur auf dem Papier statt. Und der geänderte Sound, der aus dem Alltagsauto einen echten „Renner" macht (wenn dies nun tatsächlich geschehen sollte), ist die Anschaffung sicher nicht wert. Alleine die längere Lebensdauer kann für diese Art von Tuning sprechen. Der Einbau einer Sportauspuffanlage ist nur dann sinnvoll, wenn das Originalteil aus Rostgründen sowieso ausgetauscht werden müßte.

Durch genaue Berechnung der nötigen Rohrquerschnitte und -längen wird eine gute Leerung der Zylinder vom Abgas und nachfolgend die Füllung mit Frischgas angestrebt. Dies wird dadurch erreicht, daß die Auspuffgase durch ihren Schwung bei bestimmten Drehzahlen eine Sogwirkung entfalten und so am Ende des Auspufftakts im Zylinder einen Unterdruck erzeugen. Dieser begünstigt das Einströmen von Frischgas im nachfolgenden Ansaugtakt. Dieser Resonanzeffekt erreicht bei bestimmten Drehzahlen sein Optimum und kann durch die Ausgestaltung des Auspuffs entscheidend verstärkt oder gebremst werden: Die Motorleistung steigt an, der Vebrauch hingegen sinkt.

Der Auspuff sorgt für gute „Füllung"

Ach ja – ganz nebenbei wird übrigens im Auspuff auch noch der Schall gedämpft. Hierzu dienen gelochte Bleche und Steinwolle in den Auspufftöpfen.

Ungeregelter und der geregelter (Drei-Wege-)Katalysator:

Seit den 80er Jahren, als die Zunahme der luftschadstoffbedingten Zerstörung unserer Umwelt immer stärker ins Auge fiel, wurden Technologien zur Schadstoffreduzierung bei Autoabgasen entwickelt und eingesetzt. Den Durchbruch brachte schließlich die Katalysatortechnik. In den USA und Japan waren Abgaskatalysatoren wegen strengerer Grenzwerte schon seit langem vorgeschrieben. Automobilwerke, die diese Staaten belieferten, hatten diese Technik folglich

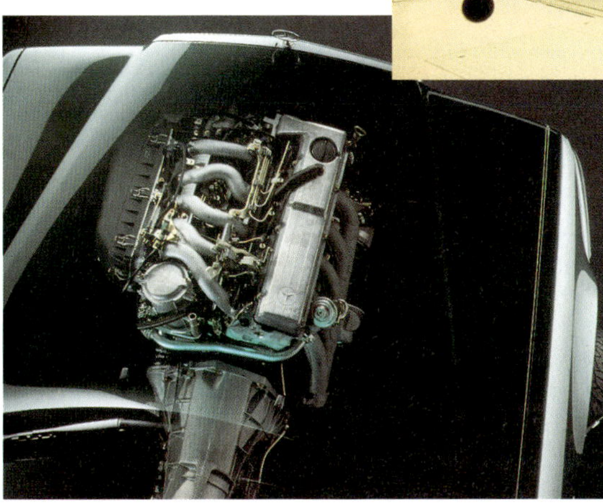

Durch den Auspuff wird die hohe Geschwindigkeit, mit der die Abgase den Motor verlassen (oft mit Überschall), stark verringert. In aufwendigen Geräuschmessungen (das Fahrzeug fährt dabei auf einem Rollenprüfstand) wird der richtige „Sound" herausgefunden (oben). Auspuffanlagen von Dieselfahrzeugen haben wegen der weniger aggressiven Abgase in der Regel eine etwas höhere Lebensdauer als die der Benziner

schon im Programm und konnten den Entwicklungsaufwand klein halten.

Ob der Umwelt unter dem Strich wirklich geholfen wurde, mag dahingestellt bleiben. Schließlich belastet schon die Produktion eines Neuwagens nach wissenschaftlichen Erkenntnissen die Umwelt mit der Hälfte dessen, was dieses Auto während seiner durchschnittlichen Betriebszeit an weiterer Verschmutzung verursacht.

Doch zurück zur Funktionsweise eines Katalysators. Hier gibt es zwei unterschiedliche Methoden: den geregelten und den ungeregelten Kat. Um ein Kraftfahrzeug mit einem geregelten Katalysator ausrüsten zu können, muß es über eine Einspritzanlage oder zumindest über einen elektronisch gesteuerten Vergaser verfügen. Eine im Auspuffkrümmer eingebaute sogenannte Lambdasonde ermittelt nämlich durch Messung des im Abgas enthaltenen Sauerstoffanteils Werte für die korrekte Gemischzusammensetzung. Diese können nur auf elektronischem Wege umgesetzt werden. Eine Schadstoffreduzierung um 90 Prozent ist so erzielbar. Mit herkömmlichen Vergasermotoren ist das nicht möglich. Hier kann man nur einen ungeregelten Katalysator einbauen, der jedoch wegen der nicht spontan beeinflußbaren Gemischzusammensetzung nur eine Schadstoffreduzierung von etwa 50 Prozent bringen kann. So kommt aus diesem

Auch die Kat-Abgase sind noch giftig

Geregelte Katalysatoren verlangen nach einer elektronischen Einspritzanlage. Erhalten sie immer die richtige Kraftstoff-Luft-Mischung, können sie die Abgase am besten reinigen. Auf der rechten Abbildung kann man die Zentraleinspritzung und den Ansaugkrümmer gut erkennen

Weil der Katalysator (links) erst ab einer bestimmten Innentemperatur seine Arbeit aufnimmt, sitzt er immer in der Nähe des Motors. So heizt er sich schnell auf, und die Abgaswerte verbessern sich

Grund für Nachrüstlösungen bei älteren Pkw meist nur der ungeregelte Katalysator in Betracht.

Der Katalysator selbst ist bei beiden Versionen ähnlich aufgebaut. Es handelt sich dabei um ein Bauteil, das von außen meist einem normalen Schalldämpfertopf ähnelt. In seinem Innern befindet sich ein poröses Keramik- oder Metallmaterial, das hauchdünn mit Edelmetallen wie Platin und Rhodium bedampft ist. Für die Bauart der meisten Kats gilt: Würde man die aktive Oberfläche dieses Innenlebens ausbreiten, würde dies der Größe mehrerer Fußballfelder entsprechen. Über diese Schichten werden nun die Auspuffgase geleitet. Dabei werden vom Katalysator die drei giftigen Bestandteile Kohlenmonoxid, Kohlenwasserstoffe und Stickoxide in die ungiftigen Gase Kohlendioxid, Stickstoff und Wasserdampf umgewandelt (deshalb auch „Drei-Wege"-Katalysator).

Beim Kat nicht zu lange „orgeln"

Ist das Fahrzeug mit einem Abgaskatalysator ausgestattet, gelten – damit dieser nicht vorzeitig Schaden nimmt – folgende besondere Regeln:
Erstens: Achten Sie auf einen ruhigen Motorlauf. Sollten Sie den Eindruck haben, daß es hin und wieder Zündaussetzer gibt, lassen Sie die Zündanlage umgehend von einer Werkstatt inspizieren. Es könnte unverbrannter Kraftstoff in den Kat gelangen. Dies kann zur Überhitzung des Katalysators führen. Springt der Wagen nicht an, dürfen Sie aus dem gleichen Grund nicht zu lange orgeln oder das Fahrzeug anschleppen.

Unglaublich, aber wahr: Die Oberfläche eines Katalysators ist (ausgebreitet) in etwa so groß wie drei Fußballfelder. Sie ist mit Edelmetallen bedampft, die die Abgase beim Vorbeistreichen in ungiftige Stoffe umwandeln

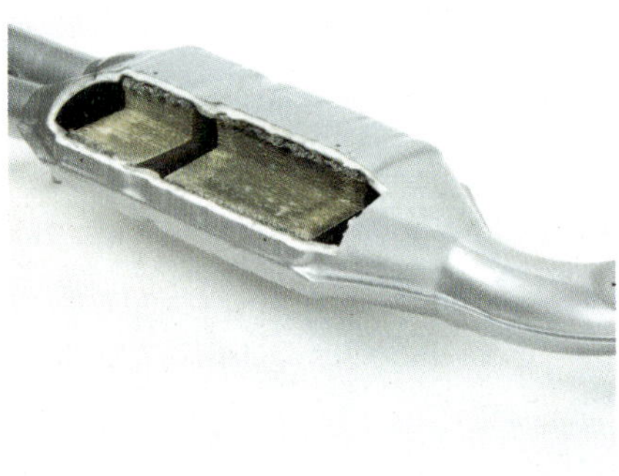

Wegen der hohen Temperaturen ist der Außenmantel des Katalysators aus Edelstahl gefertigt. Gleichzeitig erhöht sich die Lebensdauer

Zweitens: Parken Sie das Kat-Auto nicht über brennbaren Untergründen (beispielsweise Laubhaufen). Der unter dem Wagenboden sitzende Katalysator wird erheblich heißer als gewöhnliche Auspuffanlagen und kann sich zu einem regelrechten Brandstifter entwickeln.

Mit Katalysator nur „bleifrei“ tanken

Drittens: Tanken Sie wirklich nur unverbleiten Kraftstoff. Schon eine Betankung mit verbleitem Kraftstoff kann den Kat zerstören.

Lebensdauer der Abgasanlage und des Katalysators

Die Abgasanlage hat sehr unterschiedliche Temperaturbelastungen zu verkraften. So werden direkt am Motor Temperaturen bis zu 800 Grad Celsius erreicht. Darüber hinaus ist sie korrosiven Stoffen ausgesetzt: a) von innen durch den Säurebestandteil und den Wasserdampf der Abgase, was sich besonders im Kurzstreckenbetrieb auswirkt; b) außen dem Wasser, Steinschlägen und Streusalz etc. Diese Faktoren begrenzen die durchschnittliche Lebensdauer herkömmlicher Auspuffanlagen. Sie liegt zwischen zwei und fünf Jahren, je nach Autotyp und Einsatzbedingungen. Der Katalysator altert zwar auch, aber er sollte 100 000 Kilometer überstehen. Bei einigen Fahrzeugen sind Teile der Auspuffanlage statt in normalem Stahl in Edelstahl ausgeführt. Die Edelstahlteile haben naturgemäß eine weit höhere Lebenserwartung.

Der Auspuff ist nicht nur ein möglichst dickes Rohr, durch das die Abgase einfach nach hinten abgeleitet werden, er beeinflußt die Motorcharakteristik ganz entscheidend. Speziell bei Rennwagen (oben) werden Motor und Auspuff genau aufeinander abgestimmt. Die normale „Lebenserwartung“ eines Auspuffs richtet sich stark nach der Art seiner Beanspruchung. Bei überwiegendem Kurzstreckenverkehr rostet er wegen der anhaltenden Belastung durch Kondenswasser (links) schneller durch

Was beim Austausch der Auspuffanlage zu beachten ist

Wie im vorhergehenden Teil beschrieben, ist der Auspuff ein kompliziertes Bauteil. Er hat deshalb als Originalersatzteil mitunter einen hohen Preis.
Auspuffanlagen vom Zubehörhandel sind häufig preiswerter. Da es sich hierbei aber meist um Nachbauten von No-name-Firmen handelt, haben sie oft nicht Erstausrüsterqualität. Das äußert sich ärgerlicherweise oft schon bei der Montage – Paßgenauigkeit ist hier meist ein Fremdwort. Zudem kann es durchaus vorkommen, daß die Rohre nur mühsam klapperfrei verlegt werden können. Das Innenleben der Töpfe ist oft ebenfalls billig hergestellt – zum Teil werden nicht abgestimmte Rohrlängen und Siebe verwendet. Schließlich bleiben auch Materialgüte und Verarbeitung häufig hinter dem Originalteil zurück: Es werden erheblich dünnere Blechstärken gewählt – und der Korrosionstod des Auspuffs tritt entsprechend früher ein.

No-name-Teile besser liegenlassen

Die Auspuffanlage eines Fahrzeugs muß bauartgenehmigt und typgeprüft sein. Dies wird durch die vorgeschriebene Prüfnummer angezeigt, die auf den einzelnen Bauteilen eingestanzt sein muß. Beim Kauf im Zubehörhandel sollte man sich vergewissern, daß die Auspuffanlage den gesetzlichen Bestimmungen entspricht und für das entsprechende Fahrzeug geeignet ist (ABE oder Unbedenklichkeitsbescheinigung des Herstellers beachten). Durch den Anbau einer anderen als der Serienanlage kann die Betriebserlaubnis des Fahrzeugs erlöschen. Eine solche Anlage muß bei TÜV eingetragen werden, anderenfalls macht man sich strafbar und riskiert Punkte in der Flensburger Sünderkartei.

Aus diesen Gründen sollte sich der Selbstbastler überlegen, ob er sich nicht lieber für das Originalteil entscheidet und nur den Werkstattlohn spart. Zumindest sollte die neue Auspuffanlage von einem namhaften Hersteller stammen.

Auspuff und Katalysator müssen für den jeweiligen Fahrzeugtyp zugelassen sein. Handelt es sich nicht um ein Originalersatzteil, sollte eine allgemeine Betriebserlaubnis (ABE) vorliegen, oder die Anlage muß an Hand der Teilenummer vom TÜV eingetragen werden

Zündung: Bauteile und Funktion

Eine normale Zündanlage besteht im wesentlichen aus drei Bauteilen: Zündspule, Zündverteiler mit Unterbrecher, Verteilerfinger und Kondensator sowie Zündkerzen mit Kerzensteckern und Zündkabeln.

Am leichtesten zu finden sind die Zündkerzenstecker: Sie sitzen bei den meisten Autos seitlich im Zylinderkopf, den man wiederum unschwer am länglichen (meist schwarzen) Zylinderkopfdeckel erkennen kann. Unter den Kerzensteckern verbergen sich die Zündkerzen. Oben aus den Kerzensteckern führen die Zündkabel (vier oder sechs, je nach Anzahl der Zylinder) direkt zum Zündverteiler. Die Zündkabel verschwinden in der Verteilerkappe, die aus braunem, manchmal schwarzem Hartplastik gefertigt wird. Ein auffälliges Merkmal der Verteilerkappe ist die Anordnung

„Reise“ in das Innere des Verteilers

der Zündkabel: Sie sitzen alle rund um ein Kabel herum, das von der Zündspule kommt (die man auf diesem Weg auch sehr schnell findet). Die Verteilerkappe wird seitlich von zwei Klammern auf dem Verteiler gehalten, manchmal auch von zwei kleinen Schrauben. An das Innere des Verteilers gelangt man wie folgt: Wenn man die soeben erwähnten Klammern durch eine sanfte Hebelbewegung mit einem Schraubenzieher gelockert hat, kann man die Verteilerkappe mit den Zündkabeln zur Seite schieben. Als nächstes kann der Verteilerfinger nach oben abgezogen werden.

Einige Hersteller machen es selbst dem Laien einfach, die Zündkabel und die Kerzenstecker zu finden: Sie sind durch die rote Färbung leicht zu erkennen

Zündkabel reinigen

Fehler an der Zündanlage sind eine häufige Pannenursache. Dabei ist es nicht immer die „Technik“, die einen im Stich läßt, sondern die physikalischen Gesetze, denen Strom und Spannung folgen. Beide gehen nämlich grundsätzlich den Weg des geringsten Widerstandes. So darf es nicht wundern, daß der Zündfunke nicht zwischen den Elektroden der Zündkerze überspringt, sondern schon vorher über feuchte oder verdreckte Zündkabel auf die Masse (die elektrische) entweicht. Deshalb die Zündkabel sauberhalten.

Bei manchen Automodellen ist zusätzlich noch eine weiße Plastikabdeckung zu entfernen. Keine Angst vor dem Wiedereinbau: Der Verteilerfinger rastet – wenn man ihn beim Aufsetzen etwas hin und herdreht – nur in einer Stellung deutlich fühlbar ein. Nachdem nun der Blick ins Innere des Verteilers frei ist, kann man in der Mitte eine silberne Stange erkennen: die Verteilerwelle. Sie ist nichts anderes als eine kleine Nockenwelle, die einerseits den Verteilerfinger trägt, andererseits den Unterbrecherkontakt öffnet und schließt. Dieser Unterbrecher, das Kernstück des Verteilers, ist ein kleines, silbernes, zweiteiliges Bauteil, an dem ein schwarzes dünnes Kabel befestigt ist. Es wird im Verteiler durch eine einzige Schraube gehalten, die man zum Einstellen des Unterbrechers lockern muß.

Die Autobatterie liefert zwölf Volt, die über das Zündschloß in die Zündspule gelangen und dort auf 12000 bis 30000 Volt transformiert werden. Anschließend wird diese Hochspannung vom Zündverteiler an die einzelnen Zündkerzen weitergegeben, wo der Zündfunke überspringt.

Der Zündfunke: Immer unter Hochspannung

So weit, so gut. Leider reicht dieses Wissen allenfalls für die durchschnittliche Fachsimpelei am Stammtisch aus. Bei genauerer Betrachtung wird es schon etwas komplizierter. Der Kernpunkt einer jeden Zündanlage ist die Zündspule. Sie macht sich einen physikalischen Effekt zunutze: die Induktion – also eine Spannungserzeugung durch

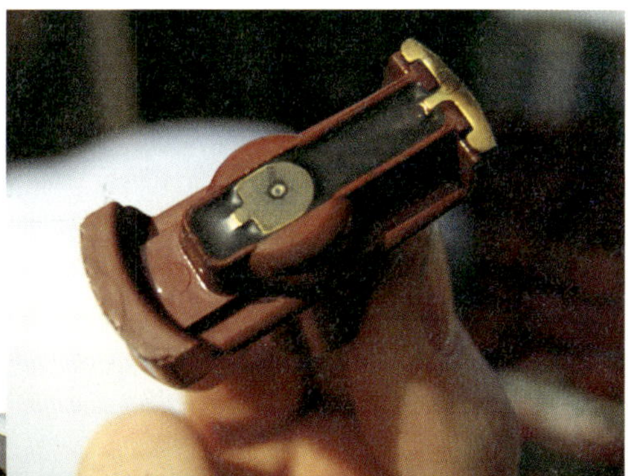

Nachdem die beiden Sicherungsklammern gelöst sind, kann die Verteilerkappe abgenommen werden. Jetzt ist der Verteilerfinger gut zu erkennen (oben). Er dreht sich mit halber Motordrehzahl und verteilt so den Zündfunken an das Zündkabel des jeweils gerade arbeitenden Zylinders. Der Finger kann einfach abgezogen werden. Um an den Unterbrecherkontakt zu gelangen, ist es bei einigen Motoren notwendig, seine Schutzabdeckung zu entfernen (links)

die Bewegung eines Magnetfeldes. Die Elektronen, die normalerweise „gelangweilt" in einer Leitung „herumsitzen", werden durch ein sich bewegendes Magnetfeld aktiviert. Ein Strom beginnt zu fließen. Wo aber kommt das Magnetfeld in einer solchen Zündspule vor? Nirgendwo! Dieses Magnetfeld muß sich vielmehr zuerst aufbauen.

Aufbau eines Magnetfeldes

Elektrische Leitungen, die von Strom durchflossen werden, bauen um sich herum das Magnetfeld auf. In der Zündspule geschieht dies in der Primärwicklung, die aus dickem isolierten Kupferdraht besteht und über das Zündschloß mit Spannung versorgt wird. Der Primärstromkreis wird vom Unterbrecherkontakt, der im Zündverteiler sitzt, geöffnet und geschlossen. Sobald der Unterbrecher geschlossen ist, fließt Strom in die Primärwicklung und baut dort dieses Magnetfeld auf. Wird jetzt der Unterbrecherkontakt geöffnet, versucht sich das Magnetfeld rasch abzubauen. Dabei induziert in die Sekundärwicklung die eigentliche Zündspannung. Der parallel zum Unterbrecher geschaltete Zündkondensator sorgt für einen raschen Abbau des Magnetfeldes, indem er den Strom aus der Primärwicklung kurzzeitig aufsaugt und so verhindert, daß am Unterbrecherkontakt ein zu großer Funke entsteht.

Die Hauptaufgabe des Unterbrecherkontakts besteht darin, dem Magnetfeld die nötige Zeit zu geben, sich zuerst in der Zündspule aufzubauen und sich dann schnell

Eines der wichtigsten Bauteile der Zündanlage ist die Zündspule (rechts). In ihr wird die Zündspannung erzeugt. Sie verläßt die Spule durch das dicke, in der Mitte liegende Kabel in Richtung Verteiler. Dort wird die Zündspannung an die Zylinder verteilt

Der Unterbrecherkontakt (links) regelt die Stromzufuhr der Zündspule. Ist er geschlossen, ermöglicht er, daß sich in der Spule ein Magnetfeld aufbaut. In dem Moment, in dem er sich öffnet, bricht das Magnetfeld zusammen. Dabei wird Zündspannung erzeugt

aus der Zündspule herauszubewegen.

Die Elektronen der Sekundärwicklung, die dem Treiben bisher nur friedlich zugesehen haben, werden auf einmal mit großer Geschwindigkeit auf die Reise geschickt. Diese Reise führt als erstes in den Zündverteiler, wo die Spannung von einem Kohlestift in der Mitte der Verteilerkappe auf die Mitte des Verteilerfingers übertragen wird. Der Verteilerfinger dreht sich meistens im Uhrzeigersinn und gibt den Zündstrom weiter an die einzelnen Zündkabel. Von dort fließt er nun zu den Kerzensteckern und in die Zündkerzen. Doch plötzlich kommt der Zündstrom auf der Pluselektrode (Mittelelektrode) der Zündkerze scheinbar nicht mehr weiter: Ein Spalt von 0,6 bis 0,8 Millimetern klafft vor dem Zündstrom auf – und dieser kann nur mit einem Sprung durch die Luft überwunden werden. Aber genau das ist die Aufgabe dieser Aktion: zu einem genau definierten Zeitpunkt im richtigen Zylinder einen Zündfunken herzustellen, durch den das dort verdichtete Gemisch entzündet wird. Um bei jeder Drehzahl eine möglichst gute Verbrennung zu erreichen, wird der Zündzeitpunkt sowohl drehzahlabhängig über Fliehgewichte als auch lastabhängig über den Saugrohrunterdruck vom Verteiler verstellt. Leider ist die Zündanlage, trotz aller Einrichtungen und Vorsorgen nicht ganz wartungsfrei.

Elektronen-Reise endet mit Luftsprung

Fehler an der Zündanlage

Die häufigste Defektursache und schwächste Stelle einer konven-

Der Unterbrecher wird durch die Nocken (Erhebungen) auf der Verteilerwelle geöffnet und geschlossen. Die Anzahl der Nocken entspricht der Anzahl der Zylinder

Weil es einen kleinen Moment dauert, bis sich das Gemisch ganz entzündet hat, muß der Funke bei hohen Drehzahlen etwas früher überspringen. Nur dann liegt der höchste Verbrennungsdruck im rechten Moment an. Diese Vorverlegung übernimmt eine Unterdruckdose (oben), die je nach Drehzahl die Lage des Kontakts verstellt. Die Zündung wird in Richtung „früh" verstellt

tionellen Spulenzündanlage ist der Unterbrecherkontakt. Durch das ständige Öffnen und Schließen unter Strom kommt es trotz Einsatz eines Kondensators zu einer leichten Funkenbildung, die winzige Materialpartikel von der einen Kontaktfläche abbrennt und auf die andere Kontaktfläche aufträgt. Durch diesen Abbrand verändern sich der Kontaktabstand und damit auch der Zündzeitpunkt. Findige Ingenieure haben diesen Mißstand früh erkannt, doch dauerte es noch lange, bis alle Fehlerquellen beseitigt waren.

Neuentwicklungen und andere Zündungsarten

Der erste Schritt bestand darin, eine verbesserte Hochleistungszündspule einzusetzen, die durch einen größeren Primärstrom auch bei höherer Drehzahl noch in der Lage war, einen ausreichend kräftigen Zündfunken bereitzustellen. Allerdings erzeugt ein höherer Primärstrom auch mehr Wärme, die über eine Vorwiderstandsleitung abgeführt werden muß. Eine wirkliche Verbesserung stellte erst die sogenannte Startanhebung dar: Dabei wird die Zündspule so ausgelegt, daß sie bereits bei neun Volt volle Arbeit leistet. Ein Vorwiderstand sorgt bei laufendem Motor dafür, daß nicht die vollen zwölf Volt an der Primärwicklung anliegen, sondern nur neun Volt. Während des Startvorgangs wird dieser Widerstand aber überbrückt: Die Spule sorgt daraufhin (mit zwölf Volt versorgt) für einen kräftigen Funken, der das Startverhalten verbessert. Wegen der zu erwartenden Überhitzung der

Das Äußere der Verteilerkappe sollte immer sauber sein. So kann sich hier keine Feuchtigkeit sammeln, die die Zündspannung wirkungslos ableitet

Achtung! Die Fahrzeughersteller kleben die Warnhinweise aus gutem Grund in den Motorraum (oben). An vielen Teilen der Zündanlage liegt Hochspannung an. Dinge wie die Zündspule, der Verteiler oder die Zündkabel sollten bei laufendem Motor nur mit gut isoliertem Werkzeug berührt werden. Sind alle Kerzenstecker abgezogen, sollte Anlasser nicht betätigt werden; die Zündung könnte Schaden nehmen

Wicklungen dauert diese Überversorgung aber nur so lange, wie der Anlasser betätigt wird. Anschließend (bei laufendem Motor) sinkt die Versorgungsspannung wieder auf neun Volt. Leider ist der Unterbrecher auch bei dieser Schaltungsart immer noch das schwächste Glied in der Kette. So beschloß man, ihn zu entlasten. Das führte zum Bau der kontaktgesteuerten Transistor-Spulenzündung (kurz TSZ-k), bei der der Unterbrecher nicht mehr den eigentlichen Primärstrom unterbrechen muß, sondern nur noch den Steuerstrom eines Transistors, der seinerseits den Primärstromkreis (kontakt- und damit verschleißfrei) unterbricht.

Traumziel hieß: Verschleißfreie Zündung

Doch auch bei dieser Variante mußte die Zündung noch gewartet, die Kontakte erneuert und der Zündzeitpunkt von Zeit zu Zeit neu eingestellt werden. Also entschloß man sich schweren Herzens, ganz auf den geliebten Unterbrecher zu verzichten. Er wurde ersetzt durch einen Zündimpulsgeber, der entweder als Induktionsgeber (bei der TSZ-i) oder Hallgeber (bei der TSZ-h) konstruiert wurde und einen Impuls an ein elektronisches Steuergerät weitergab. Endlich war das Ziel der Zündungs-Tüftler erreicht:

- kein Verschleiß;
- keine Wartung;
- exakter Zündzeitpunkt bei allen Drehzahlen;
- keine ungewollte Veränderung der Zündeinstellung.

Eine Sonderbauform ist die Hochspannungs-Kondensatorzündanlage, kurz HKZ oder Thyristorzündung genannt. Durch deutlich höhere Ströme erreicht sie ihre höchste Zündspannung etwa 15mal schneller als eine Transistorzün-

Bei der kontaktlosen Spulenzündung (links) wird die Zündspannung zwar ebenfalls durch eine Spule erzeugt, deren Steuerung übernimmt aber kein Kontakt, sondern ein Transistor. Im Verteiler (unten) ist kein Kontakt, sondern ein Geber und eine Blechscheibe, die den nötigen Zündimpuls liefern

dung. Sie bietet einen kräftigen Zündfunken, allerdings nur für eine kurze Dauer. Die meisten Fahrzeuge können nachträglich nicht mit einer Thyristorzündung ausgerüstet werden – mit einer Transistorzündung dagegen schon. Arbeiten an einer Thyristorzündanlage setzen ein gewisses Maß an Fachwissen voraus. Hier sollte der Laie – auch wegen der zum Teil lebensgefährlichen Stromstärken – lieber auf die Fachwerkstatt vertrauen. Nicht umsonst haben Fahrzeuge mit Thyristorzündanlagen im Motorraum meistens ein gelb-rotes Hochspannungszeichen mit Warntext.

Warnschilder im Motorraum ernst nehmen

In vielen Teilen der Zündanlage liegt Spannung an, die mehr als hundertmal so hoch ist wie die im Haushalt übliche. Einziger Unterschied ist, daß hier sehr viel weniger Strom fließt als in den Steckdosen von Küche, Bad oder Keller. Trotzdem kann die Berührung von Zündkabeln, Verteiler oder Zündspule bei laufendem Motor für schmerzhafte Stromschläge sorgen. Deshalb diese Teile nur berühren, wenn der Motor stillsteht. Arbeiten anderenfalls nur mit gut isoliertem Werkzeug durchführen.

Erkennen von Fehlern im Zündsystem

Praktische Tips bei der Fehlersuche

Wenn ein Motor nicht anspringt oder während der Fahrt ausgeht, gibt es eigentlich nur zwei Möglichkeiten: entweder fehlt es an der Benzinzufuhr oder am Zündfunken. Die richtige Fehlerquelle ist sehr einfach zu entdecken: Nach mehreren vergeblichen Startversuchen schraubt man eine beliebige Zündkerze heraus und prüft, ob sie feucht (von Benzin) oder trocken ist. Ist sie trocken, liegt ein Defekt in der Benzinzufuhr vor (siehe dort). Sollte die Kerze allerdings feucht sein, kann man sich getrost auf die Fehlersuche im Zündsystem machen. Eine Einschränkung: Wenn

Sind die Elektroden der Zündkerzen naß, ist der Motor „abgesoffen". Allein der Einbau neuer Kerzen bringt keine Abhilfe, weil der Brennraum sicher ebenso feucht ist. Sind alle Kerzen herausgeschraubt, wird das mittlere Kabel vom Verteiler abgezogen und auf Masse gelegt (dies beugt Schäden an der Zündanlage vor). Nun wird der Anlasser einige Sekunden betätigt, um die Zylinder zu lüften

das Fahrzeug mit einer kontaktlosen Transistor- oder Thyristorzündung ausgerüstet ist, sollte man nicht selber Hand anlegen.

Lage der Zündkabel unbedingt merken

In einem solchen Fall bleibt nur der Weg in die Werkstatt. Bei konventioneller Zündung, an die man sich selbst herantrauen darf, gilt es herauszufinden, ob die zuvor herausgeschraubte Zündkerze überhaupt mit Spannung versorgt wird. Dazu steckt man sie wieder in den Kerzenstecker und legt ihn auf den Ventildeckel. Wahlweise kann man sie auch mit einer gutisolierten (!) Zange (Plastikgriffe) an das blanke Metall des Zylinderkopfes halten. Jetzt benötigt man nur noch eine zweite Person, die versucht, den Motor kurz anzulassen. Vor dem Start den Gang herausnehmen und Handbremse anziehen. Bei funktionsfähiger Zündung müßte nun ein deutlich sichtbarer Zündfunke zwischen den Elektroden überspringen. Ist der Funke zu sehen, sollten alle Zündkerzen herausgeschraubt und getrocknet werden.

Achtung: Vor dem Herausschrauben der Kerzen sollte unbedingt die Lage der einzelnen Zündkabel aufgezeichnet werden. Man kann die Zündkabel auch mit einem Klebeband durchnumerieren. Grund: Wenn später die Kerzenstecker in einer falschen Zuordnung auf die Zündkerzen gesteckt werden, funktioniert nichts mehr.

Die getrockneten Zündkerzen können nun wieder montiert werden; der Ein- und Ausbau ist im Kapitel „Zündkerzen" ausführlich be-

Zeigt sich an der Zündspule ein feuchter, schmieriger Belag (links oben), kann dieser für die Störung verantwortlich sein. Die Zündspannung, die die Spule normalerweise durch das mittlere Kabel verläßt, fließt über diese Brücke nutzlos ab. Oxidierte Steckverbindungen (links) verringern die Zündleistung ebenfalls deutlich. Gründliches Reinigen bringt in beiden Fällen Abhilfe

schrieben. Falls der Motor noch nicht läuft, muß man sich an die Überprüfung der einzelnen Zündungskomponenten machen.

Schwierig wird es, wenn beim Anlaßversuch kein Zündfunke zu sehen ist. Der Strom kann jetzt im Primärstromkreis (zwölf Volt) oder aber im Sekundärstromkreis (12000 bis 30000 Volt) verschwunden sein. Der Sekundärstromkreis ist aufgrund der hohen Spannung etwas heikler zu überprüfen.Dafür ist der Arbeitsaufwand geringer, und solange man nicht ohne isolierte Zange ein Hochspannungskabel während des Anlassens berührt, kann eigentlich nichts passieren.

Fehler im Primär- oder Sekundärstromkreis?

In der Mitte der braunen Verteilerkappe sitzt ein dickes schwarzes Kabel, das von der Zündspule kommt. Dieses Kabel zieht man heraus und hält es mit einer isolierten (!) Zange etwa fünf Millimeter vom silbernen Metall des Zylinderkopfes entfernt. Nun läßt man wieder den Helfer den Anlasser betätigen. Ist jetzt ein Funke zu sehen, ist zumindest der Primärstromkreis (zwölf Volt), der ja den Zündfunken herstellt, funktionstüchtig. Der Fehler muß also im Sekundär- (=Hochspannungs) -stromkreis zwischen Verteilerkappe und Zündkerzen liegen.
Fehlt allerdings der Funke immer noch, so wird im Primärstromkreis gar keine Zündspannung hergestellt. Der Fehler ist also zwischen Batterie und Unterbrecherkontakt zu suchen. In beiden Fällen muß jetzt die Verteilerkappe abgenommen werden. Sie wird von zwei Klammern (seltener von zwei Schrauben) festgehalten, die man durch eine leichte Drehbewegung mit dem Schraubenzieher abhebeln kann.

Wie bei der Prüfung der Zündkabel wird nun der mittlere Anschluß der Verteilerkappe gelöst und mit einer Zange an Masse gehalten (oben). Springt beim Startversuch kein Funke über, ist die Spule oder der Unterbrecher defekt. Werden alle Kerzenstecker abgezogen, sollte ihre Lage vorher genau notiert werden. So kann man spätere Verwechslungen sicher vermeiden

Der erste Blick gilt nun dem Inneren der Verteilerkappe: Ist sie feucht, ölig oder schmutzig? Wenn ja, am besten mit einem nicht fusselnden Lappen (zur Not auch mit einem Papiertaschentuch) trocken- und sauberwischen.

In der Mitte der Verteilerkappe sitzt auf der Innenseite ein kleiner, schwarzer Kohlestift, der die Zündspannung von der Zündspule an den Verteilerfinger weiterleitet. Der Stift muß sich leicht mit dem Finger eindrücken lassen und – da er auf einer Feder sitzt – von alleine wieder herauskommen. Tut er das nicht, oder ist er sogar abgebrochen, muß eine neue Verteilerkappe eingebaut werden. Nach der Prüfung der Innenseite wird jetzt die Außenseite der Verteilerkappe gereinigt und untersucht. Findet man hier irgendwo feingezackte schwarze Linien, die sich nicht wegputzen lassen, dann wird ebenfalls eine neue Verteilerkappe fällig. Denn in diesen sogenannten Haarrissen sammeln sich Schmutz, Öl und Feuchtigkeit. Diese „netten Zutaten" lassen die ankommende Spannung auf direktem Weg abfließen. Behelfsmäßig können diese Risse zwar abgeschmirgelt und gesäubert werden, das hält aber meistens nicht lange vor und verursacht sehr bald wieder Ärger (erfahrungsgemäß nachts um halb drei Uhr auf einsamer Landstraße). Auch der Verteilerfinger muß gesäubert und sorgfältig auf Haarrisse untersucht werden.

Auf der Suche nach Haarrissen

Hier endet die Überprüfung des Sekundärstromkreises. Der Verteilerfinger wird mit einer Schraubbewegung auf die Verteilerwelle gedreht, bis er spürbar einrastet. Anschließend wird die Verteilerkappe aufgesteckt. Die Klammern werden geschlossen.

Mit der Überprüfung des Primärstromkreises wird es an dieser Stelle erst richtig spannend: Die Verteilerkappe ist abgenommen und

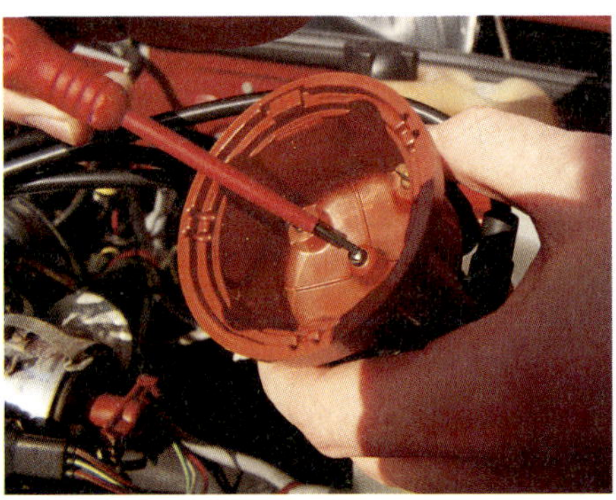

Im Zentrum der Verteilerkappe sitzt ein Kohlestift. Er ist federnd gelagert. Drückt man ihn vorsichtig in die Bohrung (oben), muß er von alleine wieder herausspringen. Ist dies nicht der Fall, ist aller Wahrscheinlichkeit nach die kleine Feder darunter gebrochen. Zeigt die Verteilerkappe Risse, sollte sie umgehend ausgetauscht werden

der Verteilerfinger ist noch abgezogen. Als erstes versucht der (hoffentlich immer noch geduldige) Helfer, den Motor anzulassen. Dabei beobachtet man selbst die silberne Verteilerwelle in der Mitte des Verteilers: Wenn diese sich nun dreht, ist alles bestens. Wenn nicht, sofort das Anlassen abbrechen! Denn hier liegt entweder eine gebrochene Verteilerwelle (selten) oder ein gerissener Zahnriemen (häufig) vor. Der Austausch dieser beiden Teile ist für einen Laien fast nicht machbar. Im ungünstigsten Fall können Defekte an diesen beiden Teilen zu einem kompletten und teuren Motorschaden führen. Hier gilt: Das Auto (am besten sofort) mit dem Helfer zur nächsten Werkstatt schleppen – und den Helfer zum Essen einladen.

Über große und kleine Funken

Die Verteilerwelle öffnet bei einer kompletten Umdrehung den Unterbrecherkontakt eines Vierzylindermotors viermal. Tut sie das nicht, so hat sich entweder die Befestigungsschraube des Unterbrechers gelöst (eher selten), oder die Feder des Unterbrecherkontaktes ist ausgeleiert oder gebrochen (noch seltener). In beiden Fällen sollte man aber gleich einen neuen Unterbrecherkontakt besorgen und einbauen (siehe unter „Zündungseinstellung").

Wenn der Motor vom Anlasser gedreht wird, sollte es zwischen den beiden kleinen Kontaktflächen des Unterbrechers beim Öffnen ein bißchen funken. Falls aber dieser Funke sehr groß und leuchtend ist, müssen die Kontaktflächen näher in Augenschein genommen werden: Ein bläulicher Glanz und starke Abbrandspuren weisen auf einen defekten Zündkondensator hin. Der Kondensator sitzt außen am Verteilergehäuse und ist halb so groß wie ei-

Weil sich beim Öffnen des Unterbrechers immer ein kleiner Funke bildet, verschleißen die Kontakte mit der Zeit (oben). Dadurch wandert der Zündzeitpunkt in Richtung „spät", Benzinverbrauch und Schadstoffausstoß steigen an

ne Filmdose. Sein Austausch ist simpel: Die Befestigungsschraube öffnen, das Kabel abziehen und durch den Dichtungsstöpsel nach außen durchfädeln.

Funkt es aber nicht zwischen den Kontaktflächen, bleibt einem nur noch die Überprüfung des dünnen grünen Kabels zwischen Verteiler und Zündspule sowie der Zündspule selbst. Am besten fängt man bei der Zündspule an.

Überprüfen aller Kabel an der Zündspule

Sie hat drei Anschlüsse: In der Mitte einen dicken für das schwarze Hochspannungskabel, links und rechts jeweils einen für ein dünneres Kabel. Bei den meisten Zündspulen sind die Anschlüsse mit kleinen eingeprägten Zahlen versehen. Am Anschluß 15 sind mehrere schwarze Kabel angeschlossen – hier liegt die Batteriespannung an, die vom Zündschloß kommt. Der zweite kleine Anschluß hat die Nummer eins – von hier führt ein meist grünes Kabel zum Verteiler (manchmal ein zweites zum Drehzahlmesser). Der mittlere, dicke Anschluß hat die Nummer vier. Um zu überprüfen, ob an den beiden dünnen Kabeln Spannung anliegt, ist ein Spannungsprüfer sehr nützlich. Dieses kleine Prüfgerät kostet etwa acht Mark und leistet wertvolle Dienste. Sein Gebrauch: Zündung einschalten, das Kabel des Spannungsprüfers an ein blankes Metallteil klemmen und die Prüfspitze auf den Anschluß 15 (dünnes schwarzes Kabel) halten. Sollte das Lämpchen nicht aufleuchten, muß entweder das Zündschloß oder das Kabel zwischen Zündschloß und Zündspule ausgewechselt werden.

Beides ist selbst für einen Automechaniker eine nervige Angelegenheit – der Laie wird hier möglicherweise verzweifeln! Wenn das Lämpchen auf dem Kontakt 15 allerdings leuchtet, muß als letztes der Anschluß eins (grünes Kabel) überprüft werden. Zur Überprüfung schraubt oder zieht man al-

Mit Hilfe einer Prüflampe kann kontrolliert werden, ob die Zündspule „Saft" bekommt. Am Anschluß mit der Nummer 15 muß bei eingeschalteter Zündung Spannung anliegen. Bei der Kontrolle des anderen Anschlusses (Nummer eins) leuchtet die Lampe nur auf, wenn die Kontakte im Verteiler geschlossen sind. Die Kabelbezeichnungen sind auf der Oberseite der Zündspule eingeprägt. So sind Verwechslungen (fast) ausgeschlossen

le Kabel von diesem Anschluß ab und hält dann das Prüflämpchen auf den Anschluß (das Kabel der Prüflampe ist ja immer noch mit einem blanken Metallteil verbunden). Leuchtet das Lämpchen jetzt auf, kann nur noch das grüne Kabel zwischen Zündspule und Verteiler oder der Kondensator defekt sein. Der Austausch dieser beiden Bauteile ist jedenfalls nicht schwer. Leuchtet das Lämpchen aber nicht auf, ist die Zündspule defekt. Diese ist auf jedem Schrottplatz oder beim Händler erhältlich.

Austausch der Zündspule: Ein Kinderspiel

In diesem Fall ist es für alle Beteiligten einfacher, wenn man die ausgebaute Zündspule zum Kauf mitnimmt, dann ist die Ersatzzündspule schneller zu identifizieren. Der eigentliche Austausch der Zündspule ist ein Kinderspiel: Kabel numerieren und abziehen, Halteschraube(n) öffnen und austauschen.

Einstellen der Zündung

Nur bei korrekt eingestellter Zündung kann der Motor seine volle Leistung abgeben. Auch das Abgasverhalten ändert sich stark, wenn es nicht im rechten Moment funkt. Sind beim Beschleunigen „Klingelgeräusche" zu hören, liegt der Zündzeitpunkt zu spät. Der Kraftstoff entzündet sich schon vor dem eigentlichen Funken von alleine, die beiden Flammfronten prallen aufeinander. Weil dabei hohe Drücke entstehen, besteht Gefahr für den Motor. Hier sollte besser ein Fachmann nach dem Rechten sehen.

Unterbrecherkontakt- und Zündungseinstellung

Zuerst eine kleine Warnung: Die Zündungseinstellung ist keine einfach zu erlernende und sehr wichtige Angelegenheit: Das gesamte Leistungsverhalten, die Abgaswer-

Ist die Zündspule defekt, hilft nur ein Austauschteil weiter. Aus- und Einbau sind denkbar einfach, einzig die beiden Anschlußkabel sollten vor dem Ausbau gekennzeichnet weden. Werden sie beim Einbau verwechselt, liefert die Spule eine zu geringe Spannung

te und sogar die Lebensdauer des Motors werden durch eine falsche oder schlampige Einstellung negativ beeinflußt. Deshalb ist es absolut notwendig, sehr sauber und gewissenhaft zu arbeiten und sich genau an die Anleitungen zu halten. Außerdem sollte man sich bewußt sein, daß es hier keine „halben Sachen" geben darf: entweder komplett einstellen – oder gleich das Ganze lassen. Da zur Einstellung auch verschiedene Geräte notwendig sind, kann man diese Arbeit aber auch bei der inzwischen für alle Fahrzeuge jährlich vorgeschriebenen Abgassonderuntersuchung (ASU) durchführen lassen. Sobald nämlich der Unterbrecherkontakt einmal ausgebaut ist, gibt es kein Zurück mehr...

Erster Zylinder muß am oberen Totpunkt stehen

Die Arbeitsschritte: Als erstes wird die Verteilerkappe abgenommen. Dazu drückt man mit einem mittelgroßen Schraubenzieher die beiden Klammern nach außen und hebt die ganze Verteilerkappe mit allen Kabeln auf die Seite. Bevor man nun den Verteilerfinger nach oben abzieht, sucht man auf dem Rand des Verteilers nach einer kleinen Kerbe. Die Spitze des Verteilerfingers muß auf diese Kerbe zeigen; damit ist sichergestellt, daß der erste Zylinder am oberen Totpunkt steht (und somit die Zündung später wieder korrekt eingestellt werden kann).

Die Einstellung des Unterbrecherkontaktes ist nur in Verbindung mit der Einstellung des Zündzeitpunktes möglich. Der Grund hierfür: Der Zündzeitpunkt ändert

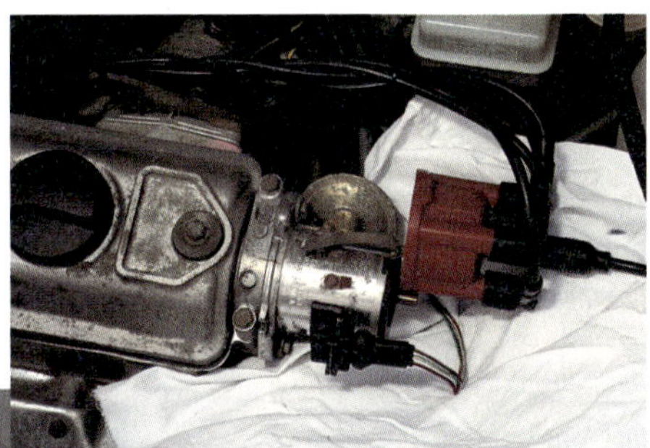

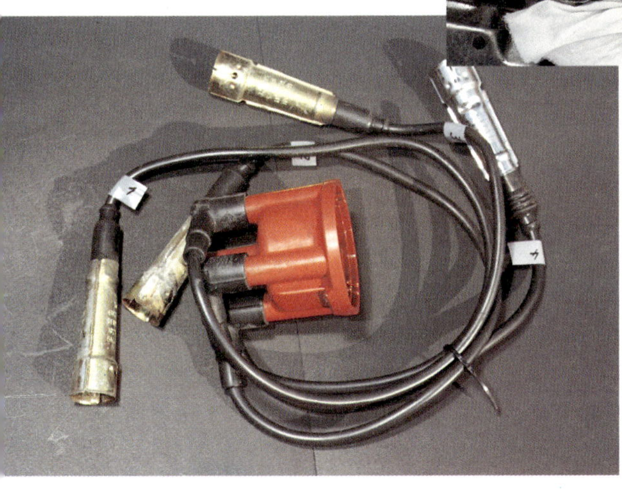

Vor dem Arbeiten am Unterbrecher sollte ein sauberes Tuch unter den Verteiler gelegt werden; so kann die kleine Befestigungsschraube nicht verlorengehen (oben). Verteilerkappen sind aus relativ zerbrechlichem Material gefertigt. Deshalb sollten sie am besten mit den Zündkabeln ausgebaut und sicher beiseite gelegt werden

sich pro 0,1 Millimeter Kontaktabstand um etwa drei Grad auf der Kurbelwelle. Deshalb: Immer erst den Kontaktabstand, dann die Zündung einstellen – nie umgekehrt.

Um den Verteilerfinger auf die oben erwähnte Kerbe zu richten, muß der Motor gedreht werden. Dazu gibt es (zumindest für Autos mit Schaltgetriebe) eine simple Methode: Einfach den dritten oder vierten Gang einlegen und das Auto nach vorne ziehen (oder noch besser: schieben lassen), bis die gewünschte Position erreicht ist. Während sich das Auto bewegt, beobachtet man den Verteilerfinger. Sobald er sich der Kerbe nähert, richtet man den Blick auf den Unterbrecher. Dieser wird sich, kurz bevor der Verteilerfinger auf die Kerbe zeigt, langsam immer weiter öffnen und dann seinen weitesten Öffnungspunkt erreichen. Beim ersten Mal wird es sicher nicht gelingen, den Unterbrecher auf diese maximale Öffnungsposition zu stellen, aber das ist reine Übungssache. Sobald er diese Position erreicht hat, kann das kleine schwarze Unterbrecherkabel innerhalb des Verteilers abgezogen und die Schraube, die den Unterbrecher an seinem Platz hält, geöffnet werden. Jetzt ist nur noch etwas manuelles Ge-

Maximale Öffnungsposition finden

Um kontrollieren zu können, ob der erste oder der vierte Zylinder zündet, ist am Verteilerrand eine Kerbe angebracht (rechts). Liegt der Verteilerfinger über dieser Markierung, zündet gerade der erste Zylinder

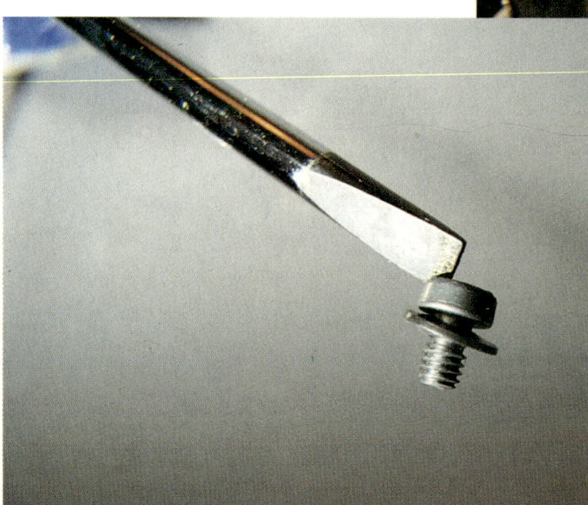

Beim Lösen der Unterbrecherbefestigung sollte man sehr sorgfältig arbeiten. Fällt die kleine Schraube herunter, ist sie nur noch mit viel Glück wiederzufinden. „Profis" kennen gleich zwei Möglichkeiten um die Montage zu vereinfachen. Zum einen kann die Spitze des Schraubenziehers an einem Magneten aufgeladen werden, zum anderen hilft etwas Fett die Schraube sicher zu halten

schick erforderlich. Denn bei vielen Modellen ist diese kleine Schraube nicht mit dem Unterbrecher verbunden und kann leicht verlorengehen. Da sie beim neuen Unterbrecher oft nicht mitgeliefert wird, steht man schraubenlos da. Am besten dreht man mit dem Schraubenzieher in der rechten Hand das Schräubchen locker und hebt gleichzeitig mit der linken Hand den kompletten Unterbrecher leicht an. Sobald sich die Schraube gelöst hat, hebt man mit der linken Hand den Unterbrecher aus dem Verteiler, während die rechte Hand mit dem Schraubenzieher (der ja noch im Schräubchen steckt), leicht dagegendrückt. Profis tauchen den Schraubenzieher in etwas Schmierfett – so bleibt die Schraube von allein am Schraubenzieher haften. Jetzt ist eine günstige Gelegenheit, sich den alten Unterbrecher in Ruhe anzusehen.

Unterbrecher vorsichtig entnehmen

Er besteht aus zwei Teilen: Der Amboß ist mit der Grundplatte fest verbunden, der bewegliche Hammer (mit Feder und Kabel) nur aufgesteckt. Auf der Unterseite der Grundplatte läßt sich eine kleine Erhebung ertasten. Diese Nase ist für den Wiedereinbau wichtig. Sie garantiert einen einwandfreien Sitz. Beide Teile haben eine kleine Kontaktfläche und lassen sich sehr einfach zerlegen.

Dazu hält man die Grundplatte in der linken Hand und drückt den Hammer mit dem Daumen der rechten Hand zuerst weg vom Amboß, packt mit dem rechten Zeigefinger die Feder auf der Rückseite und dreht dann den Hammer mitsamt der Feder wieder Richtung Amboß. Die Feder müßte dabei von alleine aus ihrem viereckigen Plastiksitz rutschen. Der gesamte Hammer läßt sich jetzt nach oben

Bei einigen Fahrzeugen liegt der Verteiler nur schwer zugänglich auf der Rückseite des Motors. Um sich die Arbeiten zu erleichtern, kann man den Verteiler komplett ausbauen und so den Unterbrecher bequem wechseln. Vorher sollte allerdings die Position des Verteilers durch einen Strich markiert werden

von der kleinen Welle abziehen. Das klingt sehr umständlich, ist aber tatsächlich innerhalb einer Sekunde ausgeführt.

Jetzt sollte der neue Unterbrecherkontakt mit dem alten verglichen werden: Hat die Grundplatte dieselbe Größe und Form? Sitzt das Kabel auf der richtigen Seite? Den meisten Unterbrecherkontakten ist eine kleine Fettpille beigelegt. Mit ein wenig Fett wird die Welle des zerlegten Unterbrechers eingeschmiert. Das braune oder schwarze Gleitstück des wieder zusammengebauten Unterbrechers wird gut eingefettet. Damit erhöht sich die Lebenserwartung des Unterbrechers. Bei Nichteinfetten würde die Verteilerwelle das Gleitstück des Unterbrechers abschleifen.

Die Nase muß richtig einrasten

Der zusammengebaute Unterbrecher wird jetzt wieder an seinen Platz gesetzt: Wie beim Ausbau hantiert man entweder mit beiden Händen und dem Schraubenzieher oder einhändig und mit Schmierfett. Dabei ist unbedingt darauf zu achten, daß die Nase auf der Unterseite der Grundplatte richtig in den Verteilerboden einrastet. Nun wird die kleine Schraube leicht angezogen und das Kabel aufgesteckt.

Für die Einstellung des Kontaktabstandes benötigt man eine sogenannte Fühlerlehre. Das ist eine Sammlung von Metallblättchen in verschiedenen Stärken, die weit unter zehn Mark kostet. Für einen Vierzylindermotor benötigt man das 40er Blättchen (Sechszylinder

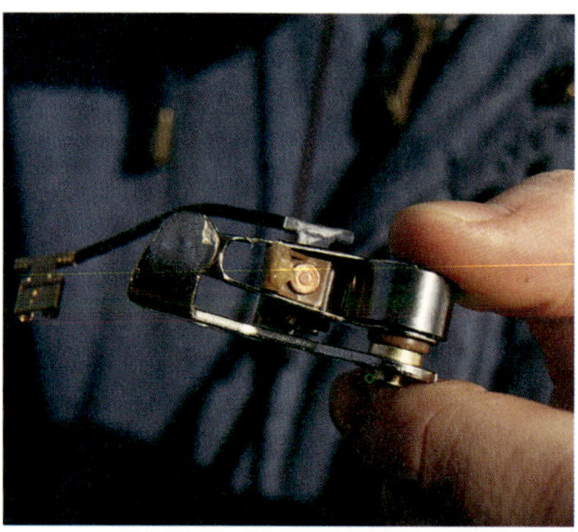

Mit der Zeit schleift sich das Gleitstück des Unterbrechers leicht ab. Um diesen gewöhnlichen Verschleiß so gering wie möglich zu halten, müssen die Nocken der Verteilerwelle und das Gleitstück leicht eingefettet werden. Dazu ist ein spezielles Fett zu verwenden

Auf Kontaktflächen achten

Kein Fett auf die beiden Kontaktflächen des Unterbrechers bringen, sonst springt der Motor trotz korrekter Einstellung nicht an. Der Steuerstrom für die Zündspule kann dann nicht fließen, und die ganzen Einstellarbeiten wären umsonst gewesen. Ist das Malheur aber geschehen, müssen die Kontaktflächen gründlich mit Waschbenzin oder Spiritus gereinigt und danach gut getrocknet werden.

30er). Das Blättchen muß immer sauber und vor allem fettfrei sein.

Der Abstand der Kontakte wird durch Verschieben der Unterbrechergrundplatte eingestellt. Hierzu befindet sich in der Grundplatte eine Kerbe und auf dem Verteilerboden eine Art kleiner Höcker. Der Schraubenzieher wird senkrecht in die Kerbe gesteckt, so daß er sich an dem kleinen Höcker abstützen kann. Nun dreht man so lange am Griff des Schraubenziehers, bis das Gleitstück (bekannt vom Einfetten) den Nocken der Verteilerwelle berührt. Wenn man jetzt noch ein kleines bißchen weiterdreht, öffnet sich der Unterbrecher.
Die eigentliche Einstellung erfordert wieder eine zarte Hand: Das Blättchen der Fühlerlehre muß sich mit leichtem Widerstand zwischen den Kontaktflächen hindurchziehen lassen, jedoch ohne die Kontaktflächen auseinanderzudrücken. Mit ein bißchen Übung gelingt das Einstellen problemlos und die Unterbrecherschraube kann festgezogen werden. Eine letzte Überprüfung beschließt die Einstellung. Nun wird mit einer drehenden Bewegung der Verteilerfinger auf die Verteilerwelle gesetzt, bis er in seine Nut einrastet und sich nur noch mit der ganzen Welle verdrehen läßt.

Provisorisch – aber doch genau

Die Verteilerkappe wird beim Aufsetzen leicht hin und her bewegt, bis sie einrastet und sich nicht mehr drehen läßt. Anschließend werden die Klammern geschlossen. Diese Methode der Kontakteinstellung wird oft als „provisorisch" abgetan. Wenn sie aber gewissenhaft durchgeführt wird, ist sie nicht ungenauer als die Einstellung mit einem Schließwinkeltester.
Der Kontaktabstand ist jetzt korrekt. Nun kann die Einstellung des Zündzeitpunkts beginnen. Da der Verteilerfinger ja noch auf die Kerbe im Ver-

Der Kontaktabstand wird mit einer Fühlerlehre eingestellt. Sie sollte sich bei ganz geöffneten Kontakten noch ohne merklichen Widerstand bewegen lassen (oben). Die Verteilerkappe muß beim Zusammenbau in die Fixiernase einrasten und darf sich nicht verdrehen lassen (rechts)

teilerrand gerichtet ist, steht der erste Zylinder genau zwischen Verdichtungs- und Arbeitstakt. In diesem Abschnitt müßte auch die Zündung erfolgen.

Aber woran erkennt man nun den exakten Zeitpunkt, an dem die Zündung erfolgen sollte? Ganz einfach: Jeder Motor besitzt auf einer der Schmalseiten Markierungen für den Zündzeitpunkt – entweder eine Kerbe auf der Keilriemenscheibe (sie ist die unterste Riemenscheibe beim ersten Zylinder), oder man erkennt auf der gegenüberliegenden Seite (dort, wo das Getriebe angebaut ist) unter einem Plastikstopfen ein Schauloch auf der Getriebeoberseite. Die Markierung kann sowohl ein schlichter Strich als auch eine Zahl sein. Ein kurzer Blick in die letzte ASU-Bescheinigung hilft meist weiter. Dort steht der Zündzeitpunkt in Grad angegeben.

Markierungen müssen sich decken

Im schlechtesten Fall hat der Motor mehrere Kerben, dann ist aber eine Kerbe mit „OT" (oberer Totpunkt) markiert. Am Gehäuse findet sich das entsprechende feststehende Gegenstück zu der sich drehenden Markierung. Im allgemeinen liegt diese Markierung (meist ein Pfeil, eine Spitze oder ein Strich) so, daß man von oben senkrecht daraufschauen kann. Jetzt wird die bewegliche Markierung bei eingelegtem Gang und gelöster Handbremse durch Ziehen des Wagens in Deckung mit der festen

Wurde die Zündung korrekt eingestellt, fluchten die beiden Markierungen auf Gehäuse und Riemenscheibe (rechts). Nun werden die Kerzen eingeschraubt und die Zündkabel wieder befestigt (unten links). Startet der Motor nicht sofort, sollten alle Kabel noch einmal überprüft werden

Gehäusemarkierung gebracht. Ist das gelungen, braucht man nur noch die Schraube zu lösen, die am Fuß des Verteilers sitzt (zumeist eine „13er"), ein Prüflämpchen zwischen den Anschluß eins (grünes Kabel) der Zündspule und dem Minuspol der Batterie anschließen und die Zündung einschalten. Dann wird der ganze Verteiler erst nach rechts, und dann ganz langsam nach links gedreht, bis das Prüflämpchen aufflackert.

Von der Einstellung der Zündung zum Leerlauf

Jetzt wird die Schraube festgezogen, der Wagen (bei immer noch eingelegtem Vorwärtsgang) einen Meter rückwärts geschoben und anschließend so lange vorwärts gezogen, bis das Prüflämpchen erneut leuchtet.
Ein kurzer Blick auf die Markierung verrät, ob man sauber gearbeitet hat. Stehen beide Markierungen übereinander, ist dieser Arbeitsschritt beendet. Diese Einstellung des Zündzeitpunkts nennt man statisch, da sie bei stehendem Motor erfolgt. Gegenstück ist die dynamische Einstellung des Zündzeitpunkts. Sie hat eine höhere Genauigkeit, erfordert aber neben einem Schließwinkeltester (kostet zirka 90 Mark) auch noch eine Stroboskoplampe (50 bis 250 Mark). Die Einstellungsmethode ist ziemlich identisch, man spart sich nur die Fühlerlehre und das Hin- und Herschieben des Fahrzeugs. Zu guter Letzt werden noch einmal alle Schrauben und Kabel kontrolliert und das im Motorraum liegende Werkzeug eingesammelt. Jetzt läßt man den Motor an und kontrolliert den Leerlauf. Er ändert sich meist geringfügig bei der Zündungseinstellung (Einstellung des Leerlaufs siehe „Vergasereinstellung").

Vor dem Anlassen des Motors sollte noch einmal genauestens geprüft werden, ob auch wirklich alle Schrauben festgezogen wurden. Ist die Feststellschraube des Verteilers noch locker, verändert sich die Einstellung; – die ganze Arbeit war umsonst

Korrekte Zündeinstellung

Auch wenn Sie die Einstellung genau durchführen, sollten die Werte anschließend in einer Werkstatt überprüft werden. So können Sie sicher sein, daß Ihr Motor volle Leistung liefert, aber nicht Geldbeutel und Umwelt durch zu hohen Verbrauch und unnötig hohe Abgaswerte strapaziert.

Zündkerzen

Bei allen Benzinmotoren ist eine Zündung des vom Kolben verdichteten Kraftstoff-Luft-Gemisches notwendig. Hierzu werden seit eh und je Zündkerzen verwendet. Diese müssen je nach Motordrehzahl bis zu fünfzigmal in der Sekunde mit Hochspannung versorgt werden.

Egal, wie unterschiedlich und aufwendig diese Zündung auch aufgebaut sein mag – die Zündkerzen gehen bei ihrer schwierigen Aufgabe stets nach demselben Prinzip vor. Jedem Zylinder ist dazu eine Zündkerze (bei einigen Motoren auch zwei) zugeordnet. Diese ragt mit ihren beiden voneinander isolierten Elektroden in den Brennraum hinein. Die Mittelelektrode erhält die zur Zündung notwendige Hochspannung über die Zündkabel von der Zündspule.

Von der Zündspule zur Mittelelektrode

Hat die Spannung an der Mittelelektrode einen bestimmten Wert erreicht, springt der Funke auf die mit der Fahrzeugmasse verbundene Außenelektrode über. Das verdichtete Gemisch wird dabei entzündet. Um zu erreichen, daß der Funke ausreichend stark überspringt, sind bei Benzinmotoren immerhin Spannungen von mindestens 14000 Volt notwendig.

Da aber die Zündkabel und die Stekker einiges von der Spannung nehmen, müssen in der Zündspule gar bis zu 30000 Volt erzeugt werden. Die Höhe der erforderlichen Zündspannung ist auch in hohem Maß

Beim Ottomotor muß das Benzin-Luftgemisch immer durch eine Zündkerze entflammt werden. Je nach Motor kommen unterschiedliche Kerzentypen zum Einsatz. Im Bild oben eine kleine Auswahl der möglichen Elektrodenformen

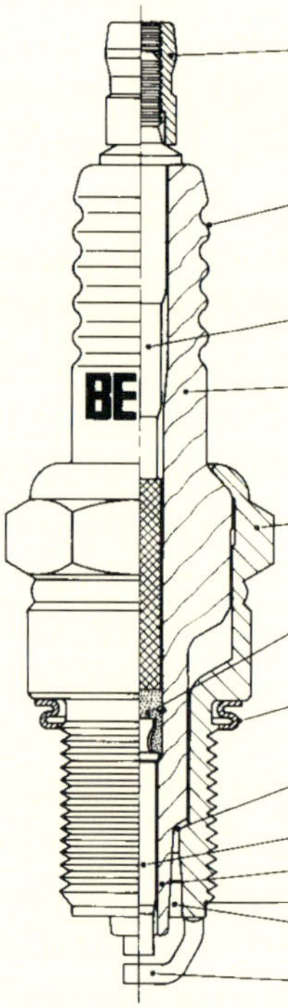

vom Abstand der zwei Kerzenelektroden abhängig: Einerseits sollte dieser möglichst groß sein, damit ein wirkungsvoller, kräftiger Funke entsteht, der auch bei Leerlauf zur raschen und sicheren Durchzündung des Gemisches ausreicht. Andererseits soll der Abstand so klein sein, daß die verfügbare Spannung nach geringem Abbrand der Elektrodenoberfläche noch zum Funkenüberschlag genügt. Der Abbrand der Elektrodenoberfläche ist auch dafür verantwortlich, daß die Kerzen in regelmäßigen Abständen ausgetauscht werden müssen.

Auf die Dauer hilft nur Volt-Power

Die Zündkerze besteht aus verschiedenen Teilen, die untrennbar miteinander verbunden sind. Durch die wärmeleitende Verbindung der Materialien kann die Kerze einen Teil der im Brennraum entstehenden Hitze ableiten. Neben dem Keramikkörper besteht die Kerze aus der Mittelelektrode und dem Kerzenkörper. Letzterer ist mit der Außenelektrode verbunden. Die wichtigste Eigenschaft des Isolators ist seine hohe Durchschlagsfestigkeit gegenüber der Hochspannung. Diese kann bei modernen Benzinmotoren mehr als 20 000 Volt betragen. Verglichen mit den 220 Volt im Haushalt stellt dies fast den hundertfachen Wert dar.

Die Isolation muß auch bei den hohen Temperaturen (bis zu 900 Grad Celsius) voll erhalten bleiben. Zudem ist es wichtig, daß die Kerze bei allen Betriebszuständen gasdicht bleibt. Am oberen Gewinderand befindet sich dazu meist ein Metallring, der neben seiner abdich-

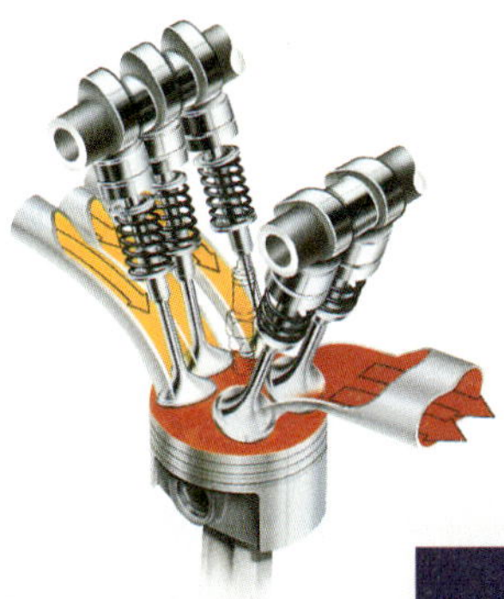

Die Kerzen sitzen, wenn dies die Konstruktion zuläßt, möglichst in der Mitte des Brennraumes (oben). So können sie das Gemisch schnell und gleichmäßig entzünden

Bei Fahrzeugen mit Katalysator sind die Masseelektroden mehrfach ausgeführt (rechts). So kann die Gefahr von Aussetzern verringert werden

tenden Funktion auch eine gute Wärmebrücke zwischen Kerzengehäuse und Zylinderkopf ermöglicht. Bei einigen Kerzentypen fehlt dieser Ring, die Dichtigkeit wird dann durch einen Kegelsitz erreicht.

Trotz aller grundlegenden Gemeinsamkeiten unterscheiden sich die Zündkerzen doch in einigen Punkten. Sofort zu erkennen sind vor allem die von Typ zu Typ unterschiedlichen Gewindeabmessungen sowie die Elektrodenformen. Eine der wichtigsten Zündkerzeneigenschaften ist aber das Temperaturverhalten.

Oberstes Kerzengebot: Sauberkeit

Da die Temperaturen im Brennraum zwischen Minusgraden beim winterlichen Kaltstart und bis zu 3 000 Grad Celsius bei Vollast schwanken, wird von allen „Beteiligten" einiges an Stehvermögen verlangt. Während die anderen Bauteile im Brennraum im Laufe der Zeit etwas Staub (in Form von Verbrennungsrückständen) ansetzen dürfen, muß die Kerze immer sauber bleiben. Nur so kann der Funke in ausreichender Stärke zwischen den Elektroden hin und her springen.

Das Einsatzgebiet der Zündkerzen wird durch zwei Temperaturwerte bestimmt. Der niedrigere Wert gibt an, welche Temperatur notwendig ist, damit sich die Kerze von alleine reinigt. Diese sogenannte Selbstreinigungs- beziehungsweise Freibrenntemperatur liegt meistens in einem Bereich von 500 bis 550 Grad Celsius. Diese Kerzentemperatur sollte über einen längeren Zeitraum nicht unterschritten werden, weil sonst die Ruß- und Ölkohleschicht auf den Elektroden nicht ausreichend verbrennt. Zündaussetzer wären die Folge. Die Glühzündungsgrenze liegt dagegen zwi-

Reinigen sich die Kerzen nicht ausreichend schnell, bilden sich mit der Zeit Ablagerungen (rechts). Über diese „Brücke" kann der Zündfunke still und heimlich auf die Masse abfließen

Kommte es wegen der Ablagerungen zu Glühzündungen, kann sich der Brennraum stark erhitzen. Die Kolben (links) können dadurch ernsten Schaden nehmen

schen 850 und 900 Grad Celsius. Diese Temperaturgrenze darf nicht überschritten werden, weil sich sonst das Gemisch bereits vor dem gewünschten Zündzeitpunkt an den glühenden Teilen der Zündkerze entzündet. Die Glühzündungen machen sich durch das typische Motorklingeln bemerkbar und können zu schweren Schäden führen. Ein durchgebrannter Kolbenboden wäre die Folge. Die Selbstreinigungstemperatur soll von der Zündkerze also möglichst schnell erreicht, die Glühzündgrenze jedoch nie überschritten werden. Diese Kerzeneigenschaften werden als Wärmewert bezeichnet.

Falsche Kerzen können den Motor zerstören

Diese beiden Temperaturen kann der Fahrer natürlich nicht beeinflussen, doch achten die Fahrzeughersteller bei der Konstruktion bereits darauf. Damit sich der Kerzentyp im Motor immer „wohlfühlt", hat der Isolatorfuß, also die Einbettung der Mittelelektrode, eine der Motorcharakteristik angepaßte Oberfläche. Bei einer großen Isolatoroberfläche kann die Verbrennungswärme gut aufgenommen werden, die Kerze erreicht schnell ihre Freibrenntemperatur. Doch darf die Hitze im Brennraum nicht zu groß werden, damit es nicht zu Glühzündungen kommt. Rasenmäher und andere thermisch gering belastete Motoren benötigen demnach Zündkerzen mit einem hohen Wärmewert. Bei einer grundsätzlich höheren Brennraumtemperatur muß die Oberfläche der

Kerzen unterscheiden sich nicht nur im Isolatorfuß, auch die Gewindelänge ist unterschiedlich

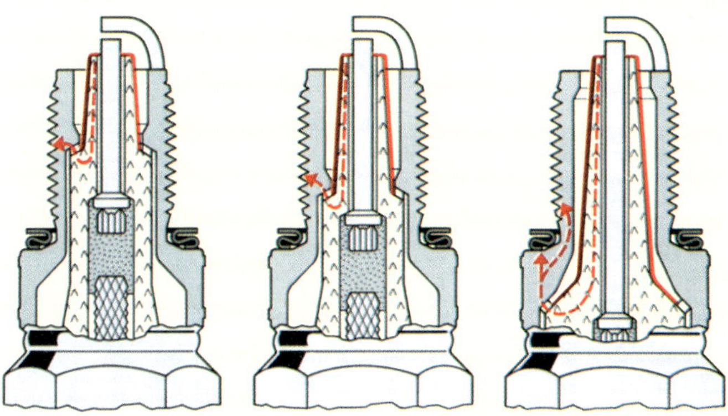

Der Unterschied im Wärmewert zeigt sich in der Form des Isolators. Bei der linken Kerze (1) eines kalten Motors ist der Isolator relativ groß. Die Kerze kann viel Umgebungswärme aufnehmen, die Selbstreinigungstemperatur wird sicher erreicht. Die rechte Kerze (3) kann nur wenig Wärme aufnehmen, dafür ist die Überhitzungsneigung trotz der hohen Verbrennungstemperatur gering. In der Mitte die normale Kerze eines Pkw, die einen Kompromiß aus beiden Extremen darstellt

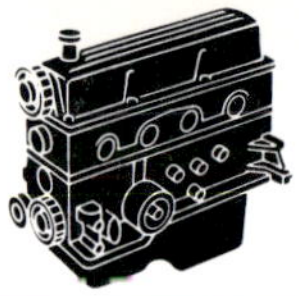

Kerze hingegen kleiner sein. Die Freibrenntemperatur wird ja in jedem Fall erreicht, bei Vollgas aber wird die Kerze nicht zu heiß.

Diese Einteilung des Wärmewertes erfolgte lange Zeit in fein abgestuften Zahlenwerten zwischen 125 und 440. Vor einigen Jahren jedoch wurde die Kerzenzuordnung wesentlich vereinfacht. Wegen der verbesserten Materialien konnte der Einsatzbereich erweitert werden; ein einzelner Kerzentyp kann seitdem für verschieden heiße Motoren verwendet werden. Zahlenwerte von drei bis neun machen die Zuordnung und den Einkauf nun einfacher. Auf den Zündkerzen und Verpackungen sind manchmal noch alte wie neue Bezeichnungen zu finden.

Zündkerzen sind neben den hohen thermischen, chemischen und mechanischen Beanspruchungen auch starker Verschmutzung und einem gewissen Verschleiß unterworfen. Durch falsche Einstellung des Motors kann es zu unsauberer Verbrennung des Kraftstoffs und damit zu verstärkten Ablagerungen von Ruß, Asche oder Ölkohle kommen. Die Kerze kann nun nicht mehr alle Ablagerungen abbrennen. Da diese Ablagerungen zu allem Überfluß auch noch elektrisch leitend sind, führen sie zu Kurzschlüssen zwischen der Mittel- und der Masseelektrode; die Hochspannung fließt dann ohne einen Funken zu bilden ungenutzt ab. Es kommt in der Folge zu Zündaussetzern, der Motor stottert. Erreicht dann unverbrannter Kraftstoff den Katalysator, entzündet er sich an dessen heißen Keramikzellen. Wird es dem Kat dabei zu heiß, stellt er seine „Reinigungsarbeit" ein – und zwar für immer.

Dreckige Kerze heißt arbeitsunwilliger Kat

Weil bei jedem Funken ein winziges Materialteilchen von der Mittelelektrode abgerissen wird, kommt es mit der Zeit zum Verschleiß (links), solche Kerzen müssen ausgetauscht werden. Der Elektrodenabstand (oben) wird vom Hersteller richtig eingestellt, manchmal (durch einen Sturz) hat er sich aber verringert

Um dies zu vermeiden, sind Kerzen von Kat-Fahrzeugen häufig mit drei Masseelektroden ausgestattet. Aber schon im ganz normalen Fahrbetrieb kommt es bereits zum Kerzenverschleiß: Bei jedem Funken wird nämlich ein winziges Stück von den Elektrodenoberflächen abgelöst. Der Abbrand zeigt sich nach einer Fahrstrecke von etwa 20000 Kilometern an einem vergrößerten Elektrodenabstand. Damit es dann trotzdem weiterhin ausreichend funkt, muß die Zündspule eine höhere Spannung bereitstellen. Das Gemisch verbrennt aber nicht mehr so sauber, und der Motor braucht mehr Benzin.

Den richtigen Kerzenschlüssel verwenden

Die Zündkerzen gehören zu den Motorteilen, denen sich der Laie noch am ehesten zuwenden kann. Beim Aus- und vor allem beim Wiedereinbau der Zündkerzen können jedoch Fehler gemacht werden, die teure Reparaturen nach sich ziehen. Befolgt man aber ein paar einfache Regeln, so ist dies alles kein Problem.

Vor dem Ausbau der Kerzen müssen zunächst die Kerzenstecker abgezogen werden. Dies klingt einfacher als es ist, denn bei vielen modernen Motoren sorgen sich Designer um eine ansprechende Verpackung der „Pferdchen". Immer mehr Bauteile werden daher unter kunstvoll gestalteten Plastikabdeckungen versteckt, fast so, als müsse man sich für ihr Vorhandensein schämen. Grundsätzlich sind die Zündkerzenstecker aber leicht zu finden, da sie immer am Ende der vom Verteiler kommenden Zündkabel sitzen. Sind die Stecker gefunden, können sie mit einem kurzen Ruck von den Kerzen abgezogen werden. Aufmerksamkeit sollte auch der Wahl des richtigen Kerzenschlüssels geschenkt werden. Nachdem Pannen an der Zündanlage nur noch selten vorkommen,

Vor dem Ausbau der Kerzen sollte ihre Umgebung gründlich gereinigt werden (links). So kann kein Schmutz in die Brennräume gelangen und sich dort in zerstörender Weise zwischen Kolben und Zylinderwand verklemmen. Zum Wechseln der Kerzen sollte man nur einen gut sitzenden Spezialschlüssel verwenden (unten)

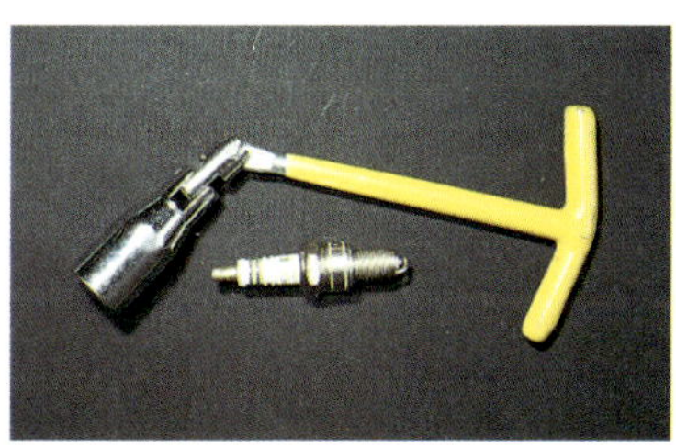

sehen sich die Fahrzeughersteller nämlich nicht mehr verpflichtet, einen Kerzenschlüssel mitzuliefern. Der Autoteilehändler wird aber gerne neben den neuen Zündkerzen auch den passenden Kerzenschlüssel verkaufen.

Noch vor dem Herausschrauben der alten Kerzen sollte deren herausragender Teil gereinigt werden. So läßt sich vorsoglich vermeiden, daß nach dem Ausbau Schmutz durch die Kerzenbohrung in den Brennraum fällt. Wurde der Kerzenschlüssel gerade aufgesetzt, kann nun eine Kerze nach der anderen herausgeschraubt werden. Der Schlüssel darf dabei nicht schief auf den Kerzen sitzen, da deren Keramikoberteil sonst schnell bricht. Sind die Kerzen ausgebaut, kann anhand der Elektroden beurteilt werden, ob ein Austausch notwendig ist, und wie es um die Einstellung des Motors bestellt ist. An dem Kerzenteil, das in den Brennraum ragt, läßt sich nämlich gut kontrollieren, ob die Gemischzusammensetzung zu fett oder zu mager ist. Ist man sich in der Beurteilung nicht ganz sicher, können die ausgebauten Kerzen auch in eine Werkstatt gebracht und dort von einem Fachmann begutachtet werden. Durch den täglichen Umgang

Schon vor dem Ausbau die Kerzen reinigen

Messen der Kompression

Wer wissen will, wie es um seinen Motor bestellt ist, dem gibt eine Kompressionsmessung Auskunft. Vor dem Test werden alle Zündkerzen (oder beim Diesel die Glühkerzen) herausgeschraubt. Anschließend wird ein Druckmesser mit eingebautem Schreiber der Reihe nach in jede Bohrung gedrückt und der Anlasser betätigt. Der Im Zylinder entstehende Druck verschiebt im Gerät einen Zeiger, der den Maximalwert auf einer Skala festhält. Ist der Motor in Ordnung, ist der Druck bei allen Zylindern gleich hoch.

Verschiedene Kerzengesichter: normaler Verschleiß (oben links) – grau-weiß gefärbte Elektroden; ein durch Motorschaden veröltes Exemplar (oben rechts); bei starker Überhitzung können die Elektroden schmelzen (unten links); Ablagerungen durch Öl (unten rechts)

mit Motoren wird ihm eine Diagnose nicht schwerfallen. Zeigt die Kerze einen Fehler, kann auch gleich „Kriegsrat" über die Gegenmaßnahmen gehalten werden. Ist eine Reparatur notwendig, oder muß der Motor nur ein wenig anders eingestellt werden? Sieht der Meister, daß man die Kerzen selber ausgebaut hat, wird er einen zudem meist eingehender beraten als ein vollkommenes Greenhorn.

Elektrodenabstand genau kontrollieren

Die neuen Kerzen sollten vor dem Einbau noch einmal genau kontrolliert werden. Da die Masseelektrode relativ weich ist, kann es leicht vorkommen, daß sie irgendwann durch einen Stoß verbogen wurde. Wäre der Abstand der beiden Elektroden zu gering, entstünde kein richtiger Funke, das Gemisch würde nicht richtig entzündet. Der Verbrauch und die Abgaswerte wären höher als erwünscht. Den korrekten Abstand stellt man am besten mit einem kleinen Schraubenzieher oder einer speziellen Kerzenlehre ein. Je nach Fahrzeugtyp beträgt er meist weniger als einen Millimeter. Bei manchen Modellen kann es zudem notwendig sein, eine kleine Schraubhülse am oberen Kerzenanschluß zu befestigen. Hier dienen die ausgebauten Kerzen als Muster. Liegen die „Neuen" dann bereit, kann der Einbau beginnen.

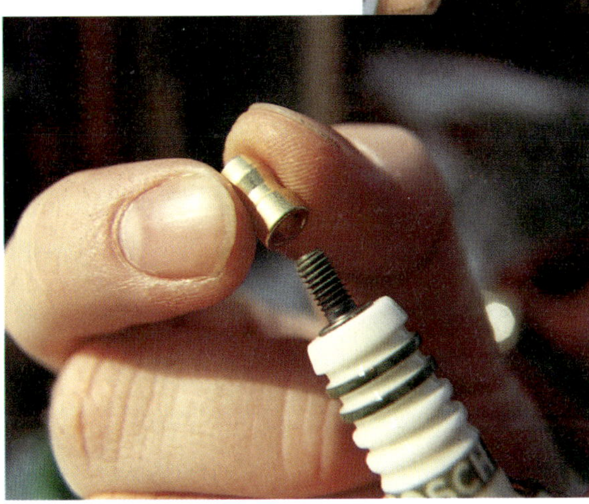

Stimmt der Elektrodenabstand nicht mit dem in der Bedienungsanleitung des Fahrzeugs angegebenen Wert überein, muß er nachgerichtet werden. Wegen des weichen Materials macht dies keine großen Schwierigkeiten (oben). Bei einigen Fahrzeugen muß auf den Kabelanschluß eine kleine Hülse geschraubt werden; sie sorgt für sicheren Halt des Kerzensteckers

Zunächst wird eine Kerze mit dem Keramikkörper voran in die Öffnung des Kerzenschlüssels gesteckt. Ist dieser innen mit einem Haltering aus Gummi ausgestattet, läßt sich die Kerze sicher fixieren. Sitzt sie aber locker, ist es besser, die Kerze gleich mit der Hand in das Kerzenloch zu schrauben. In jedem Fall müssen sie sich mehrere Umdrehungen hineinschrauben lassen. Ist dies nicht der Fall, wurde die Kerze nicht gerade, sondern schief angesetzt.

Kerzen müssen richtig sitzen

Wichtig beim Anziehen der Kerzen ist vor allem das Anzugsdrehmoment, also die Kraft, mit der die Kerzen angezogen werden. Geschieht dies zu fest, besteht die Gefahr, daß der Zylinderkopf im Bereich der Kerzenbohrung einreißt. Sitzt die Kerze dagegen zu locker, stellen sich nicht nur ein Kompressionsverlust und damit eine zu geringe Motorleistung ein: wegen der unterschiedlichen Verbrennungsdrücke in den Zylindern besteht zudem die Gefahr, daß es zu einem teuren Schaden an der Kurbelwelle kommt. Wie bereits erwähnt, führt die Zündkerze den größten Teil der aufgenommenen Wärme über den Dichtringsitz an den Zylinderkopf ab. Liegt nun der Dichtring nicht fest am Zylinderkopf an und fehlt obendrein an den Gewindegängen die erforderliche Flächenpressung, wird die Zündkerze zu heiß. Erneute Schäden durch überhitzte Kerzen und Glüh-

Am besten ist es, die neuen Kerzen so weit wie möglich mit der Hand in den Motor zu schrauben (oben). So kann man sicher sein, daß sie nicht schief angesetzt werden und so die Gewinde der Kerze und der Bohrung beschädigen. Die Zündkerzen darf man nicht zu fest anziehen, weil sonst ihr Gewinde Schaden nehmen kann

zündungen sind nicht selten die Folge. Eine Zündkerze mit einem zu niedrigen Wärmewert oder eine lockere Zündkerze kann in kurzer Zeit zum Durchbrennen des Kolbenbodens führen. Dies ist beim betriebswarmen Motor bereits innerhalb einer Minute möglich.
Um solche Schäden zu verhindern, sollten Zündkerzen möglichst genau mit dem vorgegebenen Anzugsdrehmoment festgezogen werden. Dies ist aber nur mit einem teuren Drehmomentschlüssel möglich.

Drehmomentschlüssel oder „Eselsbrücke"

Weil nur die wenigsten Hobbymechaniker einen solchen Drehmomentschlüssel ihr eigen nennen, gibt es von den Kerzenherstellern einfache, leicht nachzuvollziehende „Eselsbrücken". Besitzt eine Kerze einen Dichtring, auch Flachdichtsitz genannt, wird sie so weit mit der Hand hineingedreht, bis sich ein deutlicher Widerstand zeigt. Dann erst wird der Kerzenschlüssel aufgesetzt und um 90 Grad im Uhrzeigersinn weitergedreht. Waren die Kerzen allerdings bereits einmal eingebaut, wird die Drehung um weitere 30 Grad verlängert (dies entspricht einer Bewegung des Minutenzeigers auf der Uhr von fünf Minuten).

Zaghafter ist bei Zündkerzen mit Kegeldichtsitz vorzugehen. Hier ist die Zündkerze nämlich nur um einen Winkel von etwa 15 Grad weiterzudrehen. Sobald alle Kerzen wieder richtig sitzen, können die Kerzenstecker aufgesteckt werden. Mit einem kurzen Ruck werden sie auf die Kerzen gedrückt. Rasten die Stecker spürbar ein, sollte durch leichten Zug überprüft werden, ob sie auch wirklich fest sitzen. Vorher demontierte Abdeckungen werden zum Abschluß nun ebenfalls wieder befestigt.

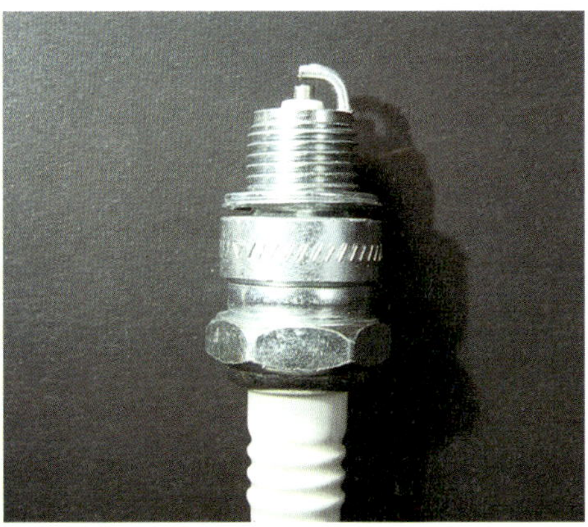

Nicht alle Zündkerzentypen dürfen gleich fest angezogen werden. Besitzt die Kerze eine Dichtung (siehe oben), sollte sie, nachdem sie mit der Hand soweit wie möglich in die Bohrung geschraubt wurde, mit dem Schlüssel um weitere 90 Grad wetergedreht werden

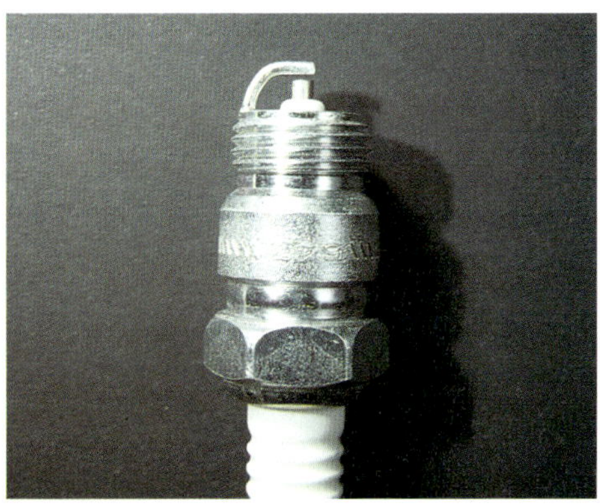

Die Kerzen mit Kegeldichtsitz dürfen hingegen nach dem „handwarmen" Sitz nur um 15 Grad angezogen werden

Das Kühlsystem

Wenn der Automotor läuft, dann entsteht Wärme, die abgeleitet werden muß, um den Motor nicht nach kürzester Zeit zu überhitzen. Zwei Methoden gibt es, um diese Wärme abzuleiten. Die erste ist die Verrippung des Motors, in erster Linie der Zylinder und des Zylinderkopfs, und die Kühlung durch ein Gebläse. Diese Kühlungsart wurde früher oft gewählt, weil der Materialaufwand besonders gering war; außerdem gefriert Luft nicht. Thermische Probleme bleiben bei der Luftkühlung trotzdem nie ganz aus, denn der Wärmeübergang von dem Metallkörper des Motors auf die Kühlluft ist erheblich schlechter, als er etwa auf Wasser wäre. Und damit sind wir bei der zweiten Kühlmethode:

Wasserkühlung wirkt konstant

Heutzutage werden eigentlich alle modernen Pkw mit Wasser gekühlt. Die Vorteile gegenüber der Luftkühlung sind technisch bedingt – das Kühlmittel Wasser kann durch viele Kanäle im Motorblock genau an die Stellen gebracht werden, wo es gebraucht wird. Nützlicher Nebeneffekt dabei ist, daß dieser Wassermantel gleichzeitig die Motorgeräusche dämpft. Ein weiterer Vorteil der Wasserkühlung: das Kühlmittel wird relativ konstant an die nötigen Stellen gebracht – unabhängig von der Geschwindigkeit des Autos und der Motordrehzahl.

Trotzdem braucht auch dieses System einen Kühlventilator, weil der eigentliche Fahrtwind am Kühler nicht ausreicht. Also ist man dazu übergegangen, diese Lüfter nicht mehr wie früher ständig laufen zu lassen, sondern nur bei Bedarf zuzuschalten um Energie zu sparen. Das kann entweder über einen Thermostatschalter geschehen, der die Temperatur im Kühler mißt und einen Elektrolüfter zuschaltet, wenn diese zu hoch ist, oder aber über einen sogenannten Viskolüfter, der mittels einer Thermokupplung – also temperaturabhän-

Einer der letzten luftgekühlten Motoren, die noch auf dem Markt sind, ist der Boxermotor des Porsche 911. Ein von der Kurbelwelle angetriebenes Lüfterrad sorgt für die Kühlung

gig – entscheidet, wann er zur Kühlung gebraucht wird.

Die wichtigsten Dinge, die zur Wasserkühlung gehören

A. Der Kühler: Ganz vorne im Motorraum liegt er unmittelbar im Fahrtwind. Er besteht aus einem äußerst engmaschigen Netz aus Messing- oder Aluminiumröhrchen. In ihnen wird das heiße Wasser, das aus dem Motor kommt, abgekühlt. Je nachdem, ob es sich um ein offenes oder geschlossenes Kühlsystem handelt, befindet sich der Wassereinfüllstutzen oben auf dem Kühler oder am sogenannten Ausgleichsbehälter.

B. Die Wasserpumpe: Sie sitzt im Kühlkreislauf und fördert unablässig das warme Kühlmittel vom Motor zum Kühler. Von einem Keilriemen angetrieben, liegt sie meist verborgen irgendwo am Motorblock. Wer sie sucht, verfolgt am besten die Kühlerschläuche und den Keilriemen, mit dem sie angetrieben wird. Tropft Wasser heraus, hilft nur der Austausch der Pumpe.

So bleibt der Motor kühl

C. Das oder der Thermostat regelt während der Warmlaufphase, ab welcher Temperatur das Wasser vom Motor zum Kühler gepumpt wird. Solange der Motor nämlich nicht seine optimale Betriebstemperatur erreicht hat (sie liegt bei etwa 80 bis 90 Grad Celsius), kreist das Kühlwasser nur im Motorblock. Erst danach fließt es im erweiterten Kreislauf durch den Kühler.

D. Der Ausgleichsbehälter: Diesen gibt es nur bei Fahrzeugen mit geschlossenem Kühlerkreislauf. Er ist ein weißer oder transparenter Behälter, der mit dem Kühler durch einen dünnen Schlauch verbunden ist. Bei diesem System wird über den Ausgleichsbehälter – und nicht über den Kühlereinfüllstutzen – eventuell benötigtes Wasser nachgefüllt.

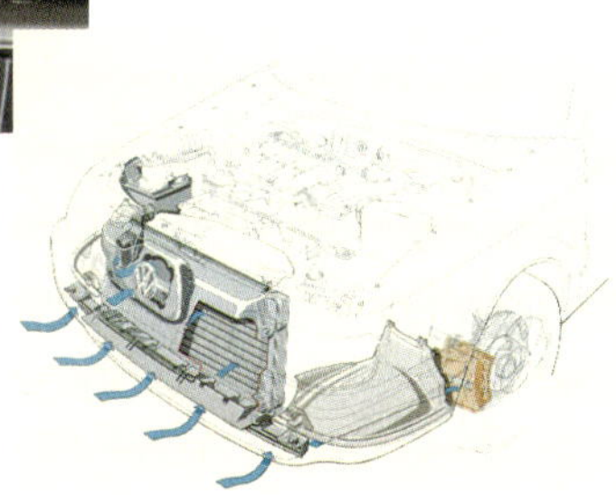

Ein Wasserkühler funktioniert an sich wie ein Heizkörper in der Wohnung. Durch seine relativ große Oberfläche gibt er in der kurzen Zeit, in der das Kühlmittel durch ihn hindurchgepumpt wird, Wärme an die Umgebung ab (in diesem Fall den Fahrtwind). Der Wasserkühler ist immer so angeordnet, daß er gut vom Fahrtwind durchströmt wird.

Was kann nun in dem für den Motor so wichtigen Kühlsystem Unangenehmes passieren? Und: Wie kann man eventuellen Problemen am besten vorbeugen? Grundsätzlich sollte natürlich jeder Autofahrer öfter den Wasserstand kontrollieren. Also: Entweder am Ausgleichsbehälter auf die Minimum-Maximum-Markierung achten oder im Kühler selbst – Vorsicht, dieses nur bei kaltem Motor – kontrollieren, ob er bis zum Rand gefüllt ist.

Während der Fahrt gibt dann entweder ein Kühlwasserthermometer oder eine Warnleuchte darüber Auskunft, was mit dem Wasser passiert. Diese Anzeige sollte man ständig im Auge behalten – denn wenn man hier nicht aufmerksam ist, kann es schnell teuer werden. Steigt also die Temperatur auf dem Anzeigeinstrument in den roten Bereich, oder leuchtet die Kontrolleuchte „Kühler" auf, sofort anhalten und Motor abstellen. Logischerweise sollte man nun zuerst prüfen, ob überhaupt noch Wasser im System vorhanden ist. Doch Vorsicht – heißes Wasser kann gefährliche Verbrennungen verursachen: deswegen den Kühlerverschluß oder den Deckel des Ausgleichsgefäßes nur mit viel Bedacht (sowie Handschuhen oder Lappen) öffnen.

Reparieren von Kühlern

Der Wasserkühler ist eines der wenigen Teile im Fahrzeug, die es sich nach wie vor lohnt zu reparieren. Spezialbetriebe bieten nicht nur Austauschkühler zu relativ niedrigen Preisen an, sie löten auch angelieferte Kühler innerhalb kürzester Zeit. Zusätzlich Geld sparen läßt sich auf jeden Fall beim Kühleraus- und -einbau, den man schnell und einfach selber durchführen kann. Bei dieser Gelegenheit sollte man das gebrauchte Kühlmittel mit dem neuen Kühler ebenfalls wechseln.

Damit das Kühlmittel schnell umgewälzt wird, besitzt jedes wassergekühlte Auto eine Wasserpumpe (rechts). Sie wird direkt von der Kurbelwelle über den Keil- oder Zahnriemen angetrieben; sie saugt das Wasser an, pumpt es durch den Kühler und sorgt so für einen geschlossenen Kreislauf

Mögliche Gründe für den Wasserverlust

Ist kein oder wenig Wasser im System, muß man dem Wasserverlust auf den Grund gehen. Hat man es über längere Zeit versäumt, nach der Kühlflüssigkeit zu schauen, kann es sich um ganz normalen Schwund handeln. Trotzdem sollte man weiter den Pegel im Auge behalten. Meistens hat jedoch eine „Dürre" im Kühler technische Gründe. Beim Blick unter das Auto erkennt man schnell, ob das Wasser durch ein Leck verlorengegangen ist. Bei kleineren Undichtigkeiten helfen tatsächlich die im Handel angebotenen Kühlerdichtmittel, die nach Vorschrift einzufüllen sind.

Ansonsten kann man – zumal fern der Heimat auf einsamer Landstraße – wenig tun. Falls sich Isolierband im Bordwerkzeugkasten befindet, läßt sich wenigstens ein geplatzter Kühlerschlauch reparieren. Bei anderen Lecks ist man meist hilflos. Da kann man nur immer wieder Wasser nachkippen und ganz vorsichtig bis zur nächsten Werkstatt weiterfahren, stets die Temperaturanzeige im Blick.

Besonders unangenehm ist starker Wasserverlust, wenn er mit viel weißem Dampf aus dem Auspuff verbunden ist. Dann ist nämlich meistens die Zylinderkopfdichtung dahin. Das erfordert in jedem Fall eine aufwendige Reparatur. Diesen Schaden kann man übrigens gelegentlich auch am Ölpeilstab identifizieren: durch die Wasserbeimischung wird nämlich das Motoröl milchig weiß.

Oft spielt aber auch der Thermogeber für den Ventilator (ein messingfarbenes „Etwas" mit zwei Kabelanschlüssen), der direkt in den Kühler geschraubt ist, eine große Rolle. Hat er seinen Dienst quittiert, schaltet sich der elektrische Lüfter im Bedarfsfall nicht mehr ein. Wird jetzt das Kühlwasser zu heiß (Tem-

Vorsicht: Im Kühlsystem herrscht bei betriebswarmem Motor ein hoher Druck. Das austretende Wasser kann über hundert Grad heiß sein (oben). Die Warnhinweise auf den Kühlerverschlüssen (links) sind zu beachten. Vor dem Öffnen des Verschlusses den Motor etwas abkühlen lassen

peraturanzeige im roten Bereich), und springt der Ventilator nicht an, gibt es einen einfachen Trick: Wenn man beide Kabel vom Thermogeber abzieht und die Kabelschuhe zum Überbrücken ineinandersteckt, läuft der Ventilator dauernd. Allerdings besteht Kurzschlußgefahr – man muß darauf achten, daß diese provisorische Kabelverbindung nicht gegen Metallteile des Motors oder der Karosserie kommen kann. Nötigenfalls wird die Verbindung mit Isolierband abgeklebt. Ist man zu Hause oder in der Werkstatt angekommen, muß die Verbindung wieder getrennt werden. Die ganze Prozedur ist natürlich erfolglos, wenn der Lüftermotor oder die für ihn zuständige Sicherung defekt ist.

Frostschutz darf ganzjährig im Kühler bleiben

Eine weitere Fehlerquelle für zu hohe Kühlwassertemperatur kann ein gerissener Keilriemen sein. Zumindest die Wasserpumpe arbeitet dann nicht mehr. Die weitverbreitete Mär vom Nylonstrumpf der Beifahrerin als Ersatzkeilriemen hat sich nicht bewährt. Hier hilft nur: sofort anhalten und neuen Keilriemen besorgen.

Frostschutz im Kühlwasser

Vor Beginn der kalten Jahreszeit sollte jeder Autobesitzer prüfen (lassen), bis zu welchen Minusgraden sein Kühlwasser vor Einfrieren sicher ist. An jeder Tankstelle gibt es dafür eine sogenannte Spindel, mit der dieser Wert ermittelt werden kann. Gefriert das Wasser im Kühlsystem, dehnt es sich aus und richtet dadurch einigen Schaden an. Im günstigsten Fall reißt ein Kühler-

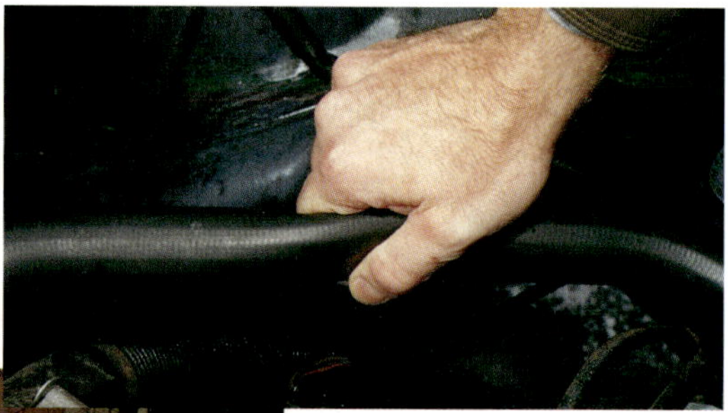

Im Winter friert das Wasser im Kühlsystem, wenn nicht genügend Frostschutzmittel eingefüllt wurde. Dadurch kann es zu teuren Schäden am Motor, Kühler und Wasserpumpe kommen. Ist man schon einmal dabei, sollten alle Kühlerschläuche auf Risse hin untersucht werden. Dazu werden sie einfach zusammengedrückt, Risse werden so gut sichtbar. Auch Marderverbißschäden lassen sich so leicht finden

schlauch. Aber auch selbst so stabile und teure Teile wie der Motorblock oder der Zylinderkopf können Risse bekommen. In unseren Breiten sollte der Frostschutz bis minus 25 Grad Celsius gegeben sein. Das Frostschutzmittel sollte ganzjährig im Kühlsystem bleiben, da es gleichzeitig eine Korrosionsschutzwirkung hat und zusätzlich die Wasserpumpe schmiert.

Austauschen und Ergänzen der Kühlerflüssigkeit

Um für den Kühlerfrostschutz den nötigen Platz im Kühlsystem zu schaffen, muß etwas Wasser abgelassen werden. Oft befindet sich dafür auf der Unterseite der Wasserkühlers eine kleine Ablaßschraube. Ist dies nicht der Fall, sollte man den unteren Kühlerschlauch nach Lösen der Schlauchschelle abziehen. Doch Vorsicht: Wenn der Motor warm ist, besteht Verbrühungsgefahr. Das abgelassene Kühlmittel wird in einer ausreichend großen Plastikwanne aufgefangen und anschließend entsorgt. Viele Tankstellen nehmen das Kühlmittel auch ab.

Ist der Schlauch wieder befestigt, kann der neue Frostschutz aufgefüllt werden. In welchem Mischungsverhältnis er eingefüllt wird, hängt neben seiner Konzentration (die Aufschrift auf der Dose gibt Aufschluß) auch von der Gesamtfüllmenge des Kühlsystems ab; hier hilft die Bedienungsanleitung weiter. Um sich die anschließende Fahrt zu ersparen, bei der sich der Kühlerfrostschutz und das Wasser vermischen, können Wasser und Frostschutz schon außerhalb des Kühlers in einer Gießkanne gemischt werden. Trotzdem muß der Motor nach dem Auffüllen des Kühlers noch einen Moment mit geöffnetem Kühlerdeckel weiterlaufen. So können eingeschlossene Luftblasen aufsteigen und durch den Verschluß entweichen. Der restliche Frostschutz kann nachgegossen werden. Die Heizung sollte dabei auf „heiß" gestellt werden, damit sich keine Luftbläschen halten können.

Bei dieser Gelegenheit sollten alle Kühlleitungen und Kabel untersucht werden. Risse und Versprödungen lassen sich am schnellsten feststellen, wenn der Schlauch etwas zusammengedrückt wird. Abschließend sollte die Gefriersicherheit vorsichtshalber noch einmal ermittelt werden.

Auch wenn es bei uns nie minus vierzig Grad kalt werden wird, ist dieser hohe Frostschutzanteil nicht umsonst. So muß man nicht Angst haben, daß zuwenig Frostschutz vorhanden ist, wenn einmal im Lauf des Winters Wasser nachgefüllt werden muß

Wie kommt die Kraft zum Rad?

Kupplung

Aufbau und Funktion

Die Kupplung verbindet oder trennt, je nach Pedalstellung, Motor und Schaltgetriebe. Dies ist aus mehreren Gründen notwendig. Zum einen deshalb, weil der Motor nicht über den gesamten Drehzahlbereich kräftig genug wäre, das Fahrzeug zu beschleunigen; es muß also geschaltet werden. Zum anderen würde bei jedem Anhalten des Autos ohne rechtzeitiges Trennen der Motor abgewürgt.

Die Kupplungseinheit ist bei herkömmlicher Bauweise mit dem Schwungrad des Motors, das auf einem Ende der Kurbelwelle sitzt, fest verschraubt. Sie besteht aus der Druckplatte und der Mitnehmerscheibe, auf der der Kupplungsbelag befestigt ist. Wenn das Kupplungspedal nicht getreten ist, befindet sich die Kupplung im Eingriff, die Kraft des Motors wird auf das Getriebe und bei eingelegtem Gang auf die Räder übertragen.
Wird die Kupplung getreten, trennt sie diese Verbindung. Durch das langsame Loslassen des Kupplungspedals (Schleifenlassen) wird die kraftschlüssige Verbindung allmählich und weich hergestellt.

Lebensdauer/Kupplungstest

Die Kupplung ist bei heutigen Autos ein sehr langlebiges Bauteil. Sie kann bei korrekter Bedienung so lange halten, wie der ganze Motor, also weit über 100 000 Kilometer. Eine frühzeitige Alterung der Kupplung läßt auf Bedienungsfehler schließen oder weist auf defekte Motor- oder Getriebeabdichtungen hin, beispielsweise durch Verölung.

Die Kupplung sitzt immer an einem Ende der Kurbelwelle. Sie ist direkt an der Schwungscheibe befestigt (Pfeil oben). Dank der Kupplung ist es möglich, Motor und Antrieb zu entkoppeln. Das Schalten wird dadurch erst möglich

Eine defekte Kupplung „rupft" entweder (das heißt, man kann nicht mehr weich einkuppeln, weil zum Beispiel die Mitnehmerscheibe verzogen ist), oder sie kann keinen vollständigen Kraftschluß mehr herstellen und „rutscht durch". Letzteres tritt bei abgenutzten Kupplungsbelägen, zu geringem Kupplungspedalspiel (siehe Kupplungseinstellung) oder verölter Kupplung auf. Im fortgeschrittenen Stadium heult beim Beschleunigungsversuch dann nur noch der Motor auf, ohne daß sich das Auto auch nur ein Stückchen vor- oder rückwärts bewegt.

Wie die Kupplung lange am Leben bleibt

Für den Kupplungstest mit „Hausmitteln" gibt es eine einfache Methode, die allerdings gleichzeitig verschleißfördernd ist und daher nur selten durchgeführt werden sollte: Man zieht dazu die Handbremse fest an, startet den Motor, legt den höchsten Gang ein und kuppelt bei viel Gas zwar nicht ruckartig, aber doch zügig ein. Der Motor muß nach dem Loslassen des Kupplungspedals unverzüglich abgewürgt werden. Tut er das nicht oder nur verzögert, ist bald eine Ersatzkupplung fällig.

Richtiger Umgang mit der Kupplung

Hier gibt es ein paar Regeln, die man im Interesse eines langen Kupplungslebens befolgen sollte. Mitunter muß man sich allerdings bestimmte Verhaltensweisen angewöhnen:

• Beim Anfahren wird nur so viel Gas gegeben wie nötig ist, um ruckfrei loszukommen. Den Motor hochjubeln und die Kupplung lange schleifen lassen ist fahrtechnisch unsauber und führt zu frühzeitigem Verschleiß der Kupplung.

Kupplung ist nicht gleich Kupplung. Wie für jedes andere Teil auch, gibt es für jeden Motortyp die passenden Beläge und Druckplatten (oben). Einer der am häufigsten begangenen Fehler beim Anfahren ist eine zu hohe Drehzahl. Muß die Kupplung lange schleifen, verschleißt sie schneller

• Eine oft beobachtete Unart ist es, den Wagen an einer Steigung, beispielsweise vor einer roten Ampel, mit schleifender Kupplung in Position zu halten. Dazu sind die Bremsen des Autos da. Jedes Schleifenlassen der Kupplung führt zu einem gewissen Belagverschleiß.

• Das Kupplungspedal sollte nicht als „Ruhebänkchen" für den linken Fuß benutzt werden. Auf diese Weise wird nur das Kupplungsausrücklager belastet und die Kupplung schleift möglicherweise.

• Die Kupplung sollte nur unmittelbar vor dem (und zum) Anfahren oder zum Schalten getreten werden. Lange Zeit mit eingelegtem Gang und getretener Kupplung an einer Ampel zu stehen, ruiniert Ausrücklager und Kurbelwellenlager.

Kupplung als „Sollbruchstelle"

Eine weitere, wenn auch nicht sofort erkennbare Aufgabe der Kupplung ist es, Motor und Getriebe im Notfall voneinander zu trennen. Würde der Motor während der Fahrt blockieren, würden die Räder der Antriebsachse durch den eingelegten Gang schlagartig bremsen. Um eine ungewollte Vollbremsung sicher zu verhindern, rutscht die Kupplung in diesem Fall durch.

• „Kavalierstarts" sollten vermieden werden – die bringen einen im Stadtverkehr sowieso meist nur früher an die nächste rote Ampel. Auch kosten sie Kraftstoff und belasten dazu Kupplung, Motor, Getriebe, Reifen, Antriebsgelenke und nicht zuletzt das Nervenkostüm unverhältnismäßig stark. Allgemeingültiger Tip: nicht trödeln, aber vorausschauend und umsichtig fahren – so lernt man am besten, auf „grünen Wellen" zu reiten.

Wartung und Einstellung der Kupplung

Die Übertragung der Fußarbeit am Kupplungspedal auf die Kupplung erfolgt entweder über einen in der Länge einstellbaren Seilzug oder – ähnlich der Fußbremse – hydraulisch mit Geberzylinder, Leitung und Nehmerzylinder. Als Hydraulikflüssigkeit dient ebenfalls Bremsflüssigkeit. Mitunter „naschen" beide Systeme am sel-

Die Kupplungsbetätigung erfolgt oft über einen Seilzug. Wäre das Verlegen des Zuges zwischen Pedal und Kupplung zu umständlich, kommt manchmal auch eine hydraulische Betätigung zum Zug

ben Flüssigkeitsausgleichsbehälter. Treten Undichtigkeiten im System auf, wird die Bremsflüssigkeit bei jedem Niedertreten des Kupplungspedals aus dem normalerweise geschlossenen System gedrückt, es läßt sich nicht mehr schalten. Die Kupplung selbst ist wartungsfrei. Allerdings ist es ratsam, bei den Fahrzeugen, die keine selbstnachstellende Kupplung haben, auf korrektes Kupplungspedalspiel zu achten und dieses gegebenenfalls einstellen zu lassen.

Mehrere Seelen bilden das Kupplungsseil

Zu geringes Pedalspiel ist gegeben, wenn die Kupplung ihren Schleifpunkt erst erreicht, nachdem das Kupplungspedal fast ganz gelöst ist. Das völlig losgelassene Kupplungspedal muß ohne starken Federdruck mit den Fingern leicht zu bewegen sein. Je weiter der Kupplungsverschleiß fortschreitet, desto geringer wird das Pedalspiel.

Zuviel Kupplungspedalspiel erkennt man daran, daß das Kupplungspedal beim Treten über einen weiten Weg völlig weich ist und der Druck erst ganz zum Schluß ansteigt. Mitunter lassen sich die Gänge trotz voll getretenem Pedal nur mühsam oder nur mit Knirschen einlegen. Sollte das Fahrzeug eine seilzugbetätigte Kupplung haben, so müssen die Ursachen für diese Schaltschwierigkeiten nicht unbedingt in einer defekten Kupplung zu suchen sein: Es besteht auch die Möglichkeit, daß einzelne Seelen (so heißen die einzelnen Drähte des Seiles) gerissen sind und das Seil sich gelängt hat. Weist eine Kontrolle auf diesen Fehler hin, ist es besser, einen Werkstattermin auszumachen und das Seil möglichst bald austauschen zu lassen.

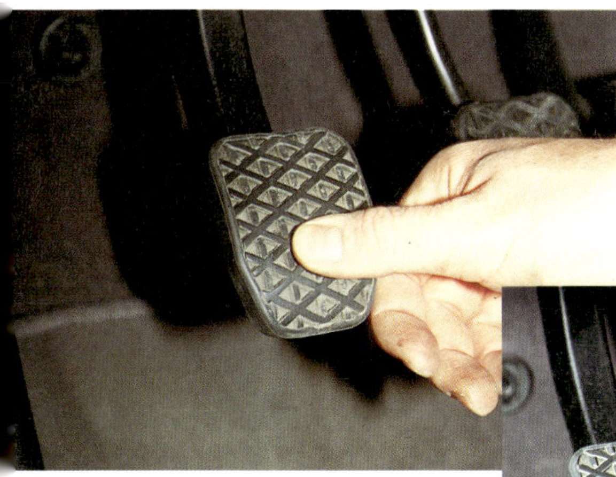

Um festzustellen, ob die Kupplung ausreichendes Spiel hat, muß das Kupplungspedal von Hand niedergedrückt werden. Nach etwa 20 Millimetern Pedalweg sollte der Druck ansteigen – die Kupplung beginnt jetzt, den Kraftschluß zwischen Motor und Getriebe zu trennen

Getriebe

Ein Verbrennungsmotor, sei es nun ein Diesel oder Benziner, kann aufgrund seiner Konstruktionsweise nur in eine Richtung drehen. Auch liefert der Motor seine optimale Leistung nur in einem bestimmten Drehzahlbereich. Um diesen bestmöglich ausnutzen zu können, hat jedes Auto ein Getriebe mit mehreren Gängen.

Getriebe übernimmt Übersetzungsarbeiten

Das Getriebe ist das Verbindungsglied zwischen dem Motor und den Rädern. Mit ihm kann man durch entsprechende Übersetzung – also durch die Wahl des richtigen Gangs – jederzeit die jeweils erforderliche Antriebskraft auf die Räder bringen. So wird immer die beste Ausnutzung der Motorkraft erreicht. Außerdem ist das Getriebe zum Rückwärtsfahren erforderlich.

Im Automobilbau kommen zwei unterschiedliche Getriebearten zum Einsatz: Das manuelle, also von Hand geschaltete Getriebe und das Automatikgetriebe.

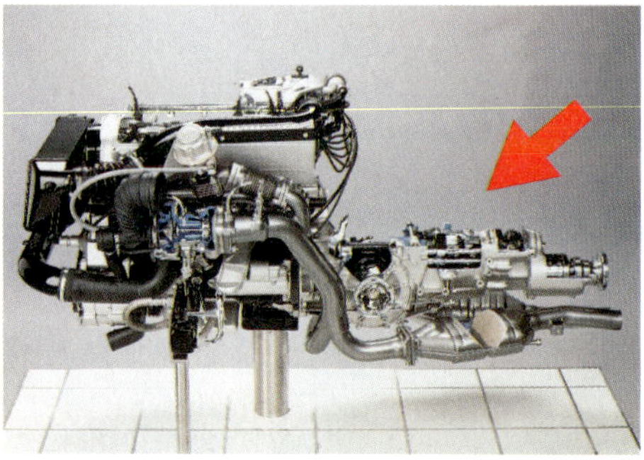

Das Getriebe sitzt in der Regel direkt hinter, bei quer eingebauten Motoren neben dem Motor (siehe Pfeil). Bei frontangetriebenen Autos und bei Allradfahrzeugen verteilt es die Kraft auch an die Antriebsräder

Schaltgetriebe

Das handgeschaltete Getriebe hat heutzutage in der Regel vier oder fünf Vorwärtsgänge, bei einigen exotischen Autos inzwischen auch deren sechs. Mit dem Gangwechsel am Schalthebel verändert sich das Verhältnis der Motordrehzahl zur Raddrehzahl (Übersetzungsverhältnis).

Reparaturen an den Innereien eines Getriebes, das aus einer Vielzahl von Zahnrädern, Lagern und Wellen besteht, übersteigen die Möglichkeiten eines durchschnittlichen „Garagenschraubers". Deshalb ver-

Augen auf beim Autokauf

Beim Kauf eines Gebrauchtwagens sollte man die Kupplung genau überprüfen. Dazu läßt man den Motor mit Leerlaufdrehzahl laufen und bewegt den Schaltknüppel in Richtung erster Gang. Nun wird die Kupplung langsam getreten, der Gang muß sich etwa bei halber Pedalstellung leicht einlegen lassen. Ist dies schon nach kleinem Pedalweg möglich, ist die Kupplung bald verschlissen.

zichten wir hier auf eine genauere Beschreibung des Getriebes.

Bei vielen modernen Autos ist der höchste Gang als Spargang ausgelegt; dieser ist auch unter dem Begriff „Economygang" bekannt. Diese Bauweise bewirkt eine überproportionale Senkung der Motordrehzahl und führt deshalb bei mittleren bis höheren Geschwindigkeiten zu deutlicher Kraftstoffeinsparung und Lärmverminderung. Die Höchstgeschwindigkeit wird dann allerdings in der Regel nur in dem darunterliegenden (direkt übersetzten) Gang erreicht.

Wartungsarbeiten am Schaltgetriebe

Hier können Hobbybastler nicht viel selbst machen. Lediglich eine Kontrolle auf Undichtigkeiten (äußerlich sichtbare Öltropfen) und eventuell noch das Messen und Nachfüllen des Getriebeöls sind möglich und sinnvoll. Man sollte deshalb öfter mal unter den Wagen schauen, ob sich dort vielleicht ein verdächtiger Ölfleck gebildet hat.

Zur Ölstandskontrolle im Schaltgetriebe muß das Fahrzeug meist angehoben werden. Hier ist darauf zu achten, daß der Wagen waagerecht angehoben wird, weil sonst die Messung nicht mehr stimmt. Die Kontrollöffnung, zugleich Einfüllschraube, liegt meist schwer zugänglich an der Getriebeseite. Zum Öffnen der Verschlußschraube ist oft ein Spezialschlüssel erforderlich. Wer diese

Richtiges Anheben ist wichtig für die Kontrolle

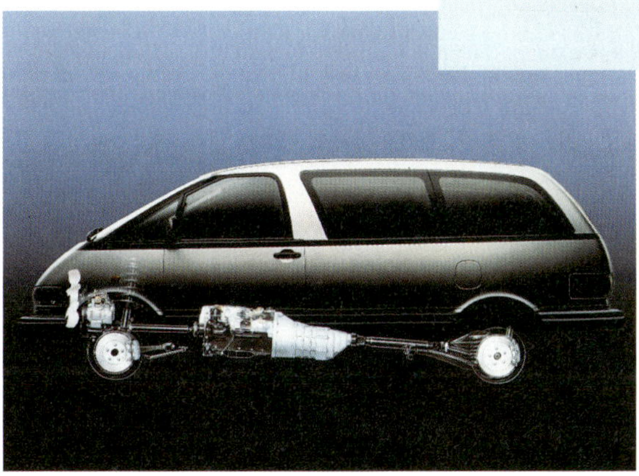

Im Getriebe laufen Zahnräder, die je nach eingelegter Gangstufe in verschiedenen Paarungen ineinandergreifen (oben). Um sie zu schmieren und zu kühlen, ist ein Schmierstoff notwendig. Bei einigen Fahrzeugen sitzt die Motor/Getriebe-Einheit weder vorne oder hinten, sie findet in der Fahrzeugmitte Platz (links). Durch diese Anordnung bleibt mehr Raum für die Passagiere

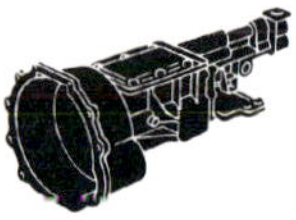

wichtige, aber häufig vernachlässigte Arbeit selbst durchführt, muß nun die Schraube komplett herausdrehen. Den Ölstand prüft man am besten durch Einführen des kleinen Fingers in die Öffnung. Ist der Ölspiegel erreichbar und fühlbar, ist der Ölstand in Ordnung. Andernfalls muß mit einer geeigneten Vorrichtung – Pumpe mit Schlauch oder ähnliches – so viel Öl nachgefüllt werden, bis es aus der Kontrollöffnung herausläuft (Lappen zum Auffangen bereithalten). Nun die Verschlußschraube wieder hineindrehen.

Automatikgetriebe

Das Automatikgetriebe ist eine sehr komfortable Einrichtung. Es nimmt dem Fahrer Kuppeln und Schalten ab, so daß dieser sich besser auf das Verkehrsgeschehen konzentrieren kann.

Das Getriebe schaltet automatisch die richtige Übersetzung ein – somit steht an den Antriebsrädern immer die jeweils erforderliche Kraft zur Verfügung. Eine komplizierte Technik übernimmt hier die Funktion des Schaltknüppels. Die drei oder vier Getriebestufen werden durch Öldruck hydraulisch geschaltet. Beim Fahren im Winter hat diese Getriebeart allerdings den Nachteil, daß sie dem Fahrer das Gefühl für den Untergrund nicht so direkt vermittelt, wie das bei einem Pkw mit normaler Schaltung der Fall ist.

Ein Wählhebel für Ausnahmesituationen

Der Wählhebel, den es trotz alledem gibt, läßt dem Fahrer in Ausnahmesituationen, beispielsweise bei Anhängerbetrieb oder bei Gebirgsfahrten die Möglichkeit,

Bei Automatikgetrieben werden die Gangstufen in der Stellung „D" automatisch geschalten. Nicht nur die Geschwindigkeit, sondern auch die Gaspedalstellung (oder besser die Motorlast) beeinflußt die Wahl des Getriebes (oben).
Die meisten Automatikgetriebe (wie links) verfügen über einen oft farblich gut gekennzeichneten Peilstab, mit dessen Hilfe der Ölstand kontrolliert werden kann. Ölmangel macht sich auch durch hartes Schalten bemerkbar

die Funktionen des Getriebes zu beschränken. Es schaltet dann nicht mehr alle Gänge durch, sondern bleibt in der vorgewählten Fahrstufe.

Wartungsarbeiten am Automatikgetriebe

Genau wie beim Schaltgetriebe beschränkt sich das Selbermachen beim Automatikgetriebe auf die Kontrolle des Ölstands. Daß dieser zu niedrig sein könnte, kündigt sich häufig schon früh an. Das Getriebe schaltet dann nicht mehr exakt durch die einzelnen Gangstufen – das wird man sofort bemerken.

Automatikanlage verlangt spezielles Öl

Bei der Kontrolle des Ölstands muß allerdings anders als beim Schaltgetriebe verfahren werden: Zum Messen muß das Getriebe betriebswarm sein. Man sollte vorher einige Kilometer fahren. Ferner muß der Motor laufen (Handbremse anziehen!). Je nach Fahrzeugtyp muß nun der Wählhebel in Stellung „P" (Parken) oder „N" (neutral) gebracht werden (siehe Betriebsanleitung). Erst dann kann unter der Motorhaube der Peilstab für die Getriebeflüssigkeit (sogenanntes ATF-Öl) herausgezogen und der Ölstand gemessen werden. Das ist allerdings mitunter etwas schwierig, da das ATF-Öl fast wasserklar ist. Am besten den Peilstab vor der Kontrolle gründlich trockenreiben. Weil Automatikgetriebe extrem störrisch reagieren, wenn Schmutz in das Öl gelangt, muß hier besonders auf Sauberkeit geachtet wer-

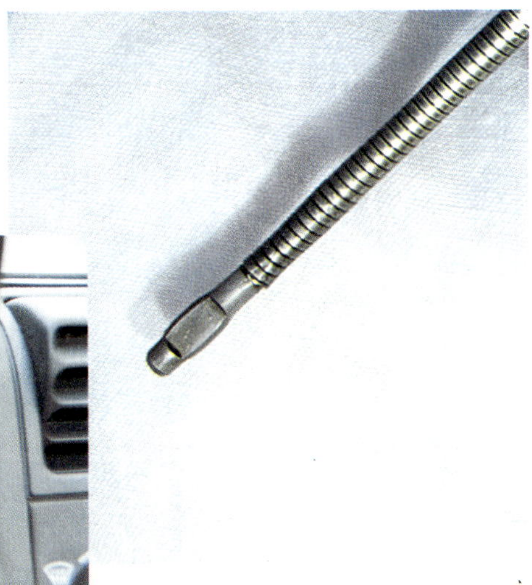

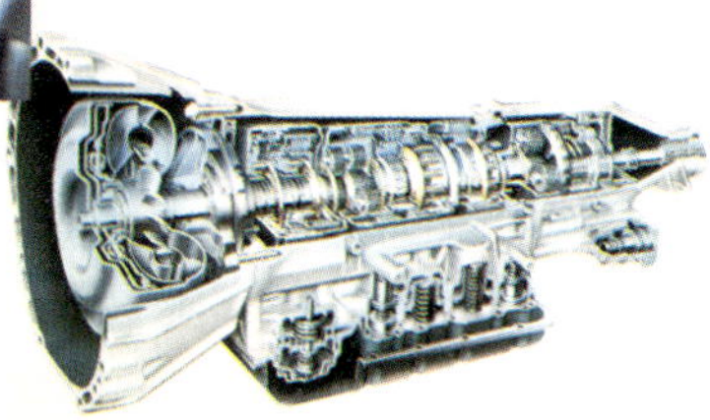

Bei der Ölkontrolle muß das Getriebe warm sein. Die Markierungen am Peilstab zeigen den „Sollbereich" an. Für die Reinigung des Stabes bitte nur ein sauberes, fusselfreies Tuch verwenden (rechts oben), Getriebeautomaten reagieren nämlich sehr empfindlich, wenn Schmutz in ihre „innere" Nähe kommt

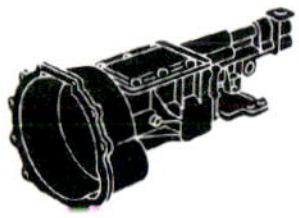

den. Auch der Lappen sollte sauber und vor allem fusselfrei sein.

Natürlich muß man Undichtigkeiten ernst nehmen, denn verheerende Schäden können schnell die Folge sein. Viele Automatikfahrzeuge sind mit einem Getriebeölkühler ausgestattet, dessen Zu- und Ableitungen manchmal undicht werden.

Antrieb

Bei diesem Thema scheiden sich seit jeher die Geister. Jeder Autofahrer hat seine Vorlieben für das eine oder andere System. Dagegen ist auch nichts einzuwenden, denn schließlich haben alle Antriebsarten ihre Vorzüge und Nachteile. Unterschieden wird zwischen Front-, Heck- und Allradantrieb.

Frontantrieb verzeiht leichte Fahrfehler

Frontantrieb

Dieses Antriebsprinzip kommt inzwischen sehr häufig zur Anwendung. Meilensteine des Automobilbaus waren vor dem zweiten Weltkrieg der Audi Front sowie die legendäre „Gangsterlimousine" Citroën „traction avant", nach dem Krieg kam dann der Austin Mini auf den Markt.

Vorzüge des Frontantriebs:

• Sicheres Fahrverhalten auf nasser und glatter Straße. Der Wagen wird gezogen und nicht geschoben und verzeiht somit leichte Fahrfehler.

Im modernen Fahrzeugbau hat sich der Frontantrieb durchgesetzt. Egal, ob Kompakt-, Mittel- oder Oberklasse, immer häufiger ziehen die Räder das Auto. Kompakte Bauweise und kostengünstigere Produktion sind die Hauptargumente dafür. Beim Blick unter das Blech wird deutlich, daß sich die Technik meist vorne abspielt.
Gute Traktion macht das Fahren mit dem Frontriebler sicherer. Ein ausbrechendes Heck müßte vom Fahrer schon provoziert werden (oben)

• Kein Kardantunnel erforderlich, daher ebener Wagenboden möglich. Das bringt mehr Fußraum, besonders für die Fondpassagiere.

Nachteile des Frontantriebs:

• Beim Beschleunigen wird die Antriebsachse entlastet. Die Kraft kann dadurch besonders bei leistungsstarken Fahrzeugen schlechter auf die Straße gebracht werden.

• Konstruktionsbedingt sind manchmal Antriebseinflüsse in der Lenkung spürbar.

Heckantrieb

Dieser wird heute noch von Sportwagenfirmen und in einigen traditionellen Oberklasse-Fahrzeugen, beispielsweise bei Mercedes oder BMW verwendet.

Vorzüge der Antriebsarten selbst „erfahren“

Vorzüge des Heckantriebs:

• Die Antriebskräfte können beim Beschleunigen besser auf die Straße gebracht werden, da die Antriebsachse belastet wird. Das wirkt sich besonders positiv bei Heckmotoranordnung aus, wie beispielsweise im VW-Käfer oder aber auch im klassischen Sportwagen Porsche 911 zu „erfahren" ist.

Nachteile des Heckantriebs:

• Besonders bei nasser oder glatter Fahrbahn kann das Heck des Fahrzeugs ausbrechen. Für ungeübte Fahrer eine brenzlige Situation.

• Autos mit Heckantrieb und Frontmotor haben im Winter häufig Probleme beim Anfahren wegen des zu geringen Gewichts auf der Antriebsachse. Abhilfe bietet ein im Kofferraum mitgeführter Sandsack. Gute Winterreifen aber bringen jedes Auto auch auf Trab.

Bei den großen Limousinen und Sportwagen vertrauen die Hersteller auf den Hinterradantrieb, da beim Beschleunigen die Hinterräder belastet werden und so die Leistung besser auf die Straße bringen. Beim Fahren auf glatter Straße aber verlangt der Hinterradantrieb einen wachen Fahrer (unten)

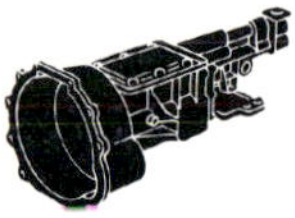

Allradantrieb

Von der ursprünglichen Idee her den Geländewagen vorbehalten, hat sich der Allradantrieb längst eine Nische bei den Serien-Pkw geschaffen. Seit Audi mit diesem Kniff mehrere Rennsporterfolge erzielte, ist der Allradantrieb inzwischen bei fast jeder Marke und jedem Modell zu finden. Dabei ist er für den Normalfahrer im Flachland kaum mehr als ein teurer Technikgag und ein Prestigemerkmal, dessen Nutzen man an wenigen Wintertagen oder als Hobbyjäger auskosten kann. Je nach Modell gibt es manuell zuschaltbare, permanent wirkende oder automatische Allradantriebe.

Wenn es rauh wird: Allradantrieb

Vorteile des Allradantriebs:

- Unübertroffenes Fortkommen bei Schnee und Eis sowie abseits der Straße im rauhen Gelände. In Verbindung mit Differentialsperren kommen die Vorzüge dieser Antriebsart besonders zur Geltung.

Nachteile des Allradantriebs:

- Mehr bewegte Teile beim Allradantrieb bringen mehr innere Rei-

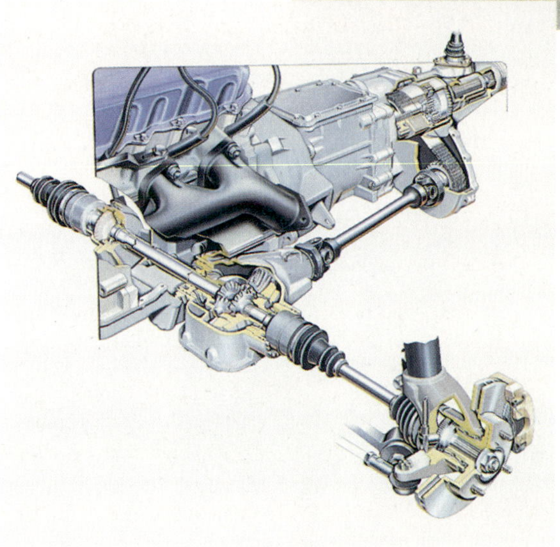

Der Pkw-Allradantrieb ist ein „Abfallprodukt" aus dem Rallyesport. Zu Beginn der achtziger Jahre revolutionierte er diese Sportart. Mittlerweile ist bei Rennen ohne Allrad kein Blumentopf mehr zu gewinnen. Die Hersteller folgen diesem Ruf und halten für nahezu jeden Fahrzeugtyp eine Allradversion parat. Der Nutzen für den Normalverbraucher ist allerdings in der Regel begrenzt. Zusätzliche Bauteile wie Verteilergetriebe (links) machen die Fahrzeuge schwerer, teurer – und „durstiger"

bungswiderstände und mehr Gewicht. Gleichmotorisierte Fahrzeuge erreichen deshalb in der Allradversion häufig nicht nur schlechtere Beschleunigungswerte und Höchstgeschwindigkeiten – sie verbrauchen dabei auch mehr Kraftstoff.

Mehr Antriebsräder heißt auch: Mehr Geld

• Die Antriebsvorteile auf glatter Fahrbahn können zudem eine trügerische Sicherheit über die Untergrundbeschaffenheit mit sich bringen. So kann es beispielsweise passieren, daß Eisglätte unterschätzt wird. Das Problem hierbei: Auch mit Allradantrieb lassen sich die Gesetze der Fahrphysik weder ausschalten noch die Bremswege verkürzen.

Achtung Allradfahrer

Wer glaubt, daß er sich mit dem Kauf eines „Allradlers" über den Winter retten kann, ohne Winterreifen zu montieren, der irrt leider. Tests haben bewiesen, daß die Winterbereifung auch (oder gerade) bei vierradangetriebenen Pkw besonders wichtig ist. Beim (An-)Fahren merkt der Fahrer nicht so schnell, wie glatt es ist, beim Bremsen aber um so deutlicher: Hohes Fahrzeuggewicht durch den Antrieb und höhere Geschwindigkeit sorgen beim Bremsen für die Überraschung.

• Die aufwendige Technik, die bei den Allradfahrzeugen zum Einsatz kommt, hat natürlich ihren Preis. Allradgetriebene Autos sind somit erheblich teurer als die normal angetriebenen Basismodelle.

• Der Reifenverschleiß ist höher, als bei konventionellem Antrieb.

Bei Geländefahrzeugen wird der Allradantrieb in der Regel mit einem zweiten Schalthebel zugeschaltet. So kann auf normaler Straße mit Zweiradantrieb gefahren werden. Verschleiß und Fahrverhalten werden dadurch verbessert (oben). Sogar Kleinwagen können heute als „Allradler" geordert werden. So gibt es auch beim winterlichen „Shopping" kein Halten mehr

Die richtige Einstellung ist wichtig

Fahrwerk

Um eine Karosserie sicher über alle Untergründe bewegen zu können, reichen die zwei aus der Kutschenzeit bekannten Starrachsen schon lange nicht mehr aus. Bei den gegenwärtigen Fahrleistungen mußten sich die Konstrukteure etwas besseres einfallen lassen. Gefordert war vor allem, Fahrkomfort und Straßenlage in einen vertretbaren Einklang zu bringen.

Ein weiches Fahrwerk ist natürlich komfortabler als ein hartes, weil es alle Wellen und Stöße wegschluckt. Bei einer schnellen Lenkbewegung ist es allerdings schnell überfordert. Ein straffes Sportfahrwerk strapaziert die Insassen und deren Rükken viel eher. Doch bietet es ganz einfach bedeutend höhere Sicherheitsreserven, beispielsweise beim Ausweichen eines Hindernisses. Tiefstes Fahrwerksteil sind die Achsen. Die Vorderachse eines heckangetriebenen Fahrzeugs unterscheidet sich dabei deutlich von der eines frontangetriebenen. Gibt es bei heckangetriebenen Fahrzeugen teilweise noch einen durchgehenden Achskörper, so sind die Achsteile bei Frontantriebswagen rechts und links konstruktiv komplett voneinander getrennt. Die zwei beziehungsweise drei Funktionen, die die Vorderachse übernehmen muß, sind

Der Fahrer denkt – das Vorderrad lenkt

- die Lenkung,
- die Radaufhängung, beim Fronttriebler zusätzlich
- der Antrieb.

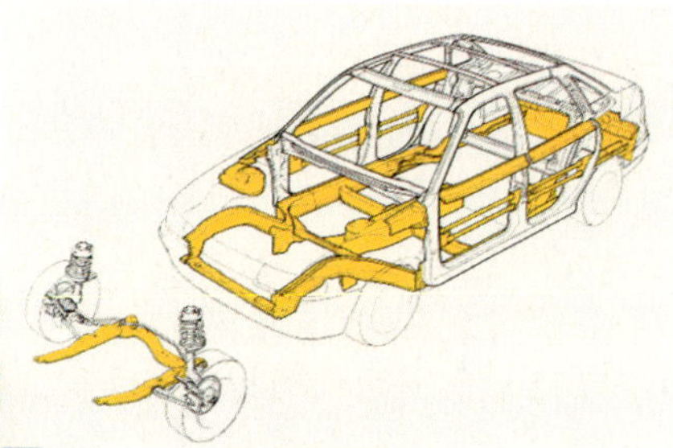

Eine Vorderachse (links) muß eine Reihe verschiedener Aufgaben erfüllen. Sie muß präzise lenken und einen Großteil der Bremskräfte aufnehmen, bei frontangetriebenen Fahrzeugen auch die Antriebskräfte. Um die Achse sicher halten zu können, muß die Karosserie möglichst verwindungssteif sein. Oft wird die Aufhängung durch einen Achskörper verstärkt

Stimmt hier etwas nicht, kann es schnell gefährlich werden.

Zwei Sachen lassen sich vom Fachmann an der Vorderachse einstellen: die Spur und der Sturz. Die Reibung zwischen Rad und Straße hat den Effekt, daß die Räder während der Fahrt nach außen schwenken wollen. Parallel gestellte Räder würden somit beim Fahren auseinanderstreben. Um dies zu verhindern, gibt man den Rädern eine sogenannte Vorspur. Der Abstand zwischen den Vorderrädern ist vorn gemessen bis zu mehreren Millimetern geringer als hinten an den Vorderrädern gemessen. So wird der erwähnte Effekt ausgeglichen.

Achsgeometrie muß stimmen

Der Sturz bezeichnet die Neigung der Räder zur Fahrbahn. Es gibt positiven und negativen Sturz. Bei negativem Sturz sind die Räder oben nach innen geneigt, bei positivem Sturz sinngemäß andersherum. Die richtige Einstellung des Sturzes nach Herstellerangaben ist wichtig für die Seitenführung des Rades – und damit für die Kurvenlage des Fahrzeugs. Bei stark beladenen Fahrzeugen kann man manchmal an der Hinterachse erkennen, daß die Räder richtiggehend schiefstehen. Dies liegt daran, daß der Sturz bei vielen Konstruktionen beim Einfedern zunimmt. Der Sturz wird dann sichtbar.

Zusammen mit dem Nachlauf, der das Rückstellen der Vorderräder nach Kurvenfahrt bewirkt, bilden Sturz und Spur die Achsgeometrie des Pkws. Anzeichen dafür, daß mit dieser Achsgeometrie etwas nicht stimmt, sind zum Beispiel

- schlechter Geradeauslauf;
- ein einseitig abgefahrener Reifen;
- Schiefziehen beim Beschleunigen.

Nur wenn alle Einstellungen mit den Sollwerten übereinstimmen, ist das Fahrverhalten des Fahrzeugs so, wie sich der Fahrer das wünscht. Nun bewegt sich der Reifenverschleiß im normalen Rahmen. Einseitig abgefahrene Reifen hingegen sind immer ein deutliches Warnsignal

Schon ein etwas unsanfter Bordsteinkontakt kann die empfindliche Einstellung der Vorderachse durcheinanderbringen.

Nur der Fachmann darf an die Lenkung

Zeigt sich am Wagen eines der gerade beschriebenen Symptome, sollte das Fahrzeug zur Achsvermessung gegeben werden. Entweder übernimmt dies ein Vertragshändler der jeweiligen Marke, oder man gibt den Wagen zu einem Reifenhändler. Die größeren unter ihnen bieten diesen Service ebenso an.

Wo sich viel bewegt, verschleißt natürlich auch viel. Besonders die Fronttriebler sind durch die vielen Gelenke an der Vorderachse störanfällig. Man sollte gelegentlich einmal einen Blick auf die Gummimanschetten der Antriebsgelenke und die Kugelköpfe der Radaufhängung werfen. Tritt dort klar erkennbar Fett aus, muß schnellstens die Manschette gewechselt werden. Eventuell ist sogar der Ersatz des betreffenden Teils fällig.

Lenkung

Die Lenkung als Teil der Vorderachse ist heutzutage wartungsfrei. Lediglich bei Fahrzeugen mit Servolenkung ist auf korrekten Ölstand im Vorratsbehälter und auf eventuelle Undichtigkeiten zu achten.
Eine Prüfung der Lenkung ist folgendermaßen möglich: Das Fahrzeug vorne aufbocken und die Lenkung vom Anschlag rechts zum Anschlag links und wieder zurück drehen. Dabei dürfen kein Klemmen und kein ungleichmäßiger Ablauf auftreten. Ist dies doch der Fall, liegt der Fehler entweder im Lenkgetriebe oder bei den Gelenken der Spurstangen. Ein Nachstellen des Lenkgetriebes ist bei manchen Modellen zwar möglich, bleibt aber Werkstattsache.

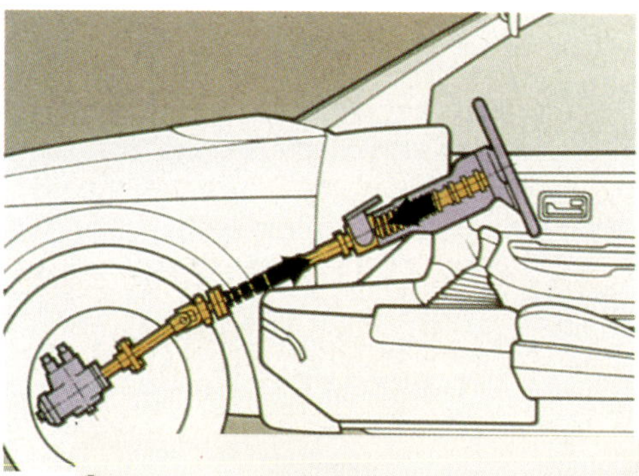

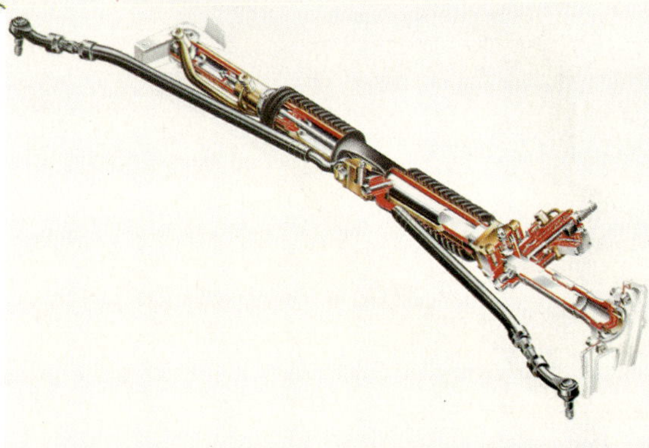

Die Lenksäule (links oben) überträgt die Lenkbewegung bei den meisten Fahrzeugen auf eine Zahnstange. Diese ist über Spurstangen und Gelenke mit den schwenkbaren Achsschenkeln verbunden

Ein weiteres Teil der Lenkung ist der Lenkungsdämpfer. Er hat die Aufgabe, Fahrbahnstöße auf die Lenkung abzufedern. Ist er defekt, flattert die Lenkung. Meist ist dann am Dämpfer Ölaustritt festzustellen.

Die vier Räder fahren unterschiedlich weit

Hinterachse

Bei Fronttrieblern fristet die Hinterachse in der Regel eher ein Schattendasein. Sie ist meist simpel konstruiert und bedarf bis auf Bremsen und Radlager keinerlei Pflege.
Bei heckangetriebenen Fahrzeugen ist die gesamte Konstruktion erheblich aufwendiger, weil nicht nur die Seitenführungs-, sondern auch die Antriebskräfte auftreten. Bis auf gelegentliche Ölstandskontrollen im Differential – die Kontrolle und das Ergänzen des Schmierstoffes sind in der Regel gleich der Getriebeölkontrolle – und die Überprüfung der Antriebsmanschetten gibt es für den Hobbyhandwerker nichts zu tun.

Differential

Unabhängig von der Antriebsart braucht jedes Fahrzeug ein Differential. Dieses ist beim Frontantrieb mit dem Getriebe zu einer Einheit zusammengefaßt, beim Heckantrieb ist es ein Bestandteil der Hinterachse.
Das Differential ermöglicht an der angetriebenen Achse bei Kurvenfahrten unterschiedliche Raddrehzahlen. Beim Durchfahren einer Kurve legt ja bekanntlich das kurveninnere Rad einen kürzeren Weg zurück als das kurvenäußere.

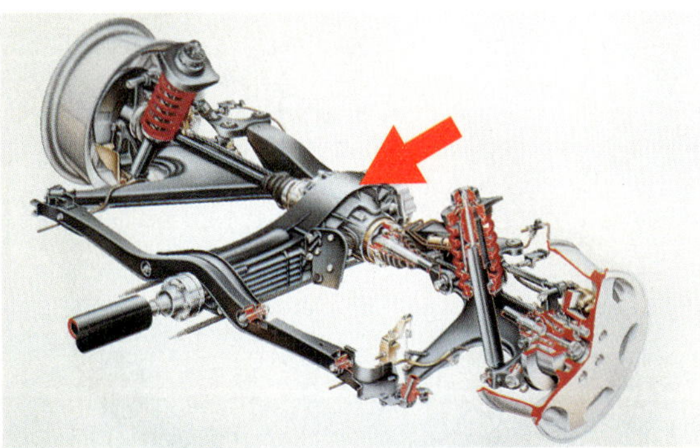

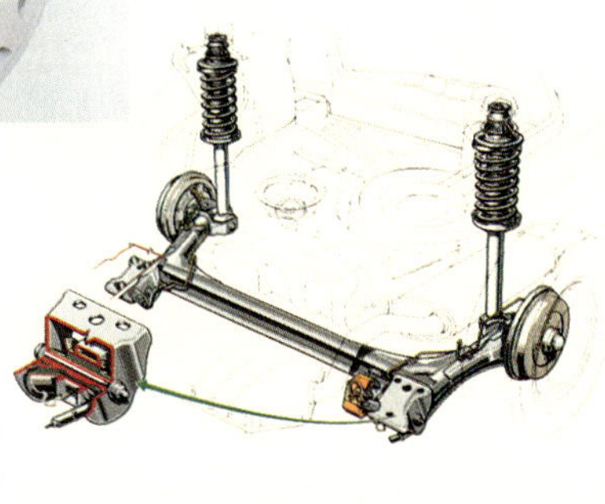

Weil die kurveninneren und -äußeren Reifen einen unterschiedlich langen Weg zurücklegen, benötigen alle angetriebenen Achsen ein Differential (Pfeil oben). So werden Verspannungen im Antrieb vermieden, wenn das Auto um eine enge Kurve fährt. Nicht angetriebene Hinterachsen (rechts) sind im Gegensatz dazu meist sehr einfach aufgebaut, weil sie die Räder nur mitziehen müssen

Radlager

Wie bereits der Name sagt, sind die Radlager dazu da, die vier Räder zu lagern. Daneben übernimmt dieses Bauteil in vielen Fällen Führungskräfte und stützt dabei das Rad ab. Weil so ein Radlager eine ganze Menge leisten muß, darf es auch einmal verschleißen.

Räder dürfen nicht springen

Ist das Radlager defekt, macht es durch Brummgeräusche auf sich aufmerksam. Diese „Sounds" schwellen durch Belastung des defekten Lagers vor allem bei Kurvenfahrten merklich an. Um das Radlager zu prüfen, wird das Auto aufgebockt. Beim Drehen am entlasteten Rad und beim Rütteln in vertikaler Richtung (eine Hand oben, die andere unten am Rad) dürfen keine Geräusche hörbar und kein – oder nur äußerst geringes – Lagerspiel fühlbar sein. Bei einigen Fahrzeugen ist das Radlagerspiel einstellbar, bei anderen ist bei auftretenden Mängeln gleich Ersatz fällig: Auch dies ist grundsätzlich Werkstattsache.

Stoßdämpfer

Die Stoßdämpfer haben die Aufgabe, von der Fahrbahn ausgelöste Schwingungen zu dämpfen. Heute werden fast ausschließlich hydraulische Teleskopstoßdämpfer verwendet. Bei ihnen bewegt sich ein Kolben in einem Zylinder und verdrängt dabei Öl durch kleine Bohrungen oder Ventile.
Dies sorgt dafür, daß die von der Straße kommenden Stöße in Rich-

Radlager (oben) tragen nicht nur das Fahrzeuggewicht, sie sorgen Dank ihrer präzisen Fertigung auch für eine exakte Radführung. Mit einem kurzen Handgriff (links unten) kann das Radlagerspiel schnell überprüft werden

Auch Dämpfer wollen kontrolliert werden

tung Karosserie weich und sanft abgedämpft werden.

Defekte Dämpfer führen zu schlechtem Fahrbahnkontakt und lassen dabei die Räder springen. Solche funktionslosen Stoßdämpfer führen unter anderem zu wellenförmigem Verschleiß am Reifen. Das stellt ein bedeutendes und oft unterschätztes Sicherheitsrisiko dar. Besonders bei Bodenwellen in Kurven verschlechtert sich das Fahrverhalten eines Fahrzeugs erheblich. Wenn ein Stoßdämpferdefekt auftritt, ist meistens ein Ölverlust mit entsprechenden Ölspuren an der Kolbenstange und dem Stoßdämpfer/Federbein erkennbar. Ist das der Fall, hilft nur der Wechsel. Eine Testmethode, die allerdings keine hundertprozentigen Ergebnisse liefert, ist das kräftige Wippen des Fahrzeugs an jeder Ecke. Werden hierbei heftige Ausfälle erkennbar (mehrfaches Nachwippen des Fahrzeugs), so ist der betreffende Stoßdämpfer mit Sicherheit schon seit einiger Zeit hinüber.

Wer es ganz genau wissen will, nimmt an einer der in der Regel kostenlosen Untersuchungen teil, die hin und wieder von den Automobilklubs durchgeführt werden. Aber auch Reifenhäuser haben zumeist einen Stoßdämpferprüfstand, auf dem für ein paar Mark der Zustand dieser oft vernachlässigten Bauteile genau überprüft werden kann. Vor allem vor Antritt einer größeren Urlaubsreise ist dies dringendst zu empfehlen.

Stoßdämpfer sind Verschleißteile. Mit der Zeit verlieren sie an Wirkung, das Fahrverhalten der Fahrzeugs wird schlechter. Ein Test kann nur auf einem speziellen Prüfstand durchgeführt werden. Dort wird die Achse (über die Räder) in Schwingungen versetzt. Je nachdem, wie schnell diese wieder abklingen, sind die Dämpfer entweder in Ordnung oder verschlissen

Bremsanlage

Pflegebedürftiger Lebensretter

Die Bremsanlage gehört zu den besonders sicherheitsrelevanten Bauteilen. Ein Auto in weniger als zehn Sekunden von null auf hundert Stundenkilometer zu beschleunigen, ist für manchen Zeitgenossen eine echte Herausforderung. Dies ist auch weit weniger schwer, als den Wagen schnellstmöglich wieder zum Stehen zu bringen. Zum Bremsen sind weit höhere Energien notwendig als zum Beschleunigen.

Bremsanlagen leisten ein Vielfaches der Motorleistung; nur eben in die entgegengesetzte Richtung. Neben der Lenkung ist die Bremse das mit Sicherheit wichtigste Teil in jedem Fahrzeug. Das bedeutet auf der einen Seite, daß sie sich stets in einwandfreiem Zustand befinden sollte – es muß also jeder Mangel unverzüglich behoben werden.

Um eine optimale Verzögerung zu erreichen und das Ausbrechen des Fahrzeugs zu verhindern, wird heutzutage grundsätzlich an allen Rädern gleichzeitig verzögert. Dabei fällt der Großteil der Bremsleistung auf die Vorderachse

Andererseits heißt das zugleich, daß an der Bremsanlage nur Arbeiten in Selbsthilfe durchgeführt werden dürfen, wenn die Funktionsweise der Anlage von A bis Z verstanden worden ist und die dazu notwendigen Fähigkeiten und Werkzeuge vorhanden sind. Deshalb dürfen Arbeiten an der Bremse nur von geschultem Fachpersonal ausgeführt werden – sie sind also ausschließlich Werkstattsache.

Anzeichen für Defekte an der Bremsanlage, denen man sofort auf den Grund gehen sollte, sind zum Beispiel:

Kontrolle der Bremsen

Die Bremsanlage ist neben der Lenkung das wichtigste Bestandteil der „Sicherheitsausrüstung" eines jeden Fahrzeugs. Deshalb muß der Fahrer (nicht nur im eigenen Interesse) immer auf ihre einwandfreie Funktion achten. Tritt während einer Fahrt eine Änderung im Bremsverhalten auf, darf dies nicht auf die leichte Schulter genommen werden. Sind beim Bremsen ungewohnte Geräusche zu hören (außer leichtem Quietschen), sollte umgehend in einer Werkstatt nach dem Rechten gesehen werden.

- Bremsenquietschen (kann auch harmlos sein);
- „Rubbeln" der Bremse;
- veränderter Pedal- oder Handbremshebelweg;
- nachlassender Pedaldruck während des Bremsvorgangs;
- absinkender Bremsflüssigkeitsstand;
- Schiefziehen der Bremse.

Es ist in jedem Fall von Nutzen, etwas über die gebräuchlichsten Varianten der Bremsanlage zu wissen. Deshalb folgt zunächst die Aufstellung der Bauteile einer Bremsanlage.

Autobremse – ein „Energievernichter"

Wo Bewegung in Wärme umgewandelt wird

Jedes Kraftfahrzeug muß nach der StVZO (Straßenverkehrs-Zulassungsordnung) mit zwei voneinander unabhängigen Bremsen ausgestattet sein. Die im Fahrzeugbau üblichen Bremsen sind Reibungsbremsen, mit denen die Bewegungsenergie durch Reibung in Wärme umgewandelt und auf diese Weise aufgezehrt wird.
Die marktüblichen Pkw verfügen über zwei Bremsen. Die Betriebsbremse (Fußbremse) wird während der Fahrt betätigt, um den Wagen

Grundsätzlich kann Energie nicht vernichtet, sondern nur umgewandelt werden. Die Bewegungsenergie, die in einem fahrenden Pkw „gespeichert" ist, kann nur durch die Reibung an den Bremsen in Wärme umgewandelt werden. Dazu sind immer zwei genau aufeinander abgestimmte Reibpartner notwendig. In diesem Fall sind es die Bremsscheiben oder -trommeln aus Metall und die Bremsbeläge, die in ihrer Mischung auf gute Reibwerte abgestimmt sind

zum Stehen zu bringen. Sie wirkt auf alle vier Räder, um hohe und gleichmäßige Verzögerungsleistungen erbringen zu können. Sie wird immer hydraulisch betätigt.

Hauptbremszylinder – Herz der Bremsanlage

Die Betriebsbremse wird irreführend oft als Öldruckbremse bezeichnet, obwohl die Bremsflüssigkeit kein gewöhnliches Öl ist (die Gummiteile einer Bremse vertragen kein Öl), sondern ein hochgiftiges und lackzerstörendes Gemisch aus Alkohol und Glykol.

Außerdem gibt es die Feststellbremse (zumeist eine Handbremse), die zum Parken benutzt wird. Sie wirkt in der Regel nur auf die Hinterräder und wird meist über Seilzüge betätigt. Zum Abbremsen des Wagens aus der Fahrt sollte sie nur in Notfällen verwendet werden, nämlich dann, wenn die Betriebsbremse plötzlich total versagt.

Bei Notbremsungen mit der Handbremse ist zu beachten, daß diese nicht arretiert (also Entriegelungsknopf gedrückt halten) und das Fahrzeug nicht ausbricht und ins Schleudern gerät, weil ja nur eine Achse gebremst wird.

Zunächst aber zum Normalfall im Straßenverkehr: Wenn das Fußpedal betätigt wird, um das rollende Fahrzeug zu bremsen, passiert folgendes:
Am Pedal ist eine Stange befestigt, die auf den Kolben des sogenannten Hauptbremszylinders drückt. Nun wird – je nachdem, wie kräftig

In jedem Pkw sind zwei voneinander unabhängig wirkende (und auch zu betätigende) Bremsen eingebaut. Die Betriebsbremse wird mit dem Fuß betätigt und dient dazu, den Wagen zu verzögern und sicher zum Stillstand zu bringen (oben)

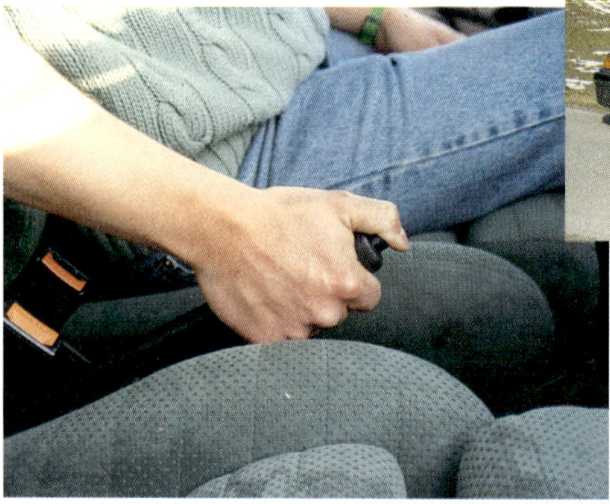

Die andere Bremseinrichtung ist lediglich eine Not- und Feststellbremse (links), die mit der Hand arretiert werden kann. Sie wirkt bis auf wenige Ausnahmen auf die Hinterräder und überträgt die Stellung des Handbremshebels mechanisch auf die Bremsen

Trommel- und Scheibenbremse

man das Pedal tritt – mehr oder weniger Druck auf die Bremsflüssigkeit gegeben. Dieser Druck überträgt sich durch Stahlleitungen und druckstabile Gummischläuche auf die sogenannten Radbremszylinder. Das sind ein oder mehrere Zylinder je Rad, in denen sich jeweils ein Kolben befindet.
Die Radbremszylinder sind entweder auf einer starren Bremsankerplatte (Trommelbremse) befestigt oder im Bremssattel (Scheibenbremse) untergebracht.

Die Kolben der Radbremszylinder werden herausgedrückt und pressen die Bremsbeläge entweder von innen gegen die Bremstrommel, oder sie nehmen die Bremsscheibe „in die Zange" (deshalb werden die Sättel der Scheibenbremse oft auch als Bremszangen bezeichnet). Wenn die fest montierten Bremsbeläge auf die rotierenden Bremstrommeln (beziehungsweise Bremsscheiben) gepreßt werden, wirkt die Bremskraft. Es versteht sich von selbst, daß das gesamte hydraulische System absolut dicht sein muß, um die Übertragung des Bremsdrucks zu gewährleisten. Auch muß stets genügend Bremsflüssigkeit im Vorratsbehälter sein, damit keine Luft in das geschlossene System gelangen kann. Die Luft würde dem Druck nachgeben und sich komprimieren lassen. Dadurch würde die Pedalkraft nicht ausreichend weitertransportiert werden.

Trommelbremse

In Pkw werden zwei unterschiedliche Bremsenarten verbaut: die Trommelbremse und die Scheibenbremse.
Bei der Trommelbremse werden zumeist zwei halbkreisförmige

Da die Hinterachse beim Bremsen entlastetwird, kann diese Bremsanlage nicht so viel Arbeit übernehmen wie die vordere. Bei vielen Pkw reicht deshalb an der Hinterachse eine Anlage aus, die mit Bremstrommeln verzögert.

An der Vorderachse sind Trommelbremsen nicht mehr zu finden. Ihre Dauerbelastbarkeit ist gegenüber der Scheibenbremse geringer, die Instandhaltungskosten sind ungleich höher

Bremsbeläge von innen an eine mit dem Rad verbundene (also sich drehende) Bremstrommel gedrückt. Der Radbremszylinder (bei manchen Bauarten sind es auch zwei) ist fest auf einer starren Bremsankerplatte montiert. Die Bremsbeläge werden nach jedem Bremsvorgang von kräftigen Rückholfedern in die Ruhestellung nach innen zurückgezogen.

Trommelbremsen wurden früher an allen vier Rädern verwendet. Mittlerweile findet man sie nur noch bei weniger stark motorisierten Autos an der Hinterachse, die gegenüber der Vorderachse immer nur eine verminderte Bremsleistung erbringen muß. Der Vorzug der Trommelbremsen liegt darin, daß sie im Normalbetrieb sehr robust sind. Die Bremsbeläge leben in der Regel länger als die Bremsklötze der Scheibenbremse. Die Nachteile der Trommelbremsen:

Vor- und Nachteile der Trommelbremse

- Konstruktiv bedingt schlechte Ableitung der beim Bremsen entstehenden Reibungswärme. Die Trommelbremse überhitzt leicht.

- Bremsbelagwechsel ist schwieriger, da die Trommel abgenommen werden muß. Bei manchen Modellen ist dazu ein Abzieher erforderlich; Federn müssen ausgehakt und später wieder eingefädelt werden.

- Die Bremstrommeln haben ein relativ hohes Gewicht. Man ist jedoch im Automobilbau bestrebt, die radseitig montierten und mitbewegten (ungefederten) Massen so gering wie möglich zu halten.

Wartung an der Trommelbremse

Da die Belagstärke der Trommelbremse zumeist etwas schwieriger zu prüfen ist als bei

Bei abgenommener Bremstrommel wird die Arbeitsweise der Trommelbremse schnell deutlich. Die beiden feststehenden Bremsbacken werden durch die Hydraulik gegen die sich drehende Bremstrommel gedrückt. Dabei entsteht Reibung

Weil die Bremstrommel bei vielen Autos gleichzeitig auch das Radlager führt, ist der Ausbau der Beläge etwas umständlicher als bei der Scheibenbremse

Scheibenbremsen, wird eine Kontrolle gerade bei älteren Kraftfahrzeugen, die nicht mehr regelmäßig zur Inspektion gebracht werden, oft sträflich vernachlässigt. „Was man nicht weiß, macht unter Umständen doch heiß..." Auch wenn man sich dafür unwürdig unter das Auto legen muß, sollte diese wichtige Kontrolle nicht vergessen werden: Meistens sind in der Bremsankerplatte Kontrollöffnungen angebracht. Die Belagstärke läßt sich hier jedoch nur mit der Taschenlampe erahnen, die möglichst auch noch um die Ecke leuchten sollte.

Wenn der Belagträger an der Trommel kratzt

Bei einigen Pkw sind die Schaulöcher auch in der Trommel selbst angebracht. Schlimmstenfalls gibt es aber gar keine, das heißt, zur Prüfung muß die Trommel abgezogen werden. In diesem Fall ist von einer Kontrolle durch unerfahrene Gelegenheitsbastler abzuraten, denn diese Arbeitsgänge sind ausschließlich Werkstattsache.

Die Beläge müssen gewechselt werden, sobald sie eine geringere Stärke als zirka drei Millimeter auf dem Belagträger erreicht haben. Dies differiert etwas, je nach Fahrzeugtyp. Auf keinen Fall dürfen sie bis auf das Metall des Belagträgers heruntergebremst werden. Die Bremseigenschaften verschlechtern sich dann spürbar, und der Belagträger kann sogar brechen. Man ruiniert sich aber in jedem Fall die Bremstrommeln. Dieser Verschleißzustand macht sich oft zusätzlich durch Bremsenquietschen bemerkbar.

Ein Merkmal für den fortgeschrittenen Verschleiß der Bremsbeläge kann auch die Handbremswirkung sein. Läßt sich der

Erst nach dem Abnehmen der Bremstrommeln kann der Verschleiß der Bremsbeläge richtig beurteilt werden. Die Belagstärke sollte mindestens noch drei Millimeter betragen (links). Läßt sich der Handbremshebel sehr weit anziehen, ist dies ein Zeichen für fortgeschrittenen Belagverschleiß (unten)

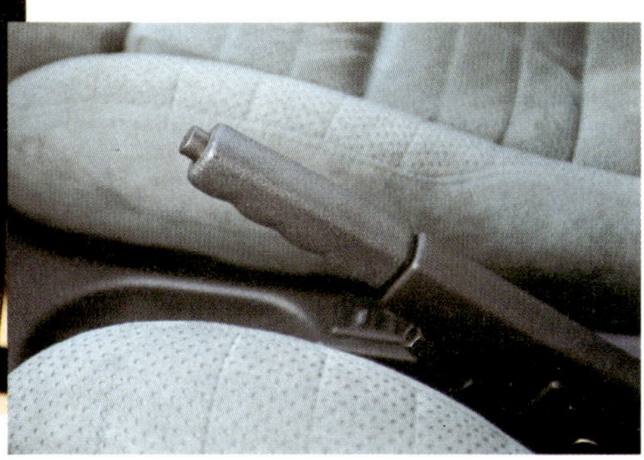

Hebel „bis zum Dachhimmel" hochziehen, ohne daß die gewünschte Bremswirkung eintritt, ist es für eine Belagkontrolle höchste Zeit.

Scheibenbremse

Scheibenbremsen sind heutzutage an nahezu jedem Fahrzeug (zumindest an der Vorderachse) zu finden. Sie sind thermisch höher belastbar, bringen bei geringen Abmessungen und geringem Gewicht sehr gute Verzögerungswerte und sind einfach zu warten (Belagwechsel). Bei stärker motorisierten Pkw gehören sie inzwischen auch an den Hinterachsen zum Standard. Bei der Scheibenbremse gibt es verschiedene Ausführungen. Allen gemeinsam ist ein sogenannter Bremssattel, der mit der Radaufhängung verbunden ist. Er umfaßt die Bremsscheibe, die mit dem Rad verbunden ist und sich deshalb mitdreht. Bei sehr leistungsstarken Pkw sind die Bremsscheiben quasi hohl und an der Stirnfläche mit Öffnungen versehen. Man spricht bei dieser Ausführung von innenbelüfteten Scheibenbremsen. Die Scheiben können zusätzlich auch noch gelocht sein. Durch diese Vorrichtung läßt sich ein erheblich besserer Kühleffekt erzielen.

Innenbelüftete Scheibenbremsen

Zu beiden Seiten der Bremsscheibe sind im Bremssattel die Bremsklötze montiert. Sie werden

Scheibenbremsen brauchen mehr Druck

Weil die Belagflächen der Scheibenbremsklötze kleiner sind als die der Trommelbremsen, benötigen sie einen ungleich höheren Anpreßdruck, um eine gleich gute Bremswirkung zu erzielen. Deshalb ist ein Fahrzeug mit Scheibenbremsen in der Regel immer mit einem Bremskraftverstärker (Servohilfe) ausgestattet.

Egal, ob Scheiben- oder Trommelbremse, sie sitzen beide in der Regel in der Radschüssel. Dort werden sie vom Fahrtwind gekühlt und sind bei Wartungs- und Reparaturarbeiten gut zu erreichen. Im Bild oben ist die lenkbare Vorderachse eines frontangetriebenen Fahrzeugs mit Scheibenbremse zu sehen

von dem (beziehungsweise den) Bremskolben an die Scheibe gepreßt und bremsen so das rollende Fahrzeug.

Bei den Scheibenbremsen unterscheidet man zwei Ausführungen: Festsattel- und Schwimmsattelbremsen. Diese Bezeichnungen haben aber weder etwas mit einer Hofreitschule noch mit Badevergnügen zu tun...
Bei den Festsattelbremsen ist der Bremssattel völlig starr montiert. Der Festsattel hat beidseitig der Bremsscheibe Bremskolben sitzen, die auf die Klötze drücken.

Sicherheit durch automatische Nachstellung

Bei der Schwimmsattelbremse gibt es zwar auch zwei Bremsbeläge, aber nur einen Bremskolben. Der Bremssattel ist verschiebbar auf einem starren Rahmen angebracht. Wenn die Bremse getreten wird, drückt der Kolben auf den einen Bremsklotz und dieser wiederum auf die Bremsscheibe. Nun verschiebt sich der Bremssattel, bis der in seinem Schacht sitzende gegenüberliegende Bremsklotz auch gegen die Scheibe gezogen wird.

Ein systembedingter Vorteil der Scheibenbremse ist ihre automatische Nachstellung. Die Bremskolben werden nach dem Loslassen des Bremspedals von keiner Feder zurückgezogen – sie lösen sich nur um Bruchteile eines Millimeters, bis die Bremsscheibe gerade soeben frei dreht. Dadurch bleibt der Abstand zwischen Klötzen und Scheibe immer gleich klein. Nur wenn die Kolben im Sattel „festgegammelt" sind, können sich die Klötze nicht lösen. Dann steht eine teure Überholung der Bremssättel an.

Sportwagen und große Limousinen besitzen heute meistens an allen vier Rädern Scheibenbremsen. Die vorderen Scheiben sind oft doppelwandig ausgelegt (innenbelüftet). Die Kühlung ist dadurch wirksamer (oben) und die Bremse stärker belastbar. Wenn es im Renn- oder Rallyesport „heiß" hergeht, können die Beläge schon einmal Feuer fangen

Wartung der Scheibenbremse

Für Do-it-yourselfer ist zwar der Wechsel von Belägen der Scheibenbremse zumeist leichter durchzuführen als bei der Trommelbremse, aber auch hier sind einige Kenntnisse erforderlich. Deshalb beschränkt sich das Machbare auch hier auf die Kontrolle der Bremsbeläge und der Bremsscheiben.

Die Bremsbeläge sind bei vielen Autos, die mit Scheibenbremsen bestückt sind, leicht durch Löcher in den Felgen von außen zu erkennen. Mitunter müssen aber auch die Radkappen abgezogen werden. Falls die Bremsenart von außen nicht erkennbar ist, hilft möglicherweise ein Blick von der Radinnenseite her. Schafft auch dies keine Gewißheit, muß das Rad abgenommen werden.

Die Belagstärke darf bei den meisten Fahrzeugen einschließlich Rückenplatte sechs Millimeter nicht unterschreiten. Auch hier gilt: Keinesfalls bis aufs Metall des Bremsklotzes herunterbremsen.

Die Bremsscheiben sollen auf beiden Seitenflächen spiegelblank sein. Sind sie riefig, müssen sie ausgetauscht werden. Gleiches gilt, wenn eine vom Fahrzeugtyp abhängige Mindeststärke erreicht ist, was man am starken Grat am Außenrand der Bremsscheibe sehen oder spüren kann.

Hohe Geschwindigkeiten – hohe Bremskräfte

Bremshilfen

Selbst Kleinwagen erreichen heute mitunter Geschwindigkeiten, bei denen ein voll ausgefahrener Porsche aus den frühen sechziger Jahren die linke Autobahnspur räumen müßte. Die zum Bremsen erforderlichen Pedalkräfte durchschnittlicher „Mitteleuropäer" sind aber nicht im gleichen Maß an-

Macht sich beim Bremsen ein rubbelndes Geräusch bemerkbar, und vibriert das Bremspedal auf gleicher Frequenz, besteht der Verdacht, daß die Bremsscheibe gerissen ist. Dies ist meist auf zu hohe Beanspruchung zurückzuführen (oben). Rechts ist zu sehen, daß sich die Bremsklötze mit der Zeit in die Scheibe eingegraben haben. Scheiben und Beläge müssen in beiden Fällen schnell gewechselt werden

gestiegen wie die Kraft der kleinen „Rennsemmeln". Aus diesem Grunde gehört der sogenannte Bremskraftverstärker (Servobremse) inzwischen auch schon in der Polo-Klasse zur Serienausstattung.

Der Bremskraftverstärker funktioniert mit Unterdruck, der aus dem Ansaugkanal des Motors über einen Schlauch in die große (meist schwarze) Dose hinter dem Hauptbremszylinder geleitet wird. In dieser Dose sitzt eine Membrane, die bei einem Tritt auf das Bremspedal den über ein Ventil gesteuerten Unterdruck in den Hauptbremszylinder weiterleitet. Zu kompliziert? Macht nichts! Reparieren kann man den Bremsservo sowieso nicht. Glücklicherweise bleibt die Bremse auch funktionsfähig, wenn der Bremskraftverstärker einmal ausfällt – wenn auch mit erheblich höherem Pedaldruck.

Eine Funktionsprüfung des Bremskraftverstärkers ist jedoch möglich: Bei stehendem Motor wird das Bremspedal mehrmals getreten. Dadurch baut sich der Unterdruck ab. Das Bremspedal wird nun kräftig getreten gehalten und der Motor gestartet. Dabei muß das Pedal unter dem Fuß spürbar nachgeben. Tut es das nicht, wird der Unterdruckschlauch zwischen Ansaugkrümmer und Bremskraftverstärker auf Beschädigungen untersucht und der feste Sitz an den Anschlußstücken überprüft.

Bremsflüssigkeit – das Medium des Systems

Bremsflüssigkeit

Bremsflüssigkeit ist das Medium der Bremsanlage. Sie überträgt die Kraft der Pedalbewegung über den Hauptbremszylinder durch Leitungen und Schläuche weiter an die Räder. Dort werden die entsprechenden „Organe" aktiviert, die dann das Fahrzeug zum Stehen bringen. Ohne Bremsflüssigkeit nützt alles Treten nichts – es passiert nichts.

Das Bremsen unterstützt in vielen Pkw ein Bremskraftverstärker. Er verstärkt die Pedalkraft durch den Unterdruck, der entsteht, wenn der Motor die Verbrennungsluft in die Zylinder saugt (oben). Bleibt die gewünschte Verstärkung aus, sollte man als erstes den Unterdruckschlauch zwischen Bremskraftverstärker und Ansaugkrümmer überprüfen

Lassen sich Bremsflüssigkeiten mischen?

Fälschlicherweise wird die Bremsflüssigkeit auch als Bremsöl bezeichnet, doch ein Öl ist sie nicht. Vielmehr basieren die gängigen Bremsflüssigkeiten auf Alkohol (Glykol, Glyzerin). Gegenüber einem Öl haben sie den Vorteil, daß sie Gummi und Plastik nicht angreifen und einen höheren Siedepunkt als Öle haben. Dieser Siedepunkt ist bei starker Belastung sehr wichtig, so kann sich die Bremsflüssigkeit zum Beispiel bei längeren Paßfahrten bergab bis weit über 200 Grad Celsius erhitzen.

Heute entsprechen fast alle Bremsflüssigkeiten der Spezifikation DOT 4. Das ist eine internationale Bezeichnung, deren Erklärung aber nicht weiter interessieren soll. Die verschiedenen Sorten sind entweder klar oder honiggelb. Erfreulich ist, daß alle marktüblichen Flüssigkeiten untereinander gemischt werden können, ohne daß Komplikationen auftreten könnten (wie es bei Ölen zu erwarten wäre). Vorsicht ist nur bei einigen französischen Fahrzeugen geboten, bei denen oft mit ein und derselben Flüssigkeit mehrere Funktionen gesteuert werden. Bei diesen Fahrzeugtypen müssen die Empfehlungen in der Bedienungsanleitung genau beachtet werden.

Praxis

Doch nun zum praktischen Teil. Was kann man selbst machen und was sollte man zur Vorbeugung von größeren Schäden beachten?

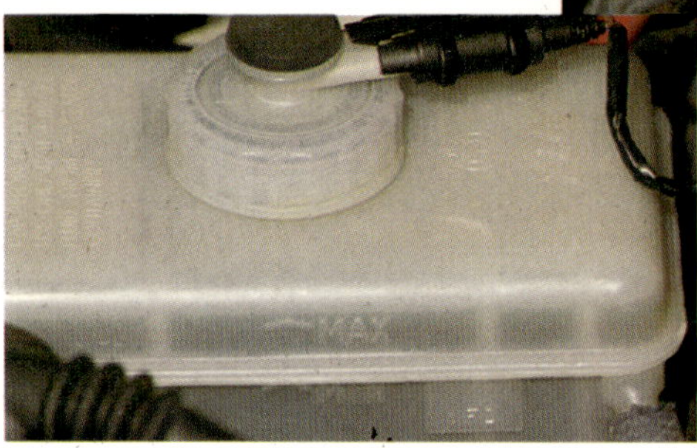

Bremsflüssigkeit (links oben) ist giftig und greift den Lack stark an. Ein weiterer, eher für die Bremswirkung entscheidender Nachteil ist, daß sie aus der Umgebungsluft Feuchtigkeit aufnimmt. Ihr Siedepunkt sinkt deshalb im Lauf der Zeit stark herab. Der Stand zwischen den beiden Markierungen am Vorratsbehälter sollte nie unterschritten werden

Der Behälter für die Bremsflüssigkeit (in der Regel in zwei Kammern unterteilt) ist oft etwas unscheinbar in irgendeine Motorecke gedrängt. Trotzdem ist es sehr wichtig, ihn nie aus den Augen zu verlieren! Bei jedem Routinecheck sollte kontrolliert werden, ob die Flüssigkeit bis zur Maximummarke im Behälter reicht. Ist das nicht der Fall, muß das kein Grund zu großer Sorge sein. Nach dem Auffüllen sollte aber öfter geprüft werden, ob sich der Flüssigkeitsstand verdächtig schnell ändert.

Wenn der Flüssigkeitsstand rapide sinkt

Der wahrscheinlichste Grund für einen gesunkenen Flüssigkeitsstand ist Bremsbelagverschleiß. Wenn die Beläge oder Klötze langsam dünner werden, muß der zuständige Zylinder weiter ausfahren. Dadurch wird mehr Bremsflüssigkeit gebraucht, die aus dem Vorratsbehälter nachläuft. Bei einem merklichen Absinken des Bremsflüssigkeitsstands ist es also sinnvoll, sich erst einmal zu überzeugen, wie stark die Klötze oder Beläge abgenutzt sind, denn sie sind meistens die Ursache. Wer voreilig nachfüllt, der riskiert, daß beim Belagwechsel und dem damit verbundenen Zurückdrücken der Kolben die überschüssige Bremsflüssigkeit aus dem Vorratsbehälter überläuft, sich in den Motorraum ergießt und dort Lackschäden verursachen kann.

Verliert die Bremse verdächtig schnell Flüssigkeit oder ist ein Teil des Vorratsbehälters leer, ist der Grund dafür meist eine undichte Stelle an einer Leitung oder einem Zylinder des Bremssystems. Um unangenehmen Folgen vorzubeugen, sollte man hin und wieder auch einmal unter sein Auto schauen:

Gibt es irgendwo verdächtige dunkle Flecken hinter den Rädern, am Wagenboden oder vielleicht an einem der Bremsschläuche?

Sind Bremsleitungen sichtbar verrostet?

Sind die Bremsschläuche verdreht oder porös?

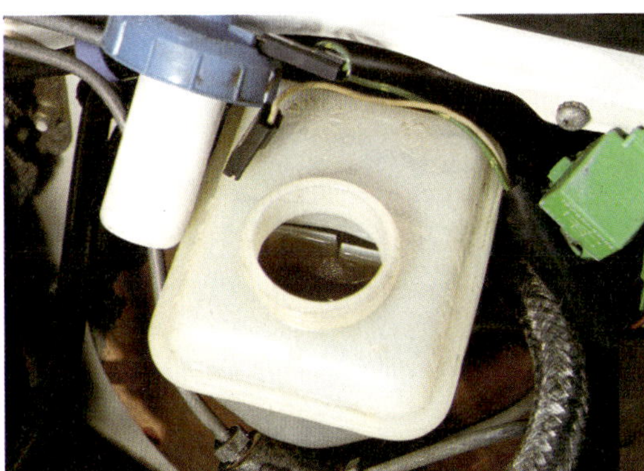

Sinkt der Pegel der Bremsflüssigkeit schnell ab, besteht die Gefahr, daß die Bremsanlage ein Leck hat. Mit Nachfüllen ist es nicht getan; hier muß schnellstens (aber mit langsamster Fahrt) eine Werkstatt aufgesucht werden. Eine Kontrolle der Bremsschläuche ist von Zeit zu Zeit ebenfalls sinnvoll

Undichte Stellen und gefährliche Luft

Bei der Gelegenheit sollte auch darauf geachtet werden, ob vielleicht ein Schlauch oder eine Leitung an einem beweglichen Teil (zum Beispiel am Handbremsseil oder an der Felge) scheuert. Ist dies der Fall, wird die Leitung oder der Schlauch sofort vorsichtig(!) aus der Gefahrenzone gebogen oder gebunden. In all diesen Fällen gibt es kein Zögern: Das marode Teil muß schnellstens ausgetauscht werden. Wer hier spart und glaubt, er könne gefahrlos weiterfahren, ist nicht nur für sich selbst sondern auch für alle anderen eine Gefahr!

Luft im System ist ebenso ein weitverbreiteter Fehler, der oft mit einer kleinen Undichtigkeit einhergeht. Es ist leicht zu erkennen, wenn sich Luft unter die Flüssigkeit gemischt hat: Das Pedal geht beim ersten Treten sehr weit nach unten und läßt sich danach bei jedem folgenden Tritt weiter nach oben pumpen. Hier hilft Entlüften – eine Arbeit, die einer Werkstatt überlassen werden sollte, da ein gewisses Know-how nötig ist und die Bremsflüssigkeit richtig entsorgt werden muß. Bei dieser Gelegenheit muß natürlich festgestellt werden, von wo aus die Luft ins Bremssystem gelangen konnte.

Bremsenprüfung

Eine aussagekräftige Prüfung der Bremsanlage ist ohne Bremsenprüfstand leider nicht möglich. Wohl aber kann man feststellen, ob die Bremse auf eine Seite zieht, so man dies nicht beim Fahren eh schon gemerkt hat. Dazu wird auf einer leeren Nebenstraße mit etwa zwanzig Stundenkilometern gefahren. Das Lenkrad wird nur am unteren Rand leicht geführt. Bremst man nun normal ab, darf der Wagen nicht auf eine Seite ziehen. Vor der Bremsung noch einmal in den Rückspiegel schauen!

Beschädigte Schläuche oder Leitungen müssen umgehend ausgewechselt werden. Ebenso, wenn die Bremsscheibe an der Trägerplatte einen Riß aufweist. Hier ist Gefahr im Verzug, denn die Scheibe kann bei jeder Bremsung brechen. Die möglichen Folgen: keine Bremswirkung; andere Teile werden beschädigt

Sicherheit durch Aufgabenteilung

Der größte Feind der Bremsflüssigkeit ist das Wasser. Rund zwei Prozent ihres Volumens nimmt sie davon im Lauf des Jahres aus der Luftfeuchtigkeit auf. Die Folgen: Der Siedepunkt fällt um rund 60 Grad Celsius, die Bremsleitungen und Zylinder beginnen von innen zu rosten, und – was das Gefährlichste ist – bei starker Erhitzung können Dampfblasen entstehen, wodurch die Bremse versagen kann. Deshalb sollte die Bremsflüssigkeit grundsätzlich jedes Jahr gewechselt werden.

Mehrkreissystem

Unsere automobilen Vorväter begnügten sich noch mit nur einer gebremsten Achse, meist hinten. Dies war einfacher, denn vorne mußte ja gelenkt werden, was einen Betätigungsmechanismus lange Zeit unmöglich machte. Auch als sich schließlich die Vierradbremse durchgesetzt hatte – zuerst mit Seilzügen, später hydraulisch –, war das System durch ein einziges Leck sofort lahmgelegt. Die Einkreisbremse war dann plötzlich und unerwartet wirkungslos. Das ließ Entdecker und Erfinder nicht ruhen, das Zweikreissystem wurde entwickelt. Heute gehört sie in jedem Auto zum normalen Sicherheitsstandard.

Zweikreisbremsen teilen das alte System (ein Hauptbremszylinder für vier Räder) auf. Zwar gibt es immer noch nur einen Hauptbremszylinder, aber dieser hat nun zwei Kammern, die zwei unabhängige Bremskreise versorgen.

Alle Teile, die in einer Bremsanlage eingebaut sind, müssen von „höchster Stelle" typengeprüft sein. So tragen zum Beispiel alle freigegebenen Bremsbeläge eine sogenannte KBA-Nummer, eine vom Kraftfahrtbundesamt vergebene Auszeichnung. Vom Hauptbremszylinder aus (links) werden die beiden Bremskreise mit Bremsdruck versorgt

Tritt nun der Fahrer auf die Bremse, bremst der erste Kreis ein Vorderrad und das diagonal dazu liegende Hinterrad. Der zweite Kreis ist für die verbliebenen zwei Räder zuständig. Der Vorteil dieses Systems liegt auf der Hand: Fällt durch einen Fehler oder durch ein Leck einer der Kreise ganz oder teilweise aus, kann der andere das Fahrzeug zum Stehen bringen, wenn auch mit deutlich geringerer Wirkung.

High-Tech auch im Bremssystem

Jeder der beiden Kreise benötigt natürlich einen eigenen Vorratsbehälter. Deshalb ist es wichtig, beim Bremsflüssigkeitstest immer darauf zu achten, daß beide Kammern des Behälters bis „Max" gefüllt sind.

ABS

Zu Beginn der achtziger Jahre begann der Eroberungsfeldzug des ABS (Anti-Blockier-System). Hier beginnt nun wirklich die High-Tech des Automobilbaus. Und ganz bestimmt endet hier, wenn nicht schon viel früher, das Betätigungsfeld des Heim- und Hobbyschraubers. Aber wer schon einmal wachen Ohres durch eine moderne Werkstatt geschlichen ist, hat entweder tröstlich oder betrübt feststellen müssen, daß auch viele Me-

Auch wenn der Vorratsbehälter nur einen Verschluß hat, innen ist eine Unterteilung. Jeder Bremskreis bekommt seine eigene Flüssigkeit. So wird vermieden, daß dem intakten Bremskreis beim Ausfall des anderen (rechts) der „Saft" genommen wird

Ein wichtiges Bauteil des Antiblockiersystems ist das Hydraulikaggregat (links). Es reduziert den Druck in den jeweiligen Bremsleitungen, wenn der Steuereinheit das Blockieren eines Rades gemeldet wird

chaniker und Meister den Anschluß an die automobile High-Tech-Entwicklung verloren haben.

Zurück zum ABS. Der Segen dieses System liegt darin, daß der Wagen in jeder Bremssituation lenkbar bleibt. Dies gilt insbesondere für Vollbremsungen, bei denen die Räder normalerweise blockieren würden. Ein Fahrzeug mit blockierenden Rädern rutscht bekanntlich nur noch geradeaus.
Früher wurde auf glatten oder schlüpfrigen Fahrbahnen und vor stehenden Hindernissen das sogenannte Stotterbremsen propagiert. Der Bremsweg konnte so um einiges verringert werden und ein begrenztes Maß an Manövrierfähigkeit blieb erhalten. Doch auch dieses prinzipiell richtige Verhalten wurde durch die Zeit, die benötigt wird, um den Fuß hin und her zu bewegen, wieder unsinnig.

Elektronische Stotterbremse

Dieses physikalische Prinzip setzt ABS schneller und natürlich viel exakter um. Ein weiterer Vorteil liegt darin, daß die Bremskräfte je nach Bedarf auf alle vier Räder unterschiedlich übertragen werden.

Wie funktioniert ABS? An allen Rädern sind unabhängige, von einem Computer unterstützte Sensoren angebracht. Sie sorgen dafür, daß jedes Rad, kurz nachdem es auf rutschigem Untergrund blockiert hat, wieder frei läuft, bevor es wieder kurz abgebremst wird. Der Vorteil: Selbst wenn der Wagen zum Beispiel mit den rechten Rädern im Schnee und mit den linken auf Glatteis fährt, hält der Wagen bei einer Vollbremsung die Spur und bleibt lenkbar. Allerdings kann selbst ABS die physikalischen Kräfte nicht außer Kraft setzen – ABS-Fahrzeuge haben grundsätzlich keinen kürzeren Bremsweg.

Auch wenn der Pedaldruck noch so hoch ist, ein Fahrzeug mit ABS bleibt auch bei einer Vollbremsung lenkbar. Der Bremsdruck wird durch ein Hydraulikgerät geregelt, Sensoren melden einem Steuergerät in Bruchteilen von Sekunden, ob und welches Rad sich noch dreht, oder ob der Bremsdruck verringert werden muß. Theoretisch wird so die optimale Bremsung eingeleitet. Dabei können aber die physikalischen Grenzen nicht überwunden werden: Ist der Untergrund zu glatt, ist an ein Ausweichen auch nicht mehr zu denken. Das Auto kann trotz eingeschlagener Vorderräder nicht gelenkt werden, weil die Reifen keine Seitenführungskräfte aufbauen können. Deshalb auch mit ABS vorausschauend fahren.

Reifen und Räder

Der „luftige" Kontakt zur Fahrbahn

Die „Beine" des Autos sind das wichtige (weil einzige) Bindeglied zwischen dem Pkw und der Straßenoberfläche. Weil sie während der Fahrt je nach Fahrstil mehr oder weniger schnell verschleißen, sollte ihnen besondere Aufmerksamkeit schenkt werden.
An die Reifen wird eine ganze Reihe von unterschiedlichen Anforderungen gestellt, die in direktem Zusammenhang mit der Fahrsicherheit stehen:

- Sie tragen das gesamte Fahrzeuggewicht und sollen durch ihr Luftpolster kleine Fahrbahnunebenheiten schlucken, also auch einen Teil der Federung übernehmen;

- sie übertragen die gesamten Antriebs-, Brems- und Lenkkräfte auf die Fahrbahn;

Die Reifen stellen bei jedem Kraftfahrzeug, egal, ob Pkw, Lkw oder Motorrad, die einzige haftende Verbindung zur Straßenoberfläche dar. Dementsprechend sorgfältig sollte man sie behandeln

- sie sorgen für eine gute Bodenhaftung und nehmen dabei die Reibungs- und Seitenführungskräfte auf.

Heute werden Autos grundsätzlich nur noch mit Radialreifen – im Volksmund: Gürtelreifen – bestückt. Der Name Gürtelreifen wurde von dem Festigkeitsträger, dem sogenannten Gürtel, abgeleitet, der zwischen Karkasse (Gewebeunterbau des Reifens) und Lauffläche liegt. Dieser Gürtel besteht aus Stahl- und/oder Kunststoffseillagen, die in Gummi gebettet sind. Diese Seillagen bestehen wiederum aus vielen kleinen, flexiblen, fein ver-

Vom Baum ans Rad

Selbstverständlich wachsen Reifen nicht an Bäumen, aber einer der wichtigsten Rohstoffe für deren Herstellung ist ein Naturprodukt. Gemeint ist der Kautschuk, der aus dem Saft (Harz) der in den Tropen wachsenden Hevea-Bäume gewonnen wird. Die weißliche Latexmilch wird anschließend mit einer hohen Anzahl verschiedener Stoffe und Chemikalien vermischt, damit die richtige Reifenmischung daraus wird. Die schwarze Färbung entsteht erst später durch Beimengung von Ruß.

zwirnten dünnen Seilen. Solch ein Gürtel verleiht dem Stahlgürtelreifen eine hohe Stabilität gegen Seitenkräfte und sorgt so für mehr Kurvensicherheit.

Reifengrößen

Vom Werk aus sind für jeden Fahrzeugtyp normalerweise ein oder zwei Reifengrößen vorgesehen, die in unzähligen Versuchen ermittelt worden sind. Sie sind genau auf den Wagen und sein Gewicht abgestimmt. In Ziffer 20 bis 23 des Kraftfahrzeugscheins findet sich die richtige Reifengröße – mittlerweile ein Wust von Zahlen und Buchstaben, der dem automobiltechnischen Laien nur schwer verständlich ist.

„195/50 R 15 82V", alles klar?

Betrachtet man aber am Beispiel eines Reifens diese Zahlen, so kommt schnell Licht ins Dunkel: „195/50 15 82V" gibt die Reifenbreite in Millimetern von Flanke zu Flanke an. Die „/50" bezeichnet das Verhältnis von Reifenhöhe zu Reifenbreite, im vorliegenden Fall 50:100 (der Reifen ist also halb so hoch wie breit). Man nennt diese Reifen auch Niederquerschnittsreifen. Diese Breitreifen haben neben ihren optischen Qualitäten auch andere Vorteile. Wegen der geringeren Höhe verringert sich die Walkarbeit bei schneller Autobahnfahrt merklich. Reifenplatzer sind (so sie überhaupt noch vorkommen) in der Regel auf zu geringen Luftdruck oder auf einen „Bordsteinkuß" zurückzuführen. Auch die Mär, Breitreifen wären

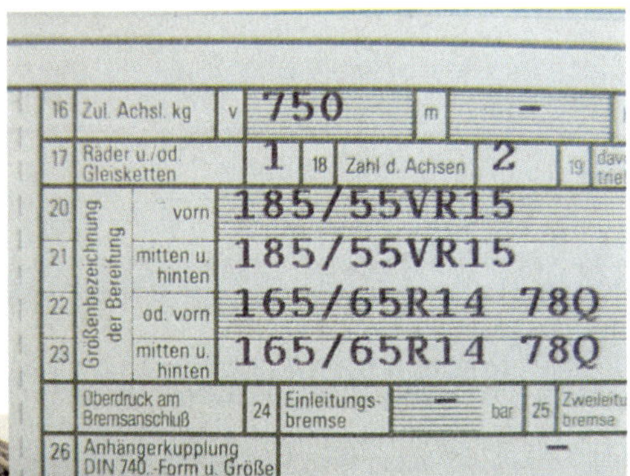

16 Zul. Achsl. kg v 750 m –
17 Räder u./od. Gleisketten 1 18 Zahl d. Achsen 2 19
20 Größenbezeichnung der Bereifung vorn 185/55VR15
21 mitten u. hinten 185/55VR15
22 od. vorn 165/65R14 78Q
23 mitten u. hinten 165/65R14 78Q
Überdruck am Bremsanschluß 24 Einleitungsbremse – bar 25
26 Anhängerkupplung DIN 740.-Form u. Größe –

Unter den Ziffern 20 bis 23 findet man in jedem Fahrzeugschein die Größenbezeichnung der für das Fahrzeug zugelassenen Reifen. Meist können verschiedene Dimensionen gefahren werden (oben).
Die Größenbezeichnung ist bei jedem Reifen als leicht erhabenes Profil auf die Seitenflanke eingeprägt (links). Aus der Anfangs sicher etwas verwirrenden Bezeichnung läßt sich mit etwas Kenntnis der Bedeutung der einzelnen Zahlen schnell etwas herauslesen

bei Nässe den schmalen Kollegen unterlegen, hat sich in der Praxis als nicht richtig erwiesen.

Doch zurück zu unserem Reifen. Hinter der „50" folgt ein „R", das für „radial" steht – es handelt sich also um einen Gürtelreifen. Die folgende „15" gibt den Innendurchmesser des Reifens in Zoll an, der gleichzeitig dem Felgendurchmesser entspricht. Die folgende „82" bezeichnet den sogenannten Tragfähigkeitsindex. Dieser Kennwert steht für das Gewicht, das ein Reifen maximal „auf die Schulter" nehmen darf. „82" zum Beispiel entspricht einer maximalen Tragfähigkeit von bis zu 475 kg.

Das folgende „V" ist nun sehr wichtig für die Sicherheit. Jeder Reifen ist nur bis zu einer bestimmten Geschwindigkeit belastungsfähig. Wird diese Geschwindigkeit überschritten, können sich die Profilblöcke wegen der hohen Fliehkräfte nicht mehr halten. Jeder kennt dies vom Herumwirbeln der vollen Milchkanne, bei der nichts ausläuft, weil die Milch nach außen gedrückt wird. Fünf Buchstaben geben bei Sommerreifen diese Geschwindigkeitsbereiche an:

Grenzen der Geschwindigkeit

S = bis 180 km/h
T = bis 190 km/h
H = bis 210 km/h
V = bis 240 km/h

Für die ganz Schnellen, die über 240 km/h fahren müssen, gelten die beiden Buchstaben „ZR".

Etwas kleiner finden sich auf der Reifenflanke noch einige weitere Informationen. Zum Beispiel: „DOT FT FH A5MX 322".

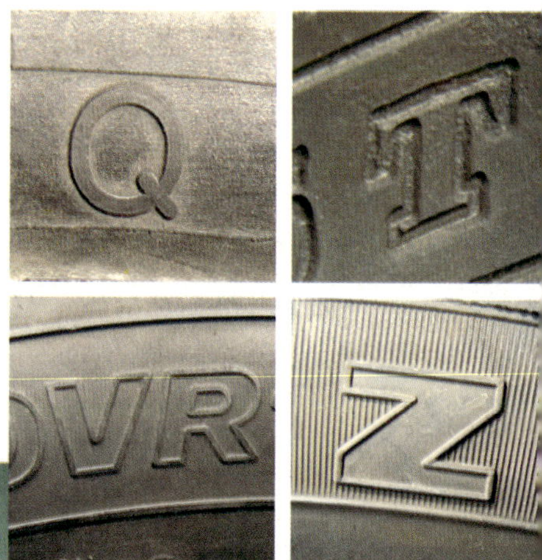

Eine Angabe, die beim Fahren auf der Autobahn sehr wichtig ist, stellen die Geschwindigkeitsangaben auf einem Reifen dar. Oben links: der Index „Q" bis 160 km/h. Oben rechts: Mit dem „T" geht es schon schneller – 190 km/h sind drin. Schnelle Autos verlangen nach den Buchstaben „V" (bis 240 km/h) oder „Z" über 240 km/h

Die maximal zulässige Geschwindigkeit, mit der ein Reifen gefahren werden darf, wird in Prüfstandsversuchen ermittelt (unten). Dabei wird die Geschwindigkeit so lange etappenweise gesteigert, bis der Reifen platzt

Das „DOT" bezeichnet die Zulassung für den amerikanischen Markt, „FT" ist ein Code für das Herstellerwerk, „FH" ein ebensolcher für die Reifengröße und „A5MX" bezeichnet den Reifentyp. Und nun das Interessanteste: Die letzten drei Zahlen geben Aufschluß über Baumonat und Baujahr des Pneus. „322" bedeutet, daß der Reifen in der 32. Woche des Jahres 92 gefertigt wurde.
Da die Gummimischung mit der Zeit altert und aushärtet, sollte ein Reifen nicht mehr gekauft werden, wenn er älter als ein Jahr ist.
Wenn irgendwo ein besonders günstiges Angebot eines Reifenhändlers lockt, sollte man ruhig einmal auf diese Zahlen achten, denn es werden bisweilen wahre Antiquitäten als neu angeboten.

Genehmigungspflicht für Sondergrößen

Breitreifen

Der Trend, ein Fahrzeug durch breitere Bereifung auf Leichtmetallrädern aufzuwerten, ist ungebrochen. Für alle modernen Autos werden von etlichen Herstellern die passenden Zutaten angeboten.

Hier gilt es allerdings einige Dinge zu beachten. Grundsätzlich müssen alle Veränderungen an Rädern (Felgen) und Reifen offiziell abgesegnet sein. Das heißt, die Reifen oder Felgen, die man sich zulegt, müssen in den beiliegenden Papieren für das jeweilige Fahrzeug zugelassen sein. Das heißt im Klartext: Wer auf seinen Golf gerne Felgen der Marke „XL-Supertoll" zum Beispiel mit Reifen der Größe 215/50 R 15 bauen möchte, schaut

Beim Reifenkauf sollte man auf die DOT-Nummer achten. Die in der ovalen Markierung sitzenden Zahlen geben an, wann der Reifen hergestellt wurde. Bei dem oben abgebildeten Reifen lautet die Zahl 502; also 50. Woche 1992

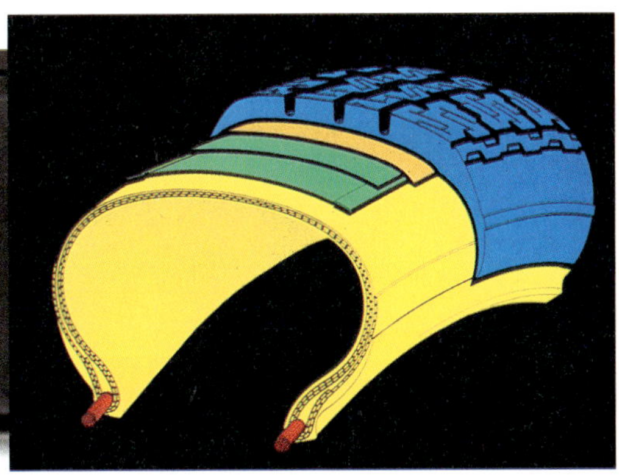

Moderne Reifen besitzen immer einen Gürtel (grün), der sich um die Karkasse (gelb) windet. Damit wird erreicht, daß sich die Reifenflanken (die Seitenwände) bei hoher Beladung und schneller Fahrt nicht wellenförmig verformen. Dabei erhitzt sich der Reifen nämlich so stark, daß er platzt. Auf diesem Gürtel sitzt die eigentliche Lauffläche mit dem Profil (blau)

in die Unterlagen der Firma „Supertoll", ob diese Kombination für seinen Golf zugelassen ist. Wenn ja, gibt es zwei Möglichkeiten der Legalisierung:

• die ABE (Allgemeine Betriebserlaubnis). Ist sie für die gewünschte Rad-Reifen-Kombination bereits erteilt, braucht das beim Kauf der Felgen oder Reifen ausgehändigte Papier lediglich im Auto mitgeführt werden. Eine Eintragung in die Kfz-Papiere ist nicht notwendig.

• das TÜV-Gutachten. Dieses Gutachten besagt, daß grundsätzlich die Möglichkeit besteht, die Rad-Reifen-Kombination zu montieren. Aber: Der TÜV möchte im Falle einer Montage noch einmal ein Auge darauf werfen und prüfen, ob denn auch alles seine Richtigkeit hat (zum Beispiel Freigängigkeit zwischen Reifen und Kotflügel). Im einzelnen bedeutet dies: zum Technischen Überwachungsverein fahren (am besten einen Termin ausmachen) – bezahlen – kontrollieren lassen – zum Verkehrsamt – bezahlen – Eintragung in den Fahrzeugschein. Erst dann ist die Benutzung legal!

Breitere Reifen – höherer Kraftstoffverbrauch

Alles, was schön ist, hat natürlich auch seine Nachteile: Breitreifen haben einen größeren Roll- und Luftwiderstand. Diese beiden Faktoren bewirken einerseits einen höheren Kraftstoffverbrauch des Fahrzeugs und andererseits eine Senkung der Höchstgeschwindigkeit. Echte Liebhaber schmucker Räder lassen sich davon aber nicht abschrecken.

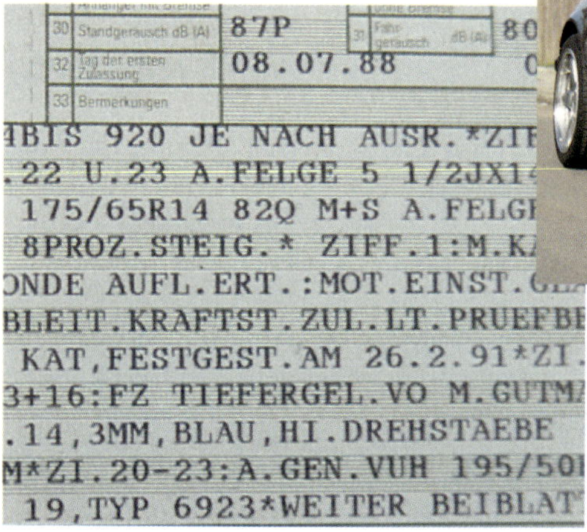

30 Standgeräusch dB (A) 87P 31 Fahrgeräusch dB (A) 80
32 Tag der ersten Zulassung 08.07.88
33 Bemerkungen
4BIS 920 JE NACH AUSR.*ZIF
.22 U.23 A.FELGE 5 1/2JX1
175/65R14 82Q M+S A.FELG
8PROZ.STEIG.* ZIFF.1:M.K
ONDE AUFL.ERT.:MOT.EINST.
BLEIT.KRAFTST.ZUL.LT.PRUEFB
KAT,FESTGEST.AM 26.2.91*ZI.
3+16:FZ TIEFERGEL.VO M.GUTM
.14,3MM,BLAU,HI.DREHSTAEBE
M*ZI.20-23:A.GEN.VUH 195/50
19,TYP 6923*WEITER BEIBLAT

Zusätzliche Reifengrößen müssen in die Fahrzeugpapiere eingetragen werden, wenn keine allgemeine Betriebserlaubnis vorliegt

Breitreifen haben Vor- und Nachteile. In der Regel verbessert sich das Fahrverhalten. Die Lenkpräzision (zum Beispiel beim Ausweichen eines Hindernisses) ist höher. Auch das früher so gefürchtete Aquaplaning ist bei Breitreifen keine Frage mehr. Moderne Profile drücken das Wasser schnell zur Seite. Negativ sind der leicht erhöhte Rollwiderstand und der häufig stark eingeschränkte Fahrkomfort

Räder und Felgen

Normalerweise werden Pkw vom Werk aus mit preiswerten Stahlrädern ausgerüstet. Lediglich gegen Aufpreis erhält der Kunde die beliebten Leichtmetallräder. Wer sein Fahrzeug nachträglich aufrüsten will, hat dabei einiges zu beachten (siehe Kapitel „Breitreifen").

Felgendurchmesser werden immer größer

Räder werden ähnlich wie Reifen durch zwei Hauptangaben charakterisiert: Durchmesser und Breite – beides in Zoll angegeben. Nun steht aber auf einem Rad noch etwas mehr, zum Beispiel „5,5 J x 13". Diese Felge hat eine Breite von 5,5 Zoll, gemessen zwischen den Felgenhörnern (die Stellen, an denen der Reifen anliegt). „J" ist der Kennbuchstabe für die Abmessungen des Felgenhorns („J" ist die verbreitetste Form).

Bei den heute gebräuchlichsten Felgen handelt es sich um sogenannte Tiefbettfelgen. Dies bedeutet, daß die Felge in der Mitte (in Laufrichtung gesehen) eine Vertiefung hat, die notwendig ist, um den Reifen überhaupt montieren zu können. Und nun noch die „15". Sie gibt den Durchmesser in Zoll an. Auf eine solche Felge paßt also nur ein 15-Zoll-Reifen.

Die Felgendurchmesser sind in den letzten Jahren ständig angewach-

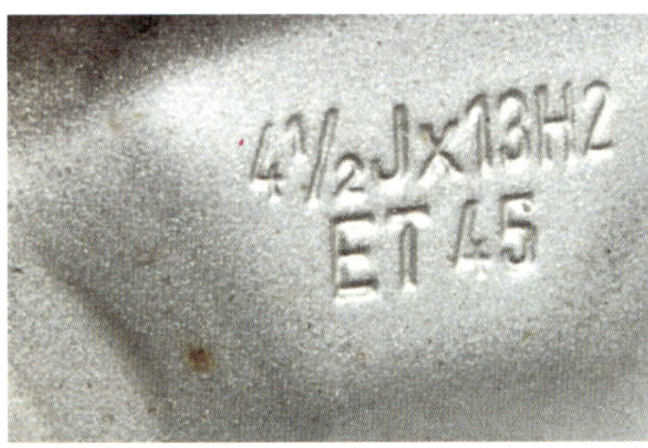

Räder, egal, ob sie aus Stahl oder Aluminium hergestellt sind, werden durch eine Zahlenkombination genauer beschrieben. Die erste Zahl gibt die Breite der Reifenauflage der Felge an, die zweite Zahl drückt den Felgendurchmesser aus. Beide Zahlen werden in Zoll angegeben. ET gibt die Einpresstiefe an (oben). Der Renn- und Rallyesport ist der härteste Test für die Reifenfirmen. Dort haben sie die Möglichkeit (und die Aufgabe), ihre Produkte optimal zu entwickeln

sen. Während der Audi 80 vor ein paar Jahren noch mit 13-Zoll-Rädern vom Band rollte, wird er heute mit 15er-Rädern bestückt. Der Vorteil großer Räder liegt unter anderem auch darin, daß mehr Platz unter der Felge für die Bremsanlage zur Verfügung steht.

Große Räder – große Bremsen

Eine weitere Kennzeichnung, zum Beispiel „H2" oder „AH2" bezeichnet sogenannte Humps auf der Felge. Das sind Erhebungen in der Felgenschulter, die den Reifenwulst bei plötzlichem Luftverlust oder scharfer Kurvenfahrt gegen das Abgleiten in das Tiefbett schützen.

Winterreifen lohnen sich

Auch wenn man ihn in den letzten Jahren nur selten zu Gesicht bekommen hat: Es gibt den Winter immer noch. Wer in der kalten Jahreszeit ohne die richtige Bereifung unterwegs ist, darf sich nicht wundern, wenn die Fahrt auf einmal zur Rutschpartie wird. Selbst der kleinste Blechschaden wird bei den heutigen Reparaturkosten teurer als ein Satz Winterreifen, der (normale Beanspruchung vorausgesetzt) drei Winter überstehen dürfte. Ganz abgesehen vom Ärger, an der ersten Steigung hilflos dazustehen.

Sommer- und Winterreifen

In vielen (besonders in den nördlichen) Regionen ist es ja schon seit Jahren eine Gewissensfrage, ob sich die Anschaffung von Winterreifen überhaupt noch lohnt. Milde Winter und ein funktionierender Streudienst machen eine solche (leicht vierstellige) Ausgabe oft unnötig. Wer dagegen in einer bergigen Region wohnt, wird wohl nicht umhin kommen, sich nach den geeigneten Winterpneus umzusehen.

Winterreifen unterscheiden sich rein optisch schon einmal durch das gröbere Profil von ihren Sommerkollegen. Die Autoindustrie bietet mittlerweile die ausgeklügeltsten Formen an: „Lamellen senkrecht", „schräg" oder automatisch

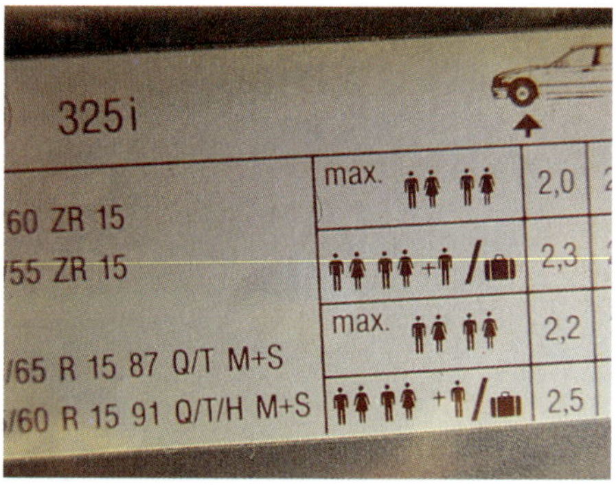

In nahezu jedem Auto findet sich irgendwo ein Aufkleber, der über die Reifendrücke der verschiedenen Bereifungen informiert. Hier ist auch aufgelistet, um wieviel der Druck erhöht werden muß, wenn in „voller Besetzung" gefahren wird. Fehlt dieser Hinweis, hilft einem die Bedienungsanleitung sicherlich weiter. Auch an Tankstellen hängen Tabellen aus

nachschärfende „Sägezähne" sind Wahlmöglichkeiten, mit denen sich der arme Autofahrer jetzt auseinandersetzen muß, obwohl er einfach nur ein paar Winterreifen vom Reifenhändler haben will. Da heißt es dann sehr genau überlegen, welche Winterreifen man anschaffen sollte. Die einschlägigen Fachzeitschriften bieten vor jedem Winter viele Vergleichstests und Tips, die man sich vor dem Kauf zu Gemüte führen sollte. Ist die Entscheidung getroffen, wäre es gut, die Reifen gleich auf separate Felgen (beim Reifenhändler fragen, ob er gebrauchte hat) aufzuziehen. Auf diese Weise entfällt das umständliche und teure Umziehen der Reifen vor jedem Winter (wenn er denn tatsächlich kommen sollte).

Verändertes Fahrgefühl durch Winterreifen

Sind die Winterreifen dann erst einmal montiert, haben sie allerdings auch so manchen Nachteil, wenn es nun doch nicht schneit: Das Abrollgeräusch ist entschieden höher als bei Sommerreifen, und das Fahrverhalten wird etwas schlechter. Bei schnelleren Fahrzeugen ist zu beachten, daß in der Regel nur eine geringere Höchstgeschwindigkeit zulässig ist.

Luftdruck

Eine sehr wichtige Rolle für jeden Reifen spielt der Luftdruck. Er sollte nicht zu niedrig und nicht zu hoch sein, sondern immer genau den Herstellerangaben entsprechen (Toleranzgrenzen +0,2 Bar). Bei einer Sonderbereifung ist es am besten, den Reifenhändler zu fragen.

Der falsche Luftdruck ist für vorzeitigen Reifenverschleiß verantwortlich. Bei zu geringem Druck läuft der Reifen nur auf den Flanken. Ist der Druck zu hoch (wie es beim Reifen oben links der Fall war), wird der Mittelteil des Profils zuerst abgefahren. Alte Winterreifen (links) sollten nicht mehr gefahren werden. Sie taugen trotz ausreichender Tiefe nicht mehr, da sie ausgehärtet sind

Zwingt man zuviel Luft in den Reifen, liegt er nicht mehr mit der ganzen Fläche auf. Die Lauffläche wölbt sich und wird in der Mitte übermäßig abgefahren. Auch bei zu geringem Luftdruck wölbt sich die Reifenaufstandsfläche – in diesem Fall aber nach innen. Dann müssen die beiden Flanken die Last tragen, die infolgedessen stärker verschleißen als die unbelastete Mitte. Daß sich auch die Straßenlage bei falschem Luftdruck verändern kann, wissen alle, die schon mal einen Plattfuß hatten.

Für die Fahrsicherheit und die Lebensdauer der Reifen gilt also: Öfter mal den Luftdruck prüfen (und zwar auch beim Reserverad).

Systematisch vorgehen spart Zeit und Arbeit

Radwechsel

Ist es doch einmal passiert, und der Plattfuß ist da, gilt es folgende Punkte zu beachten:

- Auto absichern (Warndreieck);
- Wagenheber, Reserverad und Radkreuz auspacken;
- Handbremse anziehen;
- kleinen Gang einlegen;
- Wagenheber an der dafür vorgesehenen Stelle (siehe Bedienungsanleitung) ansetzen und das Fahrzeug leicht anheben;
- Kontrolle: Steht der Wagenheber sicher auf festem Untergrund?
- Radmuttern etwas lockern;
- Wagen anheben;
- Radmuttern abschrauben und sicher ablegen (nicht in den Dreck);
- defektes Rad abnehmen;
- Reserverad montieren und Radmuttern sanft anziehen;

Am besten ist es, den Wagenheber (und eventuell den ganzen Radwechsel) einmal im Rahmen einer „Trockenübung" auszuprobieren. So kennt man bei einer Panne schon die erforderlichen Arbeiten und kommt dadurch schneller weiter. Das Lösen der Radbefestigungsschrauben ist nicht schwer, wenn man das richtige Werkzeug verwendet. Mit einem stabilen Radkreuz (links) lassen sich mit Sicherheit alle Befestigungsschrauben lösen

- Wagen abbocken;
- Radmuttern über Kreuz richtig anziehen;
- alles einpacken (auch das Warndreieck).

Da der originale Radmutternschlüssel meistens eine billige Minimalausführung ist, gehört ein vernünftiges Radkreuz in jeden Kofferraum.

Reifen, die nicht weiterrollen dürfen...

Reifenschäden

Ein Plattfuß gehört heute ja glücklicherweise nicht mehr zum Alltag des Autofahrers. Um ihm jedoch aus dem Weg zu gehen, sollte man hin und wieder einmal einen Blick auf seine Reifen werfen. Dabei nicht vergessen: Reifen haben auch eine Rückseite. Fremdkörper im Profil sind oft harmlos. Man sollte sie aber immer entfernen, denn sie können sich je nach Beschaffenheit durch das Gewebe drücken – dann ist es zu spät.

Beulen an der Außenseite des Reifens deuten auf einen Bruch des Gewebeunterbaus hin. Einen solchen Reifen sollte man schnellstens auswechseln. Ganz gefährlich wird es, wenn sich Beulen auf der Lauffläche zeigen. Ganz abgesehen davon, daß das Fahrzeug merkwürdig fährt, ist ein solcher Schaden oft Ausgangsbasis für eine sich ablösende Lauffläche. Es versteht sich von selbst, daß ein solcher Reifen sofort aus dem Verkehr gezogen werden muß.

Reifenschäden haben meist sehr unterschiedliche Auswirkungen. Die Ursache hingegen ist in der Regel auf einen unsanften Bordsteinkontakt zurückzuführen (rechts oben). Tritt der Schaden nicht gleich zu Tage, kann sich der gebrochene Gürtel wölben (oben). Verliert ein Reifen in kurzer Zeit viel Druck, sollte man ihn an der Lauffläche auf einen eingedrungenen Fremdkörper hin kontrollieren

Unwucht sorgt für Vibrationen

Kleine Risse an der Flanke eines Reifens deuten darauf hin, daß es sich hier nicht um das neueste Modell handelt – auch wenn das Profil noch gut ist, sollte man sich von diesem Pneu trennen. Oft hinterlassen auch Bordsteinkanten unangenehme Spuren an den Reifenflanken. Die Beurteilung, ob so eine Schramme gefährlich ist oder nicht, sollte einem Reifenfachmann überlassen werden.

Nach Notbremsungen bei großer Geschwindigkeit können an den Reifen sogenannte „Bremsplatten" entstehen. Der Pneu ist dann an einer Stelle so abgeplattet, daß er nicht mehr für eine sichere Fahrweise taugt.

Ist ein Reifen einseitig abgefahren – das passiert meist an der Vorderachse –, stimmt etwas mit der Achsgeometrie nicht (siehe auch Kapitel Fahrwerk). Der Sturz oder die Spur stimmen nicht mehr. Dieser Defekt ist aber nur ein Fall für die gut ausgerüstete Fachwerkstatt.

Wackelt das Lenkrad bei bestimmten Geschwindigkeiten oder vibriert das Auto stark, kann die Ursache dafür eine Unwucht an einem der Reifen sein. Kleine Bleigewichte sorgen normalerweise dafür, daß das Rad in Fahrtrichtung und senkrecht dazu exakt rund läuft. Fehlt nun eines dieser Gewichte oder hat sich (etwa durch Profilabrieb) der Reifen verändert, stimmt die Wucht nicht mehr.

Moderne Reifen haben in der Regel einen guten Rundlauf. Trotzdem werden sie beim Montieren noch einmal ausgewuchtet. Zeigt sich eine Unwucht, wird an entsprechender Stelle ein Gewicht angebracht, das für den Ausgleich sorgt. Vor allem bei Winterreifen, die oft durchdrehen, verändert sich öfter die Wuchtung. Werden bei Sommer- und Winterreifen unterschiedliche Radtypen verwendet, sind häufig andere Schrauben nötig (oben)

Dann hilft nur noch das Auswuchten beim nächsten Reifenhändler.

Reifenlagerung

Gewissenhafte Autofahrer (und solche, die es sich leisten können) haben Sommer- und Winterreifen. Jeweils ein Satz Reifen wird also über einen längeren Zeitraum nicht benötigt. Für deren Aufbewahrung sollten einige Regeln berücksichtigt werden.

Reifen immer kühl und dunkel lagern

Reifen altern, das Gummi wird porös und härtet aus, während der Unterbau allmählich weich wird. Um dem entgegenzuwirken, sollte man sie möglichst an einem kühlen, dunklen Ort lagern. Damit sich die Reifen durch ihr eigenes Gewicht nicht langsam plattstehen, empfiehlt es sich, sie waagrecht zu lagern. Das beste wäre natürlich ein sogenannter Reifenbaum, bei dem die Reifen freischwebend waagrecht auf einem Gestell übereinander gelagert werden.
Vor dem Einlagern sollten die Reifen markiert werden: „vl“ für vorn links, „hr“ für hinten rechts, „hl“ und „vr“. So ist gewährleistet, daß der Reifen wieder dort montiert wird, wo er beim letzten Mal seinen Dienst verrichtet hat.

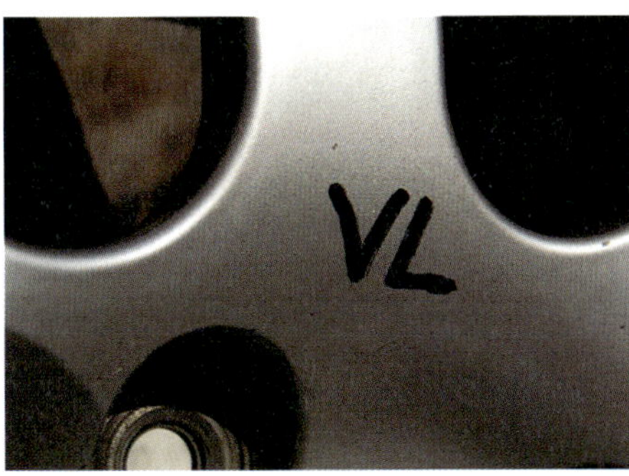

Bei jedem Winter/Sommer-Wechsel sollte auf den Rädern ein Hinweis angebracht werden, der Aufschluß darüber gibt, auf welcher Seite und an welcher Achse der Reifen gelaufen ist (oben). Bei einigen Reifen spielt die Laufrichtung eine entscheidende Rolle (rechts oben). Sie wird durch einen Pfeil angegeben. Die Reifen sollten bei der Lagerung nicht aufrecht stehen (oben Mitte). Der Ersatzreifen (bei vielen Autos nur ein Notrad) muß genügend Luft haben

Die Autoelektrik: Licht ins Dunkel

Die Elektrik arbeitet immer auf die gleiche Weise, egal ob Dieselfahrzeug oder Benziner: In der Batterie wird ein Mangel an negativer Ladung hergestellt, den alle elektrischen Verbraucher auszugleichen versuchen. Ist die passende Verbindung durch Kabel hergestellt, kann Strom fließen. Es dreht sich, blinkt, hupt, leuchtet oder zündet nun zur jeweils richtigen Zeit am jeweils richtigen Ort.

Die Batterie ist der Kraftspeicher des Fahrzeugs. Eigentlich ist sie keine Batterie im Sinne des Sprachgebrauchs – denn schließlich kann sie aufgeladen werden. Der korrekte Ausdruck wäre „Akku(mulator)", doch wird diese Bezeichnung heutzutage nur noch selten benutzt. Steht der Motor, wird die elektrische Energie, die gebraucht wird (etwa für das Standlicht), der Batterie entnommen. Gleiches passiert, wenn der Wagen gestartet werden soll. Damit nun die verbrauchte Energie auch wieder in die Batterie zurückkommt, übernimmt bei laufendem Motor die Lichtmaschine die Aufgabe, die Batterie wieder aufzuladen. Aber auch wenn mehr Strom verbraucht wird, als die Lichtmaschine leisten kann (beispielsweise bei Nachtfahrten mit eingeschaltetem Scheibenwischer, heizbarer Heckscheibe etc.), tritt der Akku in Aktion. Er „füllt" das Stromloch mit seiner Energiereserve.

Was in einer Batterie vorgeht, braucht man als Normalautofahrer nicht zu wissen. Wissen soll-

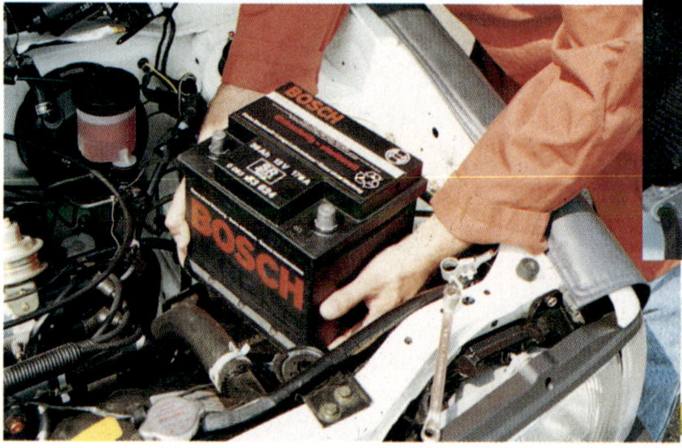

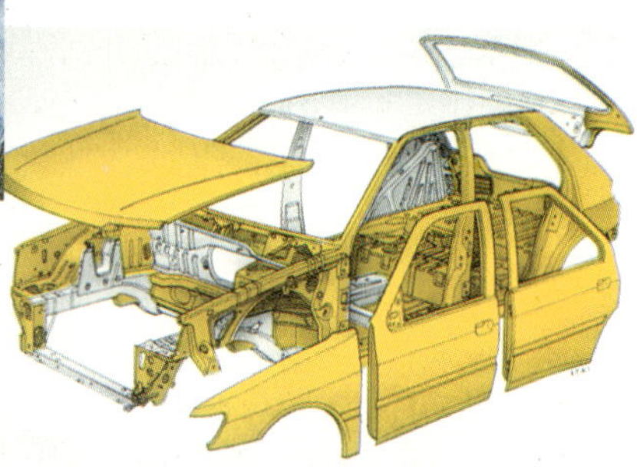

Energiespender beim Motorstart ist die Batterie (oben). Die Pole sind durch dicke Anschlußkabel mit der Lichtmaschine und dem Anlasser auf der Plusseite; und mit der Karosserie auf der Minusseite leitend verbunden. Diese ist die leitende Verbindung zwischen den Verbrauchern und der Batterie

te man aber, daß sich in der Batterie verdünnte Schwefelsäure befindet. Ein Großteil der heutigen Batterien ist wartungsfrei. Das bedeutet, daß man sich nicht einmal mehr darüber Gedanken zu machen braucht, daß in der Batterie Schwefelsäure ist. Aber bei Akkus, die sich noch öffnen lassen, sollte man ab und an nach dem Säurestand schauen. Die senkrechten Platten in jeder der sechs Zellen sollten immer bis zirka fünf Millimeter über die Plattenoberkante bedeckt sein. Sind sie das nicht, muß mit destilliertem Wasser (nicht mit Säure) aufgefüllt werden.

Schwache Batterien rechtzeitig austauschen

Viel mehr kann man eigentlich für eine Batterie nicht tun; vielleicht noch darauf achten, daß sich an den Polen kein Sulfat (weiß-grünliches Pulver) bildet. In diesem Fall sollte man die Kontakte mit Polfett einschmieren, damit kein unnötiger Stromverlust auftritt.

Wie so vieles am Auto, hat auch die Batterie nur eine begrenzte Lebensdauer. Nach fünf bis sechs Jahren ist sie altersschwach. Erkennen wird man dies meist an den ersten kalten Wintertagen, wenn der Anlasser nicht mehr in gewohnter Manier seine Arbeit verrichtet. Dann ist es ratsam, sich nach Ersatz umzusehen, um nicht irgendwann bei minus zehn Grad Celsius hilflos vor seinem Automobil zu stehen.

Gekennzeichnet werden Batterien
a) durch die Voltzahl. Das sind heute üblicherweise zwölf Volt; jede einzelne Zelle einer Batte-

Von Zeit zu Zeit sollte der Pegel der Batteriefüllung kontrolliert werden. Dazu müssen die Verschlußkappen aufgeschraubt werden (oben)

Unter der Verschlußkappe ist meist ein Kontrollsteg, bis zu dem die Flüssigkeit stehen sollte. Ist der Pegel zu niedrig, kann er mit destilliertem Wasser aufgefüllt werden

rie liefert zwei Volt – also haben die Kraftspeicher wie schon erwähnt sechs Zellen;

b) durch die Nennkapazität (zum Beispiel 44 oder 66 Amperestunden [Ah]). Sie ist ein theoretischer Wert, der sich unter Prüfbedingungen nach zwanzigstündiger Entladung mit konstantem Strom ergibt.
Wer seine Batterie wechseln muß, kann bedenkenlos ein Modell mit mehr Ah (Kapazität) als vorher einbauen. Unter den vom Hersteller angegebenen Wert sollte man allerdings nicht gehen.
Achtung: Hier muß man natürlich auch die Einbaumaße beachten;

c) durch den Kälteprüfstrom (beispielsweise 210 oder 300 Ampere [A]). Dieser ebenfalls theoretische Wert gibt an, wieviel Strom die Batterie bei minus 18 Grad Celsius maximal kurzfristig abgeben kann.

Übers Überbrücken einer Batterie

Starthilfe

Irgendwann hat es ja schon fast jeden erwischt: Nach dem Eiskratzen rein ins bitterkalte Auto – und beim Dreh am Zündschlüssel hört man entweder nur ein „Klick" oder ein müdes „Urp Urp" aus Richtung Motor. Wohl dem, der jetzt erstens ein Starthilfekabel und zweitens einen netten Nachbarn hat. Nun heißt es nämlich überbrücken. Hier die einzelnen Schritte und wie man es richtig macht:

1. Laufendes Auto neben oder vor den „Patienten" fahren – je nachdem, wo die Batterien sitzen.

2. Motorhauben öffnen und bei der leeren und bei der Spenderbatterie feststellen, wo Plus und Minus lie-

Art und Stärke der Batterie werden auf einem Typenschild angegeben. Wird die Batterie ausgetauscht, sollte die Amperestärke nicht geringer gewählt werden als für dieses Auto vorgesehen. Durch den für die Batterie zu hohen Ladestrom der Lichtmaschine kann es zu Störungen kommen

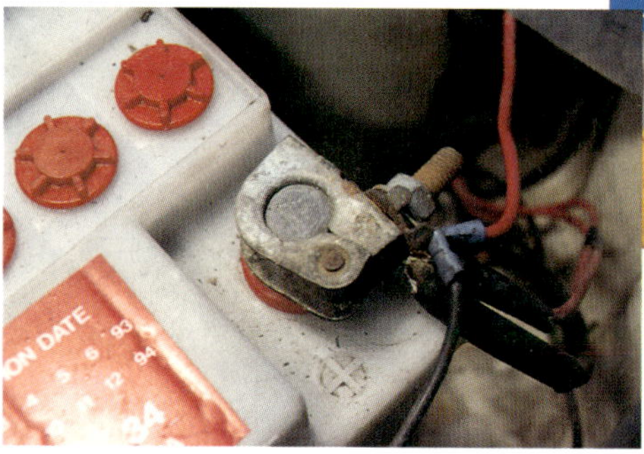

Die Pole der Batterie sollten immer sauber sein. So ist sicher, daß die ganze Batterieleistung zur Verfügung steht und nicht durch eine schlechte Verbindung zum Kabel gebremst wird

gen. Plus erkennt man meistens an den dicken roten Kabeln, außerdem sind auf der Batterie die Symbole „+" und „–" gekennzeichnet.

3. Starthilfekabel einzeln anschließen. Nicht beide Kabel in einer Hand halten – da gibt's immer einen Kurzschluß. Zuerst die Pluspole der Batterien verbinden und anschließend den Minuspol der Spenderbatterie an das Kabel anschließen. Zuletzt wird der noch freie Minusanschluß irgendwo an Masse (blankes Metall) am Motor des liegengebliebenen Fahrzeugs befestigt. So wird verhindert, daß sich am Batteriepol ein Funken bildet. Dies soll deshalb vermieden werden, weil sich in einer Batterie Knallgas bilden kann. Und dieses trägt ja seinen Namen wegen seiner explosionsartigen Reaktion bei der Zusammenkunft mit Funken.

Starthilfekabel nie mit einer Hand halten

4. Startversuch: Bewegt sich der Anlasser genauso lahm wie vorher, hilft es oft weiter, an den Starthilfekabeln zu wackeln. Um die helfende Batterie zu unterstützen, kann man am laufenden Helfer-Pkw ein wenig Gas geben. Läuft der Wagen nun endlich, folgt:

5. Zuerst das Pluskabel von beiden Batterien abklemmen (Reihenfolge egal), dann das Minuskabel. Auch hier sollten nach Möglichkeit nie beide Kabel auf einmal in einer Hand gehalten werden, sonst besteht Kurzschlußgefahr!

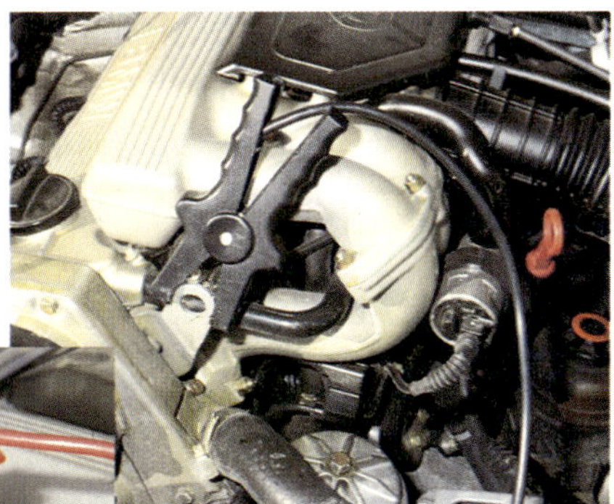

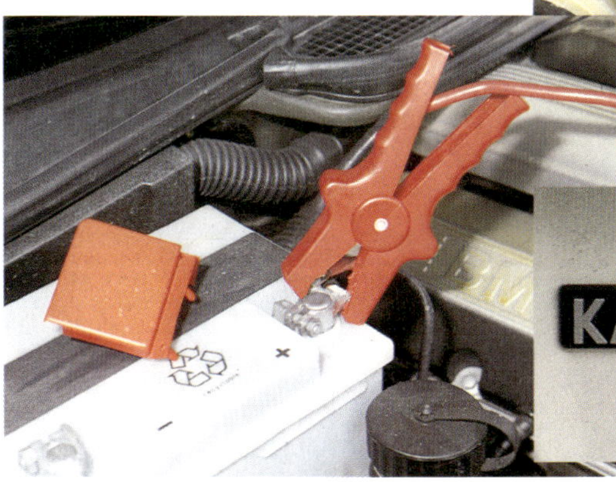

Muß Starthilfe geleistet werden, sollten immer zuerst die Pluspole verbunden werden (oben links). Dann kann der Minuspol der Spenderbatterie mit der Klemme versehen werden. Zuletzt wird die Kabelklemme an einer Metallstelle am Motor mit der schwachen Batterie befestigt (oben rechts). So wird die Funkenbildung in der Nähe der Batterie sicher vermieden. Bei Fahrzeugen mit Katalysator darf nicht zu lange georgelt werden, der Kat könnte dabei Schaden nehmen

6 a. Läuft das fremdgestartete Auto nun ohne fremde Hilfe, sollte man auf den ersten Kilometern darauf verzichten, allzuviele elektrische Verbraucher einzuschalten.

6 b. Läuft der Wagen nur mit angeschlossener zweiter Batterie, ist das eigene „Sorgenkind" schon so schwach, daß es aufgeladen oder vielleicht sogar ausgetauscht werden muß. Diese Frage klärt der Besuch bei einem Elektrodienst oder einer gut ausgerüsteten Tankstelle.

Noch ein paar Tips: Wenn sich niemand auftreiben läßt, der helfen kann, ist der nächste Taxiruf eine preiswerte Alternative zum Pannendienst. Taxifahrer haben eigentlich immer ein Starthilfekabel an Bord und helfen gegen Bargeld (meistens zehn bis zwanzig Mark) gerne weiter.

Bei Starthilfekabeln sollte man nicht unbedingt das preiswerteste Modell kaufen. Sehr schnell geben die Klemmen der Billigmodelle ihren Geist auf und sind dann völlig unbrauchbar.

Relais

Relais machen dicke Kabel dünn

Das Wort Relais begegnet dem Autofahrer am häufigsten in Gestalt des Blinkrelais. Aber auch an anderer Stelle übernehmen Relais wichtige Aufgaben im Pkw. Die Aufgabe eines Relais ist es, mit einem kleinen elektrischen Strom einen großen zu schalten. Das ist im Auto oft der Fall: Hier werden Relais in der Nähe großer Verbraucher installiert, um die sonst notwendigen großen Kabelquerschnitte zu sparen. Die Betätigung eines solchen Verbrauchers kann dann auch mit einem Schalter geschehen, der eigentlich für eine kleinere Stromstärke ausgelegt ist.

In den heutigen Autos werden zum Beispiel die heizbare Heckscheibe, die Wischer-Intervall-Au-

Damit nicht unnötig viele Meter dicker (und damit teurer und schwerer) Kabel durch das Auto verlegt werden müssen, bedient man sich der Relaistechnik. Diese schaltet hohe Ströme, ohne daß die volle Leistung über einen Schalter fließen muß. Auch der Magnetschalter am Anlasser ist ein solches Relais

tomatik oder die Vorglühanlage von Dieselfahrzeugen über ein Relais geschaltet. Wenn einer dieser Verbraucher nicht funktioniert, die entsprechende Sicherung aber heil ist, sollte man den Fehler im betreffenden Relais vermuten. Diese befinden sich zumeist alle zusammen auf dem Sicherungshalter. Hat man mit Hilfe der Bedienungsanleitung die Lage des entsprechenden Relais herausgefunden, kann man durch einfaches Fühlen herausfinden, ob sich das Relais beim Betätigen des zuständigen Schalters rührt.

Tut es das nicht, ist entweder die Stromversorgung zum Relais oder das Relais selber defekt. Was nun tatsächlich zutrifft, kann man ganz einfach herausfinden, indem man ein Relais gleicher Bauart an Stelle des vermeintlich defekten kurz ausprobiert.

Minus: In ständiger Verbindung zur Automasse

Fehlerquellen und Fehlersuche

Die Elektrik ist für viele Autobesitzer ein rotes Tuch. Bei der Mechanik kann man oft schon optisch erkennen, daß etwas defekt ist – nicht so bei der undurchsichtigen Elektrik. Dabei ist es in den meisten Fällen gar nicht so schwierig, den Elektrikfehler einzugrenzen. Weil dafür im allgemeinen aber etwas mehr Werkzeug benötigt wird als ein einfacher Schraubenzieher, ist dieser Punkt nur etwas für Leute, die es etwas ernster mit dem Reparieren meinen. Grundvoraussetzungen für eine erfolgsträchtige Fehlersuche sind der sogenannte Stromlaufplan für das Fahrzeug, eine Prüflampe und ein einfaches Volt-/Ohmmeter.

Was man noch wissen muß, ist, daß es Plus und Minus gibt, wobei Minus (= Masse) immer der Pol ist, der ständig leitende Verbindung mit der Karosserie hat. Jeder

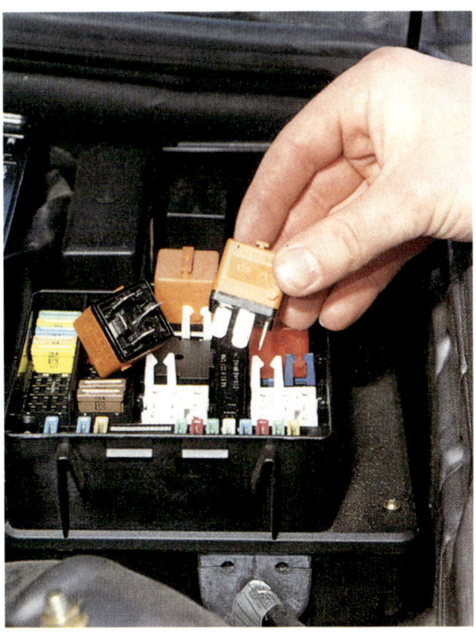

Da in den meisten Fahrzeugen mehrere Relais gleichen Typs verwendet werden, kann man durch einfaches Austauschen schnell feststellen, ob dort die Ursache für die Störung liegt (links). Meist sind die Relais in der Zentralelektrik neben den Sicherungen befestigt. Einige Autos führen sie auch im Motorraum mit (unten)

Verbraucher im Auto, von der kleinsten Leuchte bis zum Anlasser, braucht diese beiden Anschlüsse, um zu funktionieren. Liegt eine Störung vor, gilt es herauszufinden, welche Leitung aus welchem Grund unterbrochen ist, beziehungsweise nicht bis zu dem entsprechenden Verbraucher gelangt.

Von wenig bis unendlichen Widerstand

Hier verfährt man folgendermaßen: Der eine Pol der Prüflampe, die Klemme, wird an Masse angeschlossen. Nun kann man mit der Prüfspitze rückwärts vom nicht funktionierenden Verbraucher vorgehen. Liegt direkt am Verbraucher Spannung an, ist klar, daß dieser selbst defekt ist. Liegt dort kein Plus an, muß man sich mit Hilfe des Stromlaufplans langsam vortasten, bis man auf dem Weg zwischen Batterie (beziehungsweise Sicherungskasten) und Verbraucher die Unterbrechung lokalisiert hat.

Ein Ohmmeter hilft dabei, defekte Schalter oder Leitungen aufzuspüren. Schlägt es nicht aus (unendlicher Widerstand), ist das durchgemessene Teil defekt – der Fehler ist gefunden.
Schlägt es aus (kaum Widerstand), hat das Teil Durchgang, ist also heil. Oft lassen sich so auf einfache Weise Fehlerquellen herausfinden: Da ist zum Beispiel eine Steckverbin-

Dem Fehler auf der Spur

Bei Störungen an der elektrischen Anlage tun sich viele (auch Mechaniker) schwer. Da man den Defekt nur selten sieht, muß man hier mehr Verständnis aufbringen als bei mechanischen Arbeiten. Oft geht es ohne geeignetes Testwerkzeug nicht weiter. Aber schon eine einfache Prüflampe (sie kostet etwa fünf Mark) kann schnell zeigen, ob an dem defekten Verbraucher Spannung anliegt. Dabei wird die Klemme immer an einem blanken Metallteil der Karosserie befestigt, die Spitze sucht nach dem Strom.

Die Prüflampe (oben) ist eine Leitung mit einer kleinen Prüfeinrichtung. Die Klemme (links) stellt die Masseverbindung her, die Prüfspitze (Vorsicht, sie ist sehr spitz) kann in die Leitung des Kabels gestochen werden, ohne daß sie die Isolierung beschädigt

dung im Laufe der Jahre korrodiert und muß nur zwei bis dreimal abgezogen und wieder aufgesteckt werden, bis wieder Strom fließt. Oder es wird ein gebrochenes Kabel aufgespürt, das problemlos und preiswert zu ersetzen ist.

Jeder Leitung eine bestimmte Farbe

Glücklicherweise werden viele Kabel – zumindestens bei den deutschen Herstellern – verschiedenfarbig gekennzeichnet. Die wichtigsten Farben und ihre Bedeutungen:

braun: Masseleitung;
rot: Leitung von Batterie zur Lichtmaschine, Licht- und Zündschalter;
schwarz: Leitungen zu Anlasser, Zündspule, Vorglühanlage und Tagesverbrauchern;
grün: Leitung von der Zündspule zum Unterbrecher;
weiß: Leitung zu Fernscheinwerfern;
gelb: Leitung für Abblendlicht;
grau: Leitungen zu Schluß-, Nummern- und Begrenzungslicht;
blau: Leitungen zu Kontrolleinrichtungen.

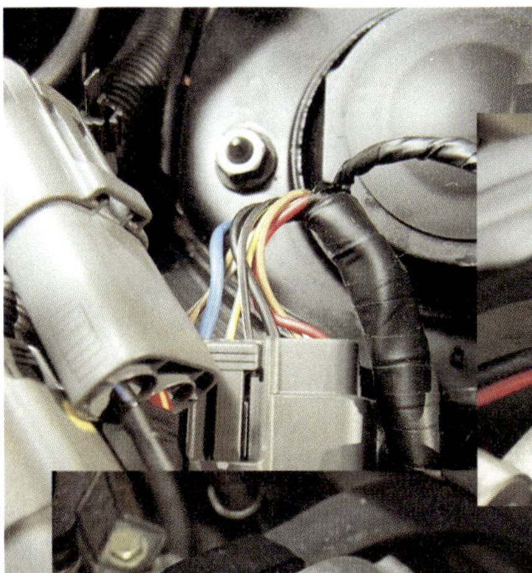

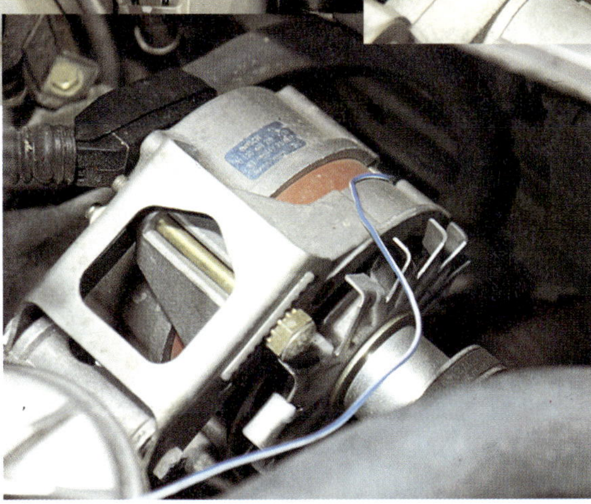

Um die Kabel unterscheiden zu können, sind sie unterschiedlich eingefärbt. So kann selbst in einem dicken Kabelbaum nach der richtigen Leitung geforscht werden (links oben). Muß man eine Leitung erneuern, empfiehlt es sich, diese am bereits bestehenden Kabelstrang zu befestigen (oben). Es sollte darauf geachtet werden, daß keine Kabel oder Leitungen zu dicht an rotierenden Motorteilen verlegt werden (links)

Im Stromlaufplan sind die farbigen Kennzeichnungen aller übrigen Kabel angegeben, so daß eine Identifizierung auch im dicksten Kabelbaum möglich ist.

Große Angst ist nicht angebracht beim Thema Autoelektrik – das genaue Studium des Stromlaufplans und eine gesunde Portion logisches Verständnis sind zwei gute Voraussetzungen bei der Suche nach dem „Kupferwurm".

Leistungsfähig: Drehstromlichtmaschinen

Die Lichtmaschine

Die Lichtmaschine ist das Organ, das während des Motorlaufs dafür sorgt, daß die elektrischen Verbraucher die Batterie nicht allmählich leersaugen. Die Bezeichnung ist etwas irreführend, denn die Lichtmaschine macht selbst kein Licht. Sie ist vielmehr das Kraftwerk für alle elektrischen Einrichtungen im Auto. Sie funktioniert ähnlich wie ein Fahrraddynamo, allerdings mit dem Unterschied daß sie nicht von einem Rad, sondern über einen Keilriemen angetrieben wird. Es gibt heute fast nur noch sogenannte Drehstromlichtmaschinen. Diese sind bei geringen Abmessungen erheblich leistungsfähiger als die früher üblichen Gleichstromlichtmaschinen. Sie bringen schon bei geringen Drehzahlen eine gleichbleibend hohe Leistung.

Charakteristisch für Drehstromlichtmaschinen ist, daß sie eine gewisse Startdrehzahl kurzfristig überschreiten müssen, um die Arbeit aufzunehmen. Wird der Motor angelassen, ohne Gas zu geben, und erlischt die Ladekontrolleuchte nicht sofort, ist das kein Grund zur Sorge. Nach kurzem Gasgeben muß die Lampe aber erlöschen. Sie bleibt auch aus, wenn die Motordrehzahl anschließend wieder absackt.

Bei modernen Motoren werden heutzutage nur noch Drehstromlichtmaschinen verwendet (oben). Sie liefern schon bei Leerlaufdrehzahl eine ausreichend hohe Leistung, um die Batterie zu laden. Brennt die Ladekontrolleuchte (rechts) nach dem Anlassen des Motors noch kurz weiter, ist dies kein Grund zur Besorgnis. Wird aber etwas Gas gegeben, muß sie sofort erlöschen

Lichtmaschinen sind relativ unempfindlich und wartungsfrei. Es gibt eigentlich bloß drei Dinge, die sie nicht vertragen:

1. Öl: Ein typischer Lichtmaschinentod ereilte zum Beispiel frühere VW Golf-Modelle mit 1,1- und 1,3-Liter-Maschinen. Nach einer Laufzeit von zirka 100 000 Kilometern wurde die Zylinderkopfdichtung der genannten Modelle genau an der Ecke über der Lichtmaschine undicht – und das hatte böse Folgen:

Fehler aus Mangel an Kontakten

Motoröl gelangte ins Innere der Lichtmaschine und zerstörte über kurz oder lang die Lackisolierung der Wicklungsdrähte. Wenn nicht zuerst die Dichtung instandgesetzt wurde, konnte man sich in einem solchen Fall an Lichtmaschinen geradezu arm kaufen.

2. Drehstromlichtmaschinen mögen es überhaupt nicht, wenn sie während des Motorlaufs von der Batterie getrennt werden. Schnell ist dann die eingebaute Diodenplatte, die aus dem Drehstrom den benötigten Gleichstrom macht, hinüber. Deshalb ist es wichtig, daß die Kabelverbindungen an der Lichtmaschine sowie an den Batteriepolen und die Polklemmen stets eine feste Verbindung haben und nicht korrodiert sind. Auch auf gute Masseverbindungen sollte geachtet werden. Glimmt die Ladekontrolleuchte während des Fahrbetriebs leicht auf, liegt der Fehler häufig am Kontaktmangel.

3. Einwirkung anderer Stromerzeuger. Damit sind beispielsweise Bat-

Eine gründliche Motorwäsche hat nicht nur optischen Nutzen, sie verhindert auch teure Reparaturen. Fließt Öl in die Lichtmaschine, wird die Isolierung der Wicklungen angegriffen, es kommt zu einem Kurzschluß. Die Kabelanschlüsse dürfen nicht locker sitzen

Vor Arbeiten an der Lichtmaschine muß der Minuspol der Batterie gelöst werden. So wird jeder Kurzschluß sicher vermieden

terieladegeräte oder Elektroschweißgeräte gemeint. Spannungsspitzen, die von diesen Geräten ausgehen können, beschädigen ebenfalls die Dioden. Vor Arbeiten mit solchen Geräten ist die Batterie abzuklemmen. Beim Starthilfegeben oder -nehmen geht das natürlich nicht (siehe hierzu Rubrik „Richtige Starthilfe").

Wenn die Batterie überkocht

Bei einigen Automodellen läuft der sogenannte Erregerstrom für die Drehstromlichtmaschine über die Ladekontrolleuchte. Ist diese durchgebrannt, lädt die Lichtmaschine erst bei erheblich höheren Motordrehzahlen. Deshalb sollten defekte Kontrollampen beizeiten ersetzt werden.

Rein theoretisch könnte die Autobatterie auch einmal überladen werden – nämlich dann, wenn nicht andauernd eine große Zahl Verbraucher eingeschaltet ist. Um das Überladen auszuschließen, gibt es ein kleines Kästchen, das meist an der Lichtmaschine sitzt und den Stromfluß zur Batterie bedarfsgerecht regelt. Nicht umsonst trägt dieses Kästchen die Bezeichnung „Regler". Es sorgt im übrigen auch dafür, daß die Bordspannung im Fahrbetrieb immer zwischen 13,5 und 14,5 Volt liegt – also etwas über den zwölf Volt Ruhespannung der Batterie. So wird die Batterie ständig mit der richtigen Spannung geladen.

Der Regler kann im Falle eines Defekts nur komplett ausgetauscht werden. Mögliche „Fehlleistungen" eines Reglers erkennt man beispielsweise am flackernden Licht während des Motorlaufs oder an einer überkochenden Batterie. In

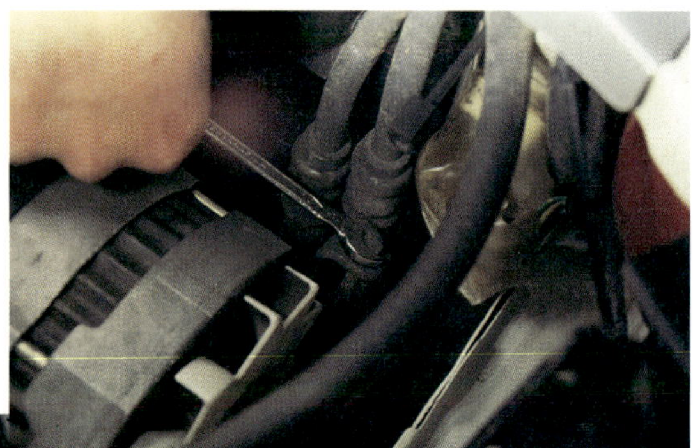

Wird die Lichtmaschine ausgewechselt, müssen zuerst alle Kabelanschlüsse gelöst werden. Um den Keilriemen abnehmen zu können, muß der Spannmechanismus der Lichtmaschine gelockert werden (oben). Sind die Befestigungsschrauben gelöst, kann die Lichtmaschine aus dem Motorraum gehoben werden

einem solchen Fall wird der Ladestrom nicht mehr richtig geregelt. Überkochende Batteriesäure hat eine ganz eigene, stechende Duftnote. Wenn es darüber hinaus heftig in der Batterie blubbert und diese sehr warm wird, sollte baldmöglichst eine Werkstatt aufgesucht werden.
Erkennbar wird dieser Schaden an den häufig durchbrennenden Glühlampen – die Überspannung „killt" sie in kurzer Folge.

Zum genauen Test der Lichtmaschine und des Reglers benötigt man spezielle Testgeräte und Fachkenntnisse, die wir hier nicht voraussetzen können. Allerdings ist der Selbstaustausch einer kompletten Lichtmaschine für Hobbybastler meist mit relativ wenig Aufwand möglich. Es lohnen sich dann auf jeden Fall wieder Preisvergleiche. Im Zubehörhandel kosten No-name-Austauschlichtmaschinen häufig nur die Hälfte einer originalen – und letztere ist nicht unbedingt doppelt so gut …

Volle Batterie unterstützt die Weiterfahrt

Was ist aber zu tun, wenn während der Fahrt plötzlich die rote Ladekontrollampe aufleuchtet?
Dieses Signal zeigt eine sichere Störung in der Stromversorgung an. Zu beachten ist weiterhin, daß das Verlöschen der Lampe leider nicht immer zu bedeuten hat, daß nun alles in Ordnung ist. Erster Prüfschritt sollte die Kontrolle des Keilriemens sein. Ist dieser gerissen, ist eine kurze Weiterfahrt bis zur nächsten Werkstatt bedingt möglich. Dazu müssen aber die folgenden Voraussetzungen gegeben sein:

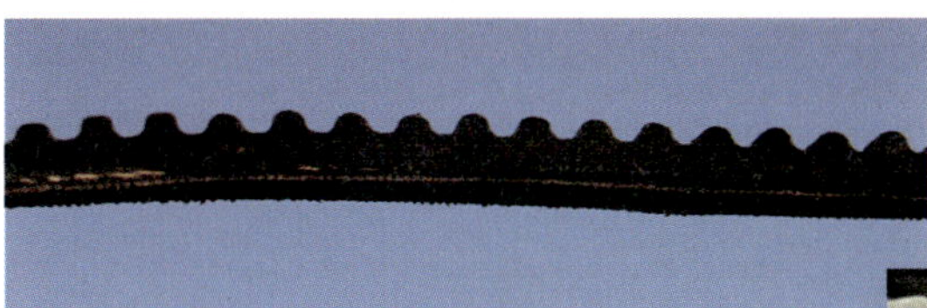

- Der Keilriemen hat garantiert nur die Lichtmaschine angetrieben und nicht etwa zusätzlich die Wasserpumpe oder den Kühlerventilator.

- Die Batterie ist gut geladen und keinesfalls altersschwach.

Die überholte oder neue Lichtmaschine wird am besten immer mit einem neuen Keilriemen eingesetzt. Die Größenbezeichnung auf der Oberseite des Riemens hilft beim Kauf (ganz oben). Hat man die Wahl, sollte man auf einen gezahnten Riemen zurückgreifen (oben). Die Spannung sollte so fest eingestellt werden, daß sich der Riemen höchstens zehn bis 15 Millimeter durchdrücken läßt (rechts)

Um keine weiteren Schäden zu verursachen, muß in allen anderen Fällen das Auto vor Ort repariert oder abgeschleppt werden.

Wer mit einer defekten Lichtmaschine und/oder gerissenem Keilriemen weiterfährt, muß wissen, daß jeder eingeschaltete elektrische Verbraucher seine Energie aus der nicht mehr nachgeladenen Batterie bezieht. Besonders kräftezehrend ist der Anlasser – häufige Starts sind zu vermeiden. Weitere große Stromabnehmer sind Fahrlicht, Heckscheibenheizung, Gebläse, Scheibenwischer. Empfehlung: Diese generell sparsam verwenden.

Reparieren von Lichtmaschinen und Reglern

Wurde die Lichtmaschine ausgebaut, kann es lohnend sein, diese in einer Fachwerkstatt überholen zu lassen. Oft sind nur die Schleifkohlen abgenutzt, so daß sie keine richtige (leitende) Verbindung zu dem sich drehenden Innenläufer herstellen können. Ist eine Wicklung durchgebrannt, sieht die Sache leider anders aus – eine neue Wicklung wäre im Vergleich zu einem Austauschteil sicher zu teuer. Beim Regler ist jede Reparatur ebenfalls vergebene Mühe.

Anlasser

Verbrennungsmotoren im Pkw sind nicht selbstanlaufend wie zum Beispiel Elektromotoren. Sie müssen vielmehr künstlich in Schwung gebracht werden. In den Anfängen des Automobils benutzte man dazu eine Kurbel.

Im Regelfall dürfen wir uns heutzutage für diesen Vorgang sehr bequem des elektrischen Anlassers bedienen. Das ist im wesentlichen ein sehr kräftiger Elektromotor, der über ein Zahnrad das Schwungrad am Ende der Kurbelwelle antreibt, und zwar solange, bis der Motor nach einigen Umdrehungen von alleine weiterläuft.

Jeder Motor wird von einem Elektromotor gestartet. Wird der Zündschlüssel in die Startposition gedreht, erhält der Magnetschalter Strom. Er spurt zuerst das Zahnrad des Anlassers in den Zahnkranz der Schwungscheibe ein. Anschließend erhält der Anlassermotor „Saft" und beginnt sich zu drehen

Die gebräuchlichste Bauform ist der sogenannte Schubschraubtriebanlasser. Seine Wirkungsweise soll nun kurz beschrieben werden:

Beim Drehen des Zündschlüssels in Richtung „Start" bekommt zuerst ein kräftiger Elektromagnetschalter am Anlasser Strom. Der Schalter zieht über einen Hebel das auf dem Anlassermotor sitzende Zahnritzel in die Verzahnung des Schwungrades und schließt im Moment des Eingriffs einen Kontakt. Über diesen erhält nun der Anlassermotor seinen Strom. Ist der Automotor dann angesprungen, sorgt ein hinter dem Ritzel sitzender Freilauf dafür, daß der Anlassermotor durch das sich schnell drehende Schwungrad nicht Schaden nimmt. Wird der Zündschlüssel nach dem Start losgelassen, wird der Magnetschalter stromlos, und eine Feder zieht das Anlasserritzel in die Ruhestellung zurück. Gleichzeitig wird der Anlassermotor abgeschaltet.

So wird der Magnetschalter stromlos

Störungen am Anlasser

Obwohl sehr robust, kann auch ein Anlasser irgendwann einmal seinen Geist aufgeben. Beim Auftreten folgender Symptome kann man sich selbst helfen:

Anlasser gibt keinen Mucks mehr von sich

• Leuchten auch die Kontrolleuchten im Armaturenbrett nicht oder verlöschen sie beim Startversuch, ist vermutlich die Batterie leer. Abhilfe: Batterie nachladen oder, falls sie altersschwach ist, besser gleich austauschen. Nothilfe im akuten Fall: Von einem Fremdfahrzeug Starthilfe geben lassen.

• Kontrollampen leuchten zwar kräftig, aber es ist trotzdem nichts

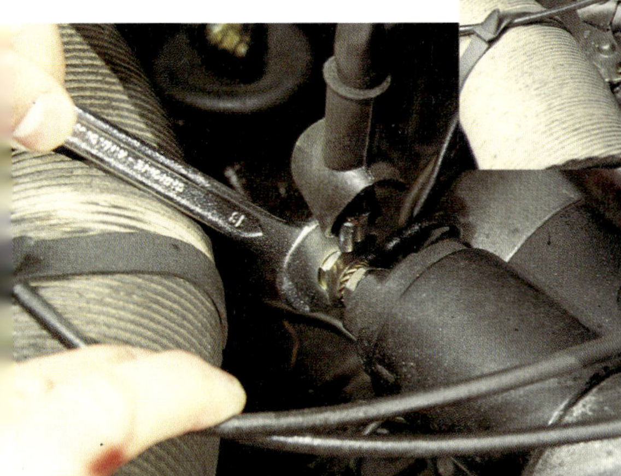

Der Austausch des Anlassers ist nicht allzu schwierig (oben). Leider sind die Befestigungsschrauben häufig versteckt, so daß ein Steckschlüssel mit Verlängerung und Gelenk notwendig ist. Bei Störungen sollte zuerst die Verkabelung des Magnetschalters überprüft werden (links)

zu hören: Die Stromversorgung zum Anlasser/Magnetschalter ist gestört. Abhilfe: Falls der Anlasser im Motorraum gut zugänglich ist, sollte man zunächst die Kabelverbindungen überprüfen. Eventuelle Korrosion an den Kontaktstellen sind zu beseitigen.
Achtung: Das dicke Pluskabel am Anlasser steht unter Dauerstrom. Nicht gegen Masse gelangen lassen oder besser vorher den Minuspol der Batterie lösen, denn sonst besteht Kurzschlußgefahr.

Hammerschläge machen den Magnetschalter frei

• Kontrolleuchten leuchten im Moment des Startversuchs etwas dunkler, aber es ist nichts oder nur ein leises Klicken zu vernehmen: Wahrscheinlich hängt der Magnetschalter. Abhilfe: Vorübergehend kann man sich behelfen, indem man mit einem Hammer leicht auf den Anlasser/Magnetschalter klopft. Manchmal bekommt man den Magnetschalter damit frei. Dieser Fehler macht sich mitunter nur bei jeweils warmem oder kaltem Motor bemerkbar. Dauerhafte Abhilfe ist sicherlich nur mit einem Austausch des Anlassers möglich.

• Anlasser dreht zwar, aber es gibt ein kreischendes Geräusch, und der Motor wird nicht mitgedreht. Das passiert, wenn der Magnetschalter das Anlasserritzel nicht korrekt in das Schwungrad eingespurt hat, bevor der Anlassermotor Strom bekommt. Abhilfe: Tritt dies nur sehr selten auf, genügt ein erneuter Startversuch. Wiederholt sich das ganze aber mehrmals, muß entweder der Einspurmechanismus des Anlassers gängig gemacht

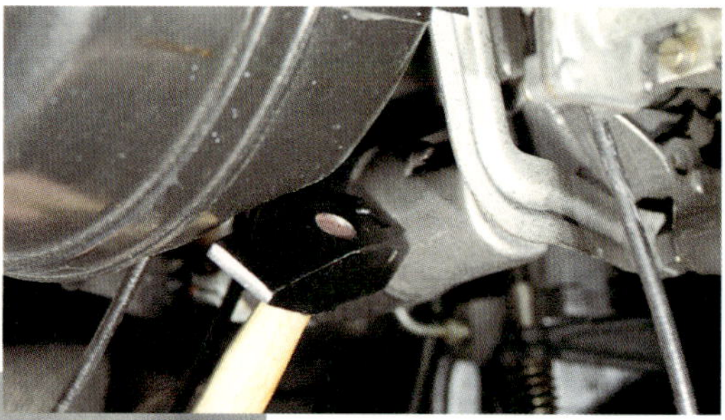

Bleibt der Magnetschalter hängen, hilft oft ein leichter Schlag auf sein Gehäuse weiter. Am besten wird von einem Helfer gleichzeitig der Anlasser betätigt (oben). Gibt der Anlasser bei Starten kreischende Geräusche von sich, ist aller Wahrscheinlichkeit das Ritzel verschlissen. Die Zähne müssen wie bei dem neuen Exemplar links unbeschädigt sein. Anderenfalls zerstören sie den Zahnkranz am Schwungrad!

werden, oder – und das ist der schlimmere Fall – der Zahnkranz am Schwungrad ist „abgefräst“: Dann wird die Reparatur relativ teuer.

Motor starten trotz defekten Anlassers?

Wenn es sich nicht gerade um ein Automatikfahrzeug handelt, kann man den Motor notfalls auch durch Anschieben oder Anschleppen starten. Vorsicht damit aber bei Katalysatorfahrzeugen: Durch längeres erfolgloses Anschieben oder Anschleppen kann unverbrannter Kraftstoff in den Katalysator gelangen und diesen beschädigen.

Beim Einkuppeln Motor nicht überdrehen

Anschieben

Eine Person setzt sich ins Fahrzeug und schaltet die Zündung ein. Kupplungspedal treten und zweiten Gang einlegen. Fahrzeug durch Hilfsperson(en) auf Tempo bringen lassen und dann ruckartig einkuppeln, den Fuß aber auf dem Pedal lassen.

Sofort nach dem Anspringen des Motors auskuppeln und Motor mit Gaspedal auf Drehzahl halten.

Anschleppen

Wie oben, dabei jedoch beachten: Vor dem Anschleppen mit dem Fahrer des Schleppfahrzeugs Hupsignale vereinbaren. Der Schlepper soll ja informiert werden, daß der zuvor schlappe Motor läuft. Die Schleppgeschwindigkeit nicht zu hoch (zirka 20 km/h) wählen, um den Motor beim Einkuppeln nicht zu überdrehen. Die Kupplung nicht zu hart kommen lassen, damit Seil und Abschleppöse nicht reißen.

Beim Anschleppen muß die Warnblinkanlage eingeschaltet werden, damit andere Verkehrsteilnehmer auf dieses „Gespann“ aufmerksam werden. Soll das Auto angeschoben werden, müssen zuvor die Zündung eingeschaltet, die Kupplung getreten und der zweite Gang eingelegt werden. Um zum erhofften Erfolg zu kommen, muß der Wagen schneller als Schrittgeschwindigkeit rollen. Dann wird die Kupplung losgelassen. Die sich drehenden Räder bewegen den Motor, welcher hoffentlich anspringt

Fürs Anschieben/Anschleppen gilt: möglichst nur auf unbelebten Seitenstraßen durchführen, um den Schutz aller Verkehrsteilnehmer zu gewährleisten. Nicht vergessen, die Warnblinkanlage einzuschalten!

Stromkreis – so stark wie seine dünnste Stelle

Sicherungen

Eine elektrische Sicherung ist ein Paradoxon: Man bezahlt Geld für etwas, dessen größter Wert darin liegt, daß es kaputt gehen soll. Zum Glück gibt es aber Sicherungen für die meisten elektrischen Stromkreise im Auto. Diese kleinen „Helfer" schützen vor bösen Auswirkungen eines Kurzschlusses oder einer Überlastung. Gäbe es keine Sicherungen, könnte aus einem defekten Verbraucher oder einem durchgescheuerten Kabel ganz schnell ein wärmender, aber dennoch höchst unerfreulicher Fahrzeugbrand entstehen.

Die im Auto verwendeten Sicherungen sind sogenannte Schmelzsicherungen. Sie haben zwischen den Kontaktenden ein mehr oder weniger verjüngtes Metallstück, das die dünnste Stelle im ganzen Stromkreis bilden soll. Überschreitet der Strom in dem betreffenden Kreis die zulässige Amperezahl, schmilzt der dünne Sicherungsdraht durch und trennt auf diese Weise die leitende Verbindung.

Seit einigen Jahren gibt es neben der annähernd zylindrischen Autosicherung mit konischen Enden

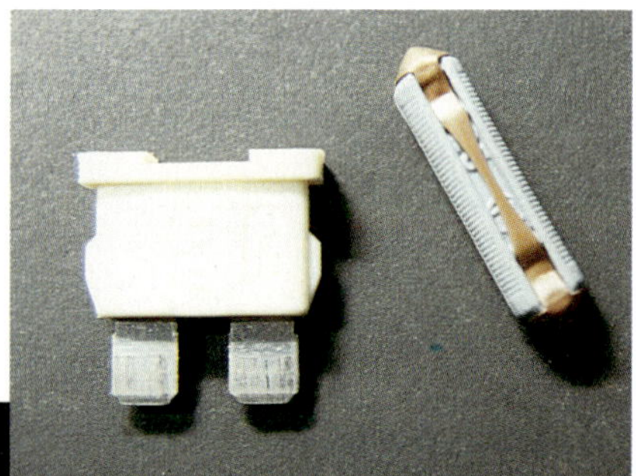

Bei jeder Störung eines elektrischen Verbrauchers sollten zuerst die Sicherungen überprüft werden. Sie sitzen meist in einer Zentralelektrik links unter dem Armaturenbrett (links). Die alten zylindrischen Sicherungen mit dem außenliegenden Schmelzdraht waren leichter zu kontrollieren (oben rechts), die neuen Flachsicherungen (oben links) sind dafür kontaktsicherer

und außenlaufendem Sicherungsdraht eine weitere Bauform, die sich inzwischen allgemein durchgesetzt hat. Sie ist aus Kunststoff und wird mit zwei Metallzungen in den Sockel des Sicherungskastens gesteckt. Diese Sorte Sicherungen hat neben dem Vorteil, etwas kontaktsicherer zu sein, den ganz erheblichen Nachteil, daß man eine durchgebrannte Sicherung erst erkennen kann, wenn man sie herausgezogen hat. Leider sitzen sie manchmal so fest, daß das trotz der mitgelieferten Steckzange eine fingernagelstrapazierende Tätigkeit ist. Im Zubehörhandel gibt es neuerdings Sicherungen, die an ihrer Oberseite einen Leuchtpunkt haben, der eine defekte Sicherung sofort erkennen läßt. Diese Luxussicherungen sind allerdings auch erheblich teurer als die normalen.

An der Farbe sind Sicherungen zu erkennen

Sicherungen sind je nach Einsatzgebiet und den jeweiligen Anforderungen entsprechend unterschiedlich stark ausgelegt. Je nach Belastbarkeit tragen sie eine höhere oder niedrigere Ziffer, die die Angabe der höchstzumutbaren Stromstärke in Ampere enthält. Außerdem sind sie durch unterschiedliche Farben gekennzeichnet. Nachfolgend eine Zuordnungstabelle über Farbe und Sicherungsbelastbarkeit:

Farbe	neue Bauart	alte Bauart
lila	3 Ampere (A)	
hellbraun	5 A	
dunkelbraun	7,5 A	
rot/orange/rosa	10 A	16 A
blau	15 A	25 A
gelb	20 A	5 A

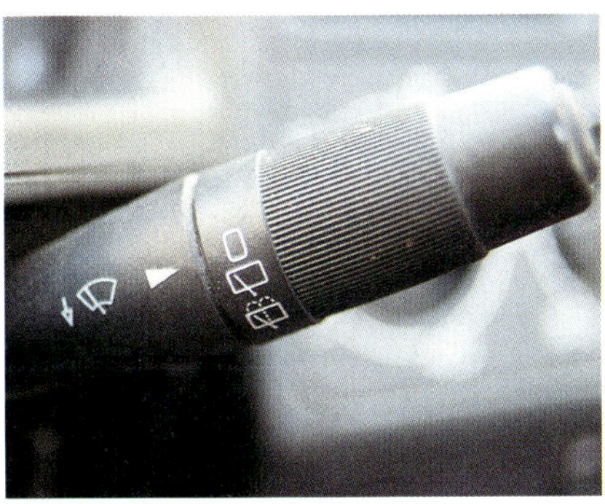

Auf der Flachseite der Sicherungen steht, wieviel Ampere durch sie hindurchfließen können, ohne daß sie Schaden nehmen. Aus Sicherheitsgründen dürfen die Sicherungen nie zu stark gewählt werden. Sie sind genau auf die Stromaufnahme der einzelnen Verbraucher ausgelegt

Farbe	neue Bauart	alte Bauart
weiß (klar)	25 A	8 A
grün	30 A	
schwarz	8 A	25 A

Zwei Dinge sind im Zusammenhang mit der Sicherungsanlage zu beachten, will man hier Pannen vermeiden:

- Defekte Sicherungen dürfen niemals geflickt oder überbrückt werden (zum Beispiel mit Stanniolpapier oder Draht). Dies ist keinesfalls ein neuer Tip für Hobbybastler, sondern eine ernstzunehmende Warnung.

Sicherungskasten immer trocken halten

- Defekte Sicherungen sind stets durch neue mit gleicher Belastbarkeit zu ersetzen.

Brennt eine Sicherung innerhalb kurzer Zeit wiederholt durch, muß zuerst nach der Ursache geforscht werden. Ständiges Ersetzen der Sicherung ist schließlich nicht der Weisheit letzter Schluß. Bei den Sicherungen der alten Bauart muß besonders auf eine feuchtigkeitsdichtende Abdeckung des Sicherungskastens geachtet werden. Die Sicherungsklemmen korrodieren gerne, was teiweise zu er-

Ist zum Wechsel eine spezielle Zange nötig, sollte diese besser nicht verlorengehen (oben links). Nach dem Auswechseln einer Sicherung nicht vergessen, den Sicherungskasten wieder zu schließen. Andernfalls kann Feuchtigkeit eindringen und für Korrosion an den Anschlüssen der Elektrik sorgen (oben). Bei den älteren Keramiksicherungen kann es bei feuchter Witterung zu Kontaktkorrosion kommen (links)

heblichem Spannungsverlust insbesondere bei starken Verbrauchern führt. Brennt beispielsweise das Fahrlicht nur noch sehr schwach oder schließlich gar nicht mehr, hilft oft schon das Drehen der Sicherung im Halter, um kurzfristige Besserung herbeizuführen. Gründlicher wird es natürlich, wenn man mit Schmirgelleinen die Korrosion bekämpft.

Nicht jeder Stromverbraucher ist gesichert

Einen Satz Reservesicherungen sollte man stets im Auto mitführen. So ist man jederzeit davor gefeit, nicht plötzlich im Ungewissen zu tappen oder im Dunkeln zu stehen, wenn einmal eine Sicherung durchgebrannt ist. Zweckmäßigerweise sollte man frühzeitig schon einmal nachgesehen haben, wo sich eigentlich der Sicherungskasten des jeweils aktuellen Automodells befindet. Nicht abgesichert sind die Zündung, der Anlasser, die Lichtmaschine sowie die meisten Kontrolleuchten am Armaturenbrett. Bei Fehlern in diesem Bereich erübrigt sich deshalb ein Blick in den Sicherungskasten.

Beleuchtungsanlage

„Sehen und gesehen werden" ist das Motto, das nicht nur bei der Auswahl der Garderobe und des Fahrzeugs gelten sollte, sondern auch im Hinblick auf die Beleuchtungsanlage eines Autos. Wie we-

Teilweise werden die elektrischen Verbraucher durch eine sogenannte fliegende Sicherung geschützt. Diese befindet sich meist in einem mit Bajonettverschluß versehenen Gehäuse

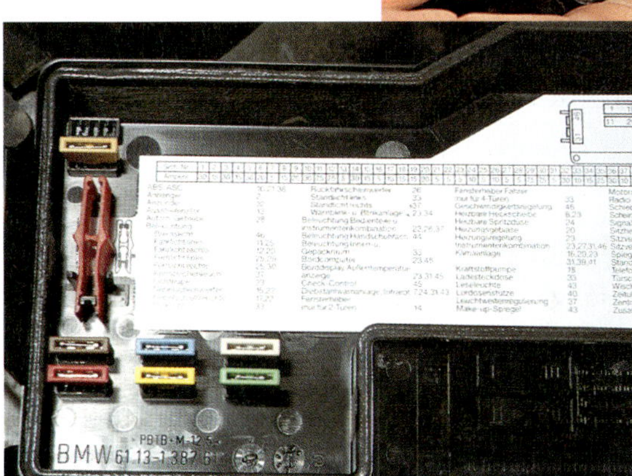

Welche Sicherung für welchen Verbraucher zuständig ist, kann der Bedienungsanleitung entnommen werden. Möglicherweise ist auf dem Deckel oder auf seiner Innenseite ein entsprechender Hinweis zu finden

nig diese Volksweisheit in diesem Punkt beachtet wird, darüber wissen Werkstätten und TÜV ein trübes Lied zu singen. Katastrophale Ergebnisse fördert regelmäßig die im Herbst stattfindende „Beleuchtungswoche" zutage, bei der Werkstätten und Prüfinstitutionen einen kostenlosen Lichttest anbieten.

Verschmutzte Scheinwerfer schlucken viel von dem in der Lampe erzeugten Licht (oben). Sind die Streuscheiben innen verschmutzt, helfen nur der Ausbau und die Reinigung mit einer weichen Bürste und klarem Wasser

Viele Dinge lassen sich von jedem Autofahrer selbst erledigen:

• Reinigen der Lichtanlage: Nicht nur, weil verschmutzte Leuchten einem ein „Ticket" von den grün-weißen Ordnungshütern bescheren können, sollte man diese öfter reinigen. Tests haben ergeben, daß Scheinwerfer über 80 Prozent an Leuchtkraft einbüßen können, wenn auch nur eine halbe Stunde auf stark verschmutzter Straße gefahren worden ist. Besonders schlimm wirkt sich das im Winter immer noch massenhaft verwendete Streusalz aus, das auf den warmen Scheinwerfergläsern augenblicklich antrocknet. Wohl dem, der eine Scheinwerferreinigungsanlage mit frostsicherem Wasser im Behälter hat.

Aber auch Schlußleuchten und Blinker müssen sauber gehalten werden. Mitunter verschmutzen die Kunststoffgläser der Rückleuchten auch von innen durch Abgase.

Prüfen der Scheinwerfer

Wurden die Scheinwerfer in einer Werkstatt eingestellt, kann man sich eine einfache Kontrolle schaffen, mit der man die Leuchten immer überprüfen kann. Dazu wird die Hell-Dunkel-Grenze des Abblendlichts an der Garagenwand angezeichnet.

Sie sind zumeist mit ein paar Handgriffen abmontiert und können vorsichtig mit warmer Seifenlauge und einer weichen Bürste für die Rillen gereinigt werden.

• Prüfung der Funktionsfähigkeit: Regelmäßig sollte man sich auch von der Funktionstüchtigkeit aller Glühlampen am Auto überzeugen. Dabei ist es unwesentlich, ob es sich um vorgeschriebene Leuchten (beispielsweise Scheinwerfer) oder nachträglich montierte Leuchten handelt (wie etwa Nebelscheinwerfer oder zusätzliche Bremsleuchten).

Gesetzlich vorgeschrieben ist nämlich, daß alle am Fahrzeug angebrachten Leuchten funktionieren müssen. Andernfalls müssen sie abmontiert oder vollständig abgedeckt werden. Häufig korrodieren die Stecksockel von Glühlampen mit Bajonettverschluß, so daß kein sicherer Kontakt mehr gegeben ist. Die Fassung muß dann mit Schmirgelleinen wieder blankgerieben werden.

Blinde Reflektoren unbedingt austauschen

• Zustand der Reflektoren überprüfen: Die Reflektoren aller Leuchten am Fahrzeug können vornehmlich durch Feuchtigkeitseinwirkung erblinden. Scheinwerfer und Rückleuchten, die zum Aquarium geworden sind, bereiten auf Dauer bestenfalls im Wasser vorkommenden Kleinlebewesen Freude. Leckgeschlagene Leuchten müssen deshalb abgedichtet werden.
Bei vielen Fahrzeugen ist der Reflektor des Scheinwerfers fest mit der Streuscheibe vergossen. Dann hilft nur der Austausch. Sind die beiden Bauteile trennbar, darf in keinem Fall der hochempfindliche Reflektor berührt werden. Er erblindet

Sind die Reflektoren der Scheinwerfer blind, sollte man nicht warten, bis dies bei der nächsten Hauptuntersuchung vom TÜV bemängelt wird. Durch die nicht mehr reflektierende Rückseite wird viel Licht (und Sicherheit) verloren

Gesprungene oder durch Steinschlag zerstörte Streuscheiben müssen gewechselt werden. Nicht nur, daß Wasser eindringen und zu einem Kurzschluß führen kann, auch herabfallende Scherben können die Reifen zerstören

bei Kontakt mit der Haut sofort und ist selbst mit den allerweichsten Putzwatten nicht wieder auf ursprünglichen Glanz zu bringen.

Alle Beleuchtungseinrichtungen am Kraftfahrzeug müssen bauartgenehmigt sein. Alle nachträglich vorgenommenen eigenmächtigen Veränderungen an diesen Teilen sind unzulässig. Vorsicht: Hier erlischt die Betriebserlaubnis. Besonders nachträglich am Fahrzeug angebrachte Beleuchtungseinrichtungen aus Importländern sollten auf das Vorhandensein der vorgeschriebenen Prüfzeichen – Schlangenlinie mit „K"....-Nummer oder „E" mit Nummer im Kreis – überprüft werden. Auch bei der Montage sind besondere Anweisungen zu beachten. So schick die selbstgeschwärzten Rückleuchten und der bunt blinkende Weihnachtsbaum auf dem Armaturenbrett auch empfunden werden mögen – sie können viel Ärger mit sich bringen.

Viele Lampenformen in einem Fahrzeug

Glühlampenwechsel

Ist eine Glühlampe am Auto durchgebrannt, muß sie selbstverständlich ersetzt werden. Dabei gibt es einiges zu beachten – nicht zuletzt die Bauformen der Autolampen: Es gibt im Auto nämlich zahlreiche höchst unterschiedliche Lampenformen. Sie haben beispielsweise Stecksockel (Armaturenbrett- und Schalterlämpchen) oder Bajonett-

Alle Teile der Beleuchtungseinrichtung müssen den gesetzlichen Bestimmungen entsprechen. Gut zu erkennen ist das „E" auf den Streuscheiben (rechts). Die Scheinwerfer verfügen meist über H4-Lampen, die zwei Glühfäden besitzen, einen für das Abblendlicht, den zweiten für das Fernlicht (unten rechts). Dank präziser Streuscheiben kann auch ein kleiner Reflektor (unten) die Straße gut ausleuchten

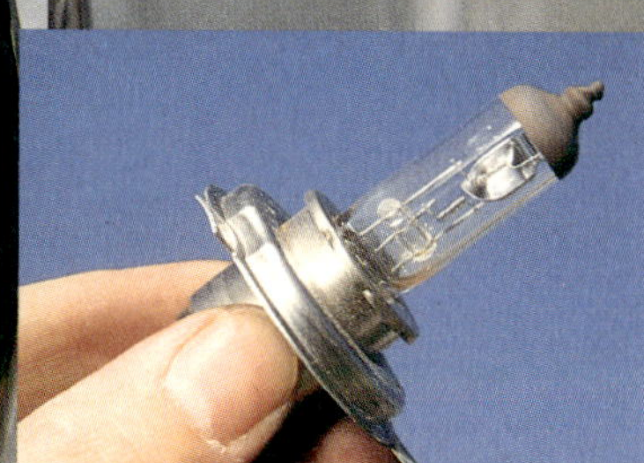

sockel (Blinkleuchten, Schlußleuchten, Standlicht, etc.). Bajonettsockellampen gibt es wiederum mit einem oder zwei Glühfäden – letzteres für kombiniertes Schluß-Brems-Licht in einer Lampe.

Bei den Scheinwerfern gibt es eigene Bauformen, wie etwa die gewöhnlichen Biluxbirnen sowie die Großfamilie der H1-, H2-, H3- und H4-Halogenlampen, von denen die letztere als Lampe für die meisten Hauptscheinwerfer Verwendung findet.

Immer auf die richtige Wattzahl achten

Sehr empfehlenswert ist die Anschaffung eines Ersatzlampensets mit den gebräuchlichsten Lampen und Sicherungen. Sie unterscheiden sich in der Regel nur durch die Bestükkung der Hauptscheinwerferbirnen. Vor dem Erwerb sollte man deshalb wissen, welche davon im eigenen Fahrzeug eingebaut sind.

Beim Austausch achtet man auf die korrekte Wattzahl, die im Lampensockel eingeprägt ist. „Spezialisten" schaffen auch das kaum Mögliche: nämlich eine Zweifaden-Kugellampe mit Bajonettsockel für das kombinierte Brems-Schluß-Licht verkehrtherum zu montieren. Diese paßt zwar so nicht richtig in die Lampenfassung, weil an der Seite des Sockels die Rastpunkte in unter-

Das Ersatzset verschiedener Glühlampen hilft, über den Verlust einer Glühlampe schnell hinwegzukommen. Ersatzbirnen sollten in keinem Auto fehlen

Auf dem Sockel der Lampen steht, wieviel Watt diese leisten. Bei den Frontscheinwerfern gibt es in der Regel nur eine Stärke. Bei Rückleuchten und Nummernschildbeleuchtungen kann es schon leichter zu Verwechslungen kommen

schiedlicher Höhe angebracht sind. Aber irgendwie gelingt es einigen „Profis" trotzdem immer wieder. Man erkennt das dann am zu hellen Schlußlicht und am zu dunklen Bremslicht. Es ist also stets auf die korrekte Einbaulage zu achten.

Nach Lampenwechsel auch Gummis montieren

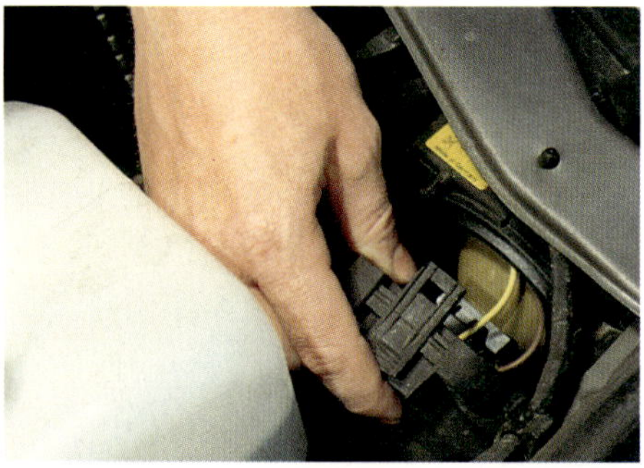

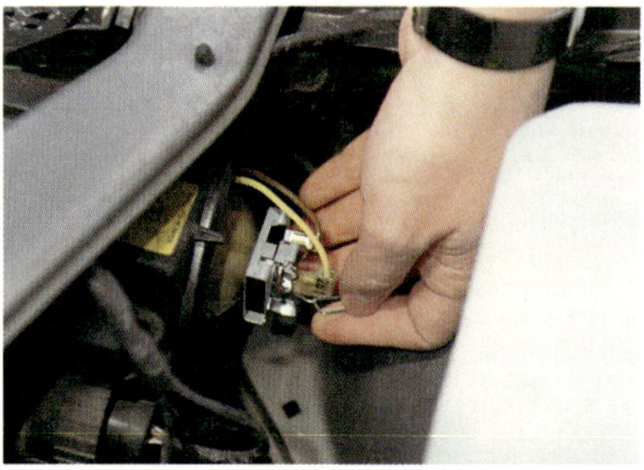

Speziell bei Halogenlampen darf der Glaskolben niemals mit bloßen Fingern berührt werden. Schweiß und Fett der Finger brennen sich ins Glas ein und lagern sich zusätzlich auf dem Scheinwerferreflektor an, was zu dessen Erblindung beiträgt. Derart kontaminierte Glaskolben von Halogenlampen sind vor dem Einbau penibel mit Spiritus oder einem anderen Fettlöser zu reinigen.

Nach dem Lampenwechsel müssen alle Gummidichtkappen und Gummiunterlagen unter Lampengläsern etc. unbedingt wieder korrekt montiert werden. Es kann sonst Wasser eindringen und die Leuchten, wie oben bereits geschildert, ruinieren.

Der Wechsel einer Birne ist kein Problem. Zuerst wird die Schutzabdeckung abgenommen, die den Scheinwerfer vor eindringender Feuchtigkeit schützt (oben). Als nächstes zieht man den Stecker vom Anschluß ab und öffnet die Verriegelung der Glühlampe (Mitte). Nun kann diese entnommen und ausgewechselt werden. Durch die verschiedenen Nasen rastet sie nur in einer Stellung ein (unten links). Die Glühlampe immer nur am Sockel anfassen (unten)

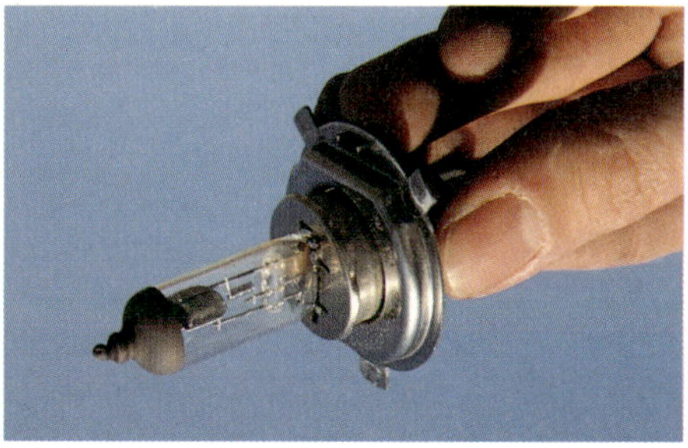

Heckscheibenheizung

Im Herbst oder Winter geht es kaum noch ohne: Die Heckscheibenheizung im Auto ist eindeutig ein wichtiges Sicherheitszubehör am Pkw. Auf der Heckscheibe sind von innen Widerstandsdrähte aufgedampft, die sich erwärmen, wenn man sie unter Strom setzt. Dadurch tauen sie Scheiben ab und halten sie beschlagfrei.

Scheibenheizung im Winter nur selten nutzen

Leider sind die Heizfäden hauchdünn und deshalb sehr empfindlich gegen mechanische Beschädigungen. Aus diesem Grund darf eine heizbare Heckscheibe niemals von innen mit einem Eiskratzer behandelt werden. Aber auch schon bei der Reinigung sind harte Schwämme etc. verboten. An ihre Oberfläche dürfen nur Wasser und ein mildes Reinigungsmittel mit einem weichen Tuch.

Bedenken sollte man außerdem, daß die Heckscheibenheizung im elektrischen Bordnetz des Fahrzeugs zu der Kategorie „Vielfraß“ gehört. Gerade im Winter, wenn die Batteriekapazität aufgrund der Kälte sowieso nicht so groß ist, sollte die Heckscheibenheizung nur im Bedarfsfall eingeschaltet werden.

Die heizbare Heckscheibe gehört zur Standardausstattung in jedem Auto. Da sie der Batterie viel Strom entnimmt, sollte sie nur eingeschaltet werden, wenn sie wirklich benötigt wird

Die Heckscheibenheizung besteht aus einer Vielzahl dünner Metalldrähte, die auf die Innenseite der Scheibe aufgedämpft wurden. Schon die kleinste Unterbrechung läßt den beschädigten Heizfaden ausfallen (oben).
Der Ausfall der Heckscheibenheizung kann als Ursache von einem korrodierten Anschlußstecker herrühren. Hier hilft ein Stück feines Schmirgelleinen weiter (unten)

SERVICE

Mit dem Auto durch die vier Jahreszeiten

Neben den von der Fahrleistung abhängigen Wartungsarbeiten verlangt ein Auto auch nach gewissen Vorbereitungsmaßnahmen auf die Winter- und Sommersaison. Gerade auf diesem Gebiet gibt es für jeden Do-it-yourselfer einiges zu tun. In dieser Zusammenfassung sind die wichtigsten Arbeiten angeführt:

1. Wintervorbereitungen

Frostschutzkontrolle

Wenn die ersten Nachtfröste anstehen, sollte jeder Autofahrer zuerst einmal den Frostschutz seines Fahrzeugs überprüfen.

Vor der kalten Jahreszeit muß man dem fahrbaren Untersatz besondere Beachtung schenken, will man keine böse Überraschung erleben. Tiefe Temperaturen, Salz, Eis und Schnee setzen sonst der Mechanik und der Karosserie arg zu

Insbesondere der Kühlwasserfrostschutz muß mindestens bis minus 25 Grad Celsius beigemischt sein. Gemessen wird er mit einer sogenannten Spindel, die man an jeder Tankstelle leihen kann. Ist der Frostschutz ungenügend, der Kühler jedoch gefüllt, muß Wasser abgelassen werden: An geeigneter Stelle schiebt man eine Schüssel unter den Motor, damit der Inhalt nicht ins Erdreich gelangt.

Gefahren durch Packeis

Ein eingefrorener Motor darf nicht angelassèn werden. Weil das Kühlwasser nicht zirkulieren kann, kommt es innerhalb kürzester Zeit zu Überhitzungen. Ein Motorschaden ist die Folge. Sichere Zeichen für einen eingefrorenen Motor sind der langsamer drehende Anlasser und der beim Startvorgang laut quietschende Keilriemen. In einem solchen Fall den Anlaßvorgang sofort abbrechen und zuerst die Kühlerschläuche durch Zusammendrücken auf Eis hin untersuchen.

Einige Fahrzeuge verfügen über Ablaßschrauben fürs Kühlwasser, die entweder direkt unten am Kühler oder aber im Motorblock oberhalb der Ölwanne sitzen. Bei anderen Modellen muß ein Kühlerschlauch unten am Kühler gelöst werden. Nun kann man die erforderliche Menge Wasser ablaufen lassen und danach den Frostschutz auffüllen, wobei auf Dichtigkeit geachtet werden muß. Zum Abschluß dieser Arbeiten wird eine kurze Fahrt unternommen: So kann sich das Kühlmittel mit dem noch im Motor verbliebenen Wasser gut vermischen. Damit auch der Heizungskreislauf seine Ration Frostschutz abbekommt, muß während dieser Fahrt der Heizungsschalter auf „heiß" gestellt werden.

Eingefrorenes Fahrzeug wieder auftauen

Friert der Motor wegen mangelnden Frostschutzes tatsächlich einmal ein, drohen durch die Sprengwirkung des gefrierenden Wassers irreparable Risse im Motorblock. Einen begrenzten Schutz bieten die im Block sitzenden Froststopfen, die beim Gefrieren der Kühlflüssigkeit herausgedrückt werden sollen. Sie können erforderlichenfalls in einer Werkstatt ersetzt werden. Trotz dieser Vorsehung ist die Rißbildung leider nicht völlig ausgeschlossen.

Zumindest die Wasserpumpe würde unverzüglich Schaden nehmen, da ihre Dichtung den durch das gefrierende Wasser entstehenden Druck nicht aushält. Empfehlenswert ist es, das eingefrorene Fahrzeug in eine wohl-

Zeigt die Anzeige auf der Frostschutzspindel einen zu geringen Wert an (links), muß der Kühlkreislauf mit zusätzlichem Frostschutzmittel versorgt werden. Friert das Kühlmittel ein, nimmt zumindest die Wasserpumpe Schaden (ganz oben). Nach dem Einfüllen der Kühlflüssigkeit muß bei einigen Fahrzeugen eine Schraube im Kühlerschlauch geöffnet werden. Tritt hier Wasser aus, ist der Kreislauf entlüftet

temperierte Garage zu schieben, um es allmählich auftauen zu lassen. Hilfsweise können Decken, die ringsum bis auf den Boden herabhängen sollten, über die Motorhaube gebreitet und ein elektrischer Heizlüfter unter den Motor gestellt werden. Allerdings muß man hierbei auf gute Luftzufuhr zum Heizlüfter achten (Brandgefahr!).Man darf das Auto keinesfalls unbeaufsichtigt lassen. Dieser Auftauvorgang kann einige Stunden dauern.

Platz schaffen für die Frostschutzmittel

Es genügt nicht, auf ausreichenden Frostschutz nur im Kühler zu achten: Alle im Auto befindlichen Behältnisse, die wasserführend sind, wollen vor dem Einfrieren geschützt werden. Dazu gehören auch die Behälter für die Scheibenwaschanlagen. Auf die Mehrzahl kommt es hier an, denn nur zu gerne wird bei Fahrzeugen mit getrennten Scheibenwaschsystemen für Frontscheibe, Heckscheibe und Scheinwerferwaschanlage nur dem für die Frontscheibe zuständigen Behälter Beachtung geschenkt.

Nicht jede farbige Flüssigkeit, die in diesen Wasserboxen schwappt, besitzt auch den nötigen Frostschutz. Spezielle Sommerzusätze zum Beispiel sind oft nur für die Schmutz- und Insektenentfernung ausgelegt. In diesem Fall empfiehlt es sich, die Behälter durch Herausnehmen und Ausschütten oder permanenten Gebrauch so weit zu entleeren, bis Frostschutz in hinreichender Menge nachgefüllt werden kann. Hierbei kann auf im Handel erhältliche Frostschutzmittel zurückgegriffen werden.

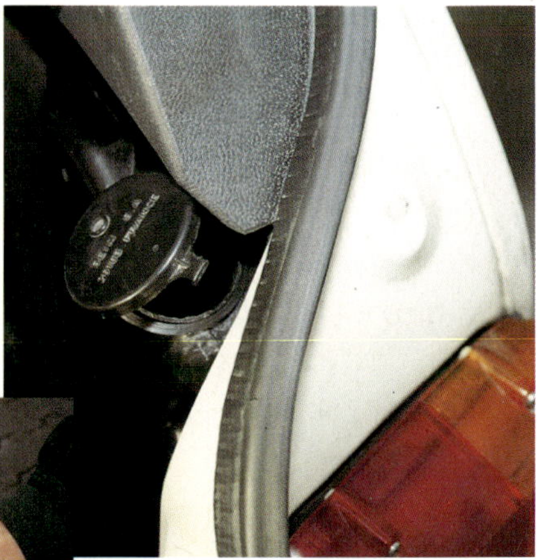

Bei den meisten Fahrzeugen mit Heckscheibenwischer befindet sich ein extra Waschwasserbehälter im Kofferraum (rechts). Er darf beim Auffüllen der verschiedenen Frostschutzmittel nicht vergessen werden

Ist das Scheibenwaschwasser erst einmal eingefroren, hilft nur Wärme. Mit einem Fön kann man (eine Steckdose in der Nähe vorausgesetzt) versuchen, den Eisklotz wieder aufzutauen. Die Leitungen und die Spritzdüsen dürfen dabei nicht vergessen werden

Genauso gut wie die teuren Frostschutzzusätze von der Tankstelle ist auch gewöhnlicher Brennspiritus. Er wird im Verhältnis 1:1 mit Wasser vermischt und in den Behälter der Scheibenwaschanlage gefüllt.
Nun wird die Scheibenwaschanlage betätigt, um sicherzustellen, daß sich in den Schläuchen zu den Düsen kein Eis bilden kann.

Klare Sicht schaffen

Besonders in der kalten Jahreszeit regnet es viel. Darauf sollte man sich vorbereiten und verschlissene Scheibenwischerblätter rechtzeitig auswechseln.
Wenn das Wischerblatt auf der Scheibe rattert, klappt das Wischergummi nicht mehr hin und her. Das kann am falschen Anstellwinkel liegen, mit dem der Wischer auf die Scheibe gedrückt wird, oder am Wischergummi. Da aber das Wischergebnis nicht mehr zufriedenstellend ist, sollten die Wischerblätter gewechselt werden. Viel möglichen Ärger erspart sich, wer auf Markenwischerblätter zurückgreift. Nicht nur, daß deren Gummis oft besser profiliert sind (wichtig für vollständige und streifenfreie Wasserbeseitigung), sie halten zumeist auch länger weil die Mechanik der Wischerblattträger robuster ist.

Eis und Schnee von Hand wegkratzen

Zum bloßen Freiwischen einer vereisten Scheibe sind die Scheibenwischer denkbar ungeeignet. Schnell wird dabei selbst die neueste Gummilippe zerstört. Da ist (zugegebenermaßen unbequeme) Handarbeit angesagt. Sind die Wischerblätter gar an der Scheibe

Spritzen die Waschdüsen in eine Richtung, die für die Reinigung der Frontscheibe nicht sinnvoll erscheint (meist bewässern sie nur das Fahrzeugdach), kann man sie schnell und einfach mit einer Stecknadel ausrichten. Sind sie verstopft, lassen sie sich mit dem Draht vom Ölwechselzettel reinigen

Einwandfrei arbeitende Wischerblätter sind nicht nur im Winter sehr wichtig. Ihr Wechsel ist viel einfacher als man denkt. Die Halteklammern besitzen meist einen kleinen Entsicherungshebel, nach dessen Betätigung Wischer und Arme getrennt werden können. Die neuen Wischer werden nun einfach aufgesteckt

festgefroren oder liegen große Schneemassen darauf, kann der Scheibenwischer seine Arbeit überhaupt nicht aufnehmen. Wird er trotzdem betätigt, gehen möglicherweise Wicklungen im Wischermotor kaputt. Als geringste Reaktion darauf brennt nur die betreffende Sicherung durch. Dort sollte man generell immer zuerst nachsehen, wenn der Wischermotor einmal streikt.

Sollten am Fahrzeug ungewöhnlich starker Wischerverschleiß oder – trotz neuer Wischerblätter – feine Schlierenbildung auftreten, kann die Überprüfung der Scheibe einen Mangel aufzeigen, der häufiger vorkommt als gemeinhin angenommen wird: Durch Steinschläge sind kleine Unebenheiten entstanden, die den Wischer nicht mehr glatt über die Scheibe laufen lassen. Wird eine solche Scheibe im Auto belassen, müssen die Wischerblätter künftig öfter gewechselt werden, als einem lieb sein kann.

An Scheibe und Blätter darf kein Fett

Quietscht der Scheibenwischer selbst noch bei weggeklappten Wischerarmen, laufen meist die Wischerwellen oder -gelenke trocken. Nach Abnehmen der Wischerarme bringt etwas Mehrzweckfett an den Achsen die gewünschte Ruhe wieder. Es sollte darauf geachtet werden, daß kein Fett an die Wischerblätter oder die Scheibe gelangt. Ist dies trotz aller Vorsicht geschehen, kann das Fett

Einige Autofahrer glauben, ihre Scheibenwischer ließen sich auch gut als Schneepflug einsetzen. Wer ein zugeschneites Auto vor dem Einschalten der Wischer nicht gründlich vom Schnee befreit, sollte am besten gleich einen neuen Wischermotor (dieser brennt bei Überlastung schnell durch) oder neue Wischergummis besorgen

Tip für Sparfüchse

Für gewöhnlich verschleißen beim Wischer nur die Gummis. Sie sind im gut sortierten Fachhandel auch lose, das heißt ohne Federgestänge, erhältlich. Der Wechsel der Gummis ist nicht viel komplizierter als der Austausch der kompletten Wischerblätter, und sie kosten nur die Hälfte. Leider ist diese Möglichkeit den meisten Autofahrern unbekannt. Sie wird, weil umsatzschmälernd, kaum angepriesen. Sie lohnt sich aber nicht nur finanziell: Darüber hinaus hat man einen kleinen Umweltschutzbeitrag geleistet.

abgewischt und die betreffende Stelle mit etwas „Coca-Cola" (ja, Sie haben richtig gelesen: dies ist kein Witz und keine Schleichwerbung) wieder fettfrei gemacht werden.

Türschlösser und Türdichtungen

In der Winterzeit reiben sich Schlüsselnotdienste die Hände: Kaum gibt's den ersten Frost, brechen beim verzweifelten Versuch, Türschlösser zu öffnen, reihenweise die Schlüssel ab. Dies hätte in den meisten Fällen vermieden werden können. „Vereisungen vorbeugen" heißt die Devise. Erster Prüfpunkt sollte die kleine Metallasche am Schließzylinder sein, die nach Abziehen des Schlüssels mit Federdruck den Schlüsselschlitz verschließt. Ist die Feder gebrochen oder das Plättchen verbogen, kann ungehindert Wasser eindringen. Das Türschloß widersetzt sich in frostigen Zeiten dann auch dem befugten Eindringling und kann erst nach dem Auftauen wieder geöffnet werden.

Heißes Wasser ist Gift fürs Schloß

Ansonsten sind die Schließzylinder am Auto mit einem Graphitöl zu behandeln. Derart geschützte Schlösser werden kaum zufrieren. Türschloßenteiser sind übrigens mit Vorsicht zu genießen: Oft enthalten sie zum Auftauen Alkohol, der den Nachteil hat, daß er die im Schließzylinder befindlichen Schmiermittel auswäscht. Weil ungeschmierte Schlösser erheblich schneller zufrieren, muß man den Enteiser nachher ständig benutzen.

Den „Teufel mit dem Beelzebub" vertreiben diejenigen, die heißes Wasser auf das zugefrorene Schloß gießen. Das wirkt zwar hundertprozentig – aber nur für einen Moment. Beim nächsten Mal ist das Schloß um so fester zugefroren.

Fast jedes Schloß an Türen oder Kofferraum wird durch einen kleinen Sperriegel vor eindringendem Schmutz bewahrt. Ist dieser Sperriegel schwergängig, sollte man ihn beizeiten mit etwas Graphitöl gangbar machen. Dieses Schmiermittel ist auch gut geeignet, das Schloß winterfest zu machen (oben)

Hat man erst einmal das Schloß offen, steht mitunter das nächste Ärgernis bevor: Die Gummidichtung ist am Türrahmen festgefroren. Zerrt man zu kräftig an der Tür, ist in der Regel eine neue Türdichtung fällig. Vermeiden kann man dies durch frühzeitiges Einreiben der Türgummis mit Hirschtalg. Dabei auch die Kofferraumdichtung nicht vergessen.

Die richtige Lagerstätte für Batterien

Batterie, Beleuchtung

In der kalten Jahreszeit ist besonders die Batterie einer sehr großen Belastung ausgesetzt. Zum einen werden viele elektrische Verbraucher verwendet (Licht, Heckscheibenheizung, Gebläse etc.), zum anderen nimmt die Leistungsfähigkeit der Batterie bei Kälte rapide ab. Man sollte die Batterie deshalb zu Beginn des Winters in der Werkstatt testen lassen. Eine bereits angeschlagene Batterie kann die fürs Starten nötigen Kräfte mit Müh und Not noch aufbringen, wenn sie nachts ins warme Haus mitgenommen und morgens wieder im Auto angeschlossen wird – langfristig sicherlich ein mühsames Unterfangen. Auch eine Batterie, die häufiger am Ladegerät nachgeladen werden muß, hat die besten Zeiten sicher

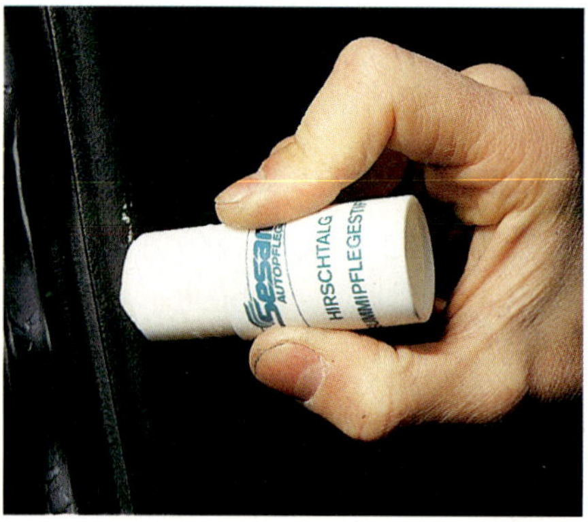

Schon so manche Türdichtung mußte vorzeitig ausgetauscht werden, weil sie nicht richtig auf den Winter eingestimmt wurde. Rechtzeitige Behandlung mit etwas Glyzerin oder Hirschtalg läßt sie nicht an der Tür festkleben

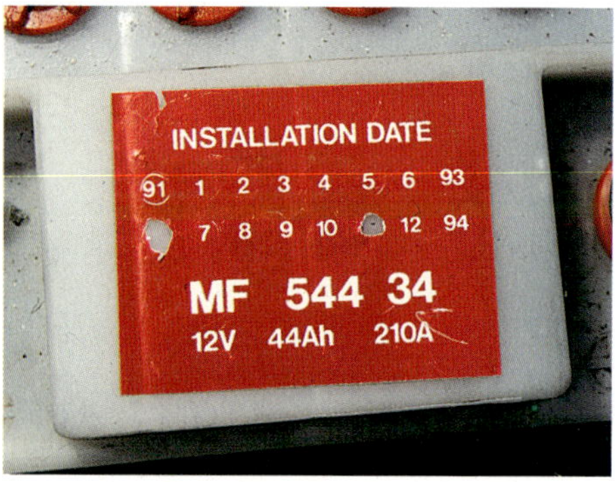

Die elektrische Anlage des Autos wird im Winter besonders gefordert. Nur wenn die Batteriepole sauber sind, kann ihre volle Kraft genutzt werden (oben). Das Datum der Inbetriebnahme der Batterie kann anhand der entfernten Jahres- und Monatsaufkleber ermittelt werden

schon hinter sich – falls nicht andere Gründe für den mangelhaften Ladezustand verantwortlich sind.

Da die Beleuchtung wegen der geringen Tageslichtdauer länger beansprucht wird, sollte der korrekten Einstellung der Scheinwerfer und dem Funktionieren aller Beleuchtungseinrichtungen vor der kalten Jahreszeit besonderes Augenmerk geschenkt werden.

Motoreinstellung

Startschwierigkeiten treten bei vielen Autos besonders bei kalten Temperaturen und hoher Luftfeuchtigkeit auf. Deshalb rechtzeitig die Zündanlage checken und den Motor richtig einstellen lassen. Dadurch kann nicht zuletzt auch der Kraftstoffverbrauch im Winter in normalen Grenzen gehalten werden. Eine rechtzeitige Motorwäsche verhindert zudem die mögliche Bildung von Kriechströmen an der Zündanlage.

Reifen, Schneeketten

Sehr wichtig für kontrollierbares Fortkommen auf verschneiten Straßen ist die ausreichende Profiltiefe der Reifen. In jedem Fall ist auf den vorgeschriebenen Luftdruck zu achten. Selbsternannte „Experten" geben den Tip, zur Erhöhung der wirksamen Lauffläche den Luftdruck zu senken. Das ist gefährlicher Unfug, denn das Fahrverhalten verändert sich dadurch in jedem Fall

Nicht mit dem Luftdruck spielen

Gut sehen und gesehen werden gilt besonders im Herbst und Winter. Eine von Zeit zu Zeit durchgeführte Beleuchtungskontrolle macht – falls dies nicht schon ein freundlicher Verkehrsteilnehmer getan hat – auf eine defekte Glühlampe aufmerksam (links). Verschmutzte Scheinwerfer (oben) schlucken viel Licht, die Fahrt bei anbrechender Dunkelkeit wird zunehmend anstrengender und gefährlicher

nachteilig, und die Reifen nehmen unter Umständen sogar Schaden.

Für diejenigen, die nur gelegentlich in verschneiten Bergregionen unterwegs sind, lohnt der Erwerb von Schneeketten kaum. Diese dürfen – der Straße, der Reifen und der Nerven wegen – wirklich nur bei geschlossener Schneedecke verwendet werden. Die zulässige Höchstgeschwindigkeit bei Kettenbetrieb darf dann nicht überschritten werden. Für „Flachländer", die in Winterurlaub fahren, empfiehlt sich die Anmietung von Schneeketten, die fast alle örtlichen Automobilklubs zu attraktiven Konditionen zur Verfügung stellen. Da das Anlegen der Ketten meist eine fingerfröstlige Angelegenheit ist, sollte man es zu Hause trainieren. Also: Bedienungsanleitung durchlesen und die ganze Anlegeprozedur ausprobieren.

Anlegen der Schneeketten trainieren

Bremsanlage

Die Bremsanlage des Autos muß grundsätzlich in tadellosem Zustand gehalten werden. Hier sei deshalb nur angemerkt, daß sich ungleiche Bremswirkungen an den Rädern einer Achse – etwa durch korrodierte Radbremszylinder – auf glatter Fahrbahn besonders schlimm auswirken, weil sie das Auto unweigerlich ins Schleudern bringen. Ein Test auf einem Bremsenprüfstand verschafft Klarheit.

Karosseriepflege

Witterung und Streusalz fügen dem Autoblech in einer Wintersaison zehnmal mehr Schaden zu als Hitze und Feuchtigkeit des Sommers. Der oft tadellose Zustand von im Winter stillgelegten Liebhaberautos beweist dies nur zu deutlich.

Die Karosserie bedarf in den Wintermonaten besonderer Pflege. Auch wenn sie teilweise aus verzinktem Blech gefertigt wurde, sollte man sie regelmäßig von Schmutz und Salz befreien (oben).
Weil die meisten Autofahrer nur selten Schneeketten anlegen müssen, wird dies recht oft zu einer langwierigen Angelegenheit. Um damit im Gebrauchsfalle nicht lange aufgehalten zu werden, sollte man den Umgang mit den Ketten zuerst in aller Ruhe an einem abmontierten Reifen üben (links)

Die meisten Autofahrer müssen ihr Fahrzeug aber ganzjährig benutzen. Um den Rostteufel in Grenzen zu halten, kann einiges getan werden. Was die Pflege der Karosserie betrifft, sind häufiges Waschen sowie eine Lackbehandlung mit Hartwachs ratsam. Kleine Kratzer und Steinschlagschäden sind vorher auszubessern.

Hohlraumkonservierung, Unterbodenschutz

Fast noch wichtiger ist jedoch der Schutz der Fahrzeugunterseite und der zahlreichen Hohlräume des Autos. Zwar wird heutzutage ab Werk schon viel Vorsorge betrieben. Insbesondere durch die Zinkbehandlung von Karosserieblechen wird eine kaum übertreffliche Korrosionsresistenz geschaffen. Allerdings sollte man wissen, daß diese nach Unfallreparaturen kaum wieder ursprüngliche Güte erlangen wird. Bei Fahrzeugen, die als stark rostanfällig gelten, kann sich das Einbringen einer zusätzlichen Hohlraumkonservierung lohnen. Hier sollte man aber auf die Erfahrung eines speziellen Hohlraumversiegelungsbetriebs vertrauen. Dieser kennt nicht nur die Schwachstellen des betreffenden Automodells, sondern verfügt auch über die notwendige technische Ausrüstung (wie Sonden und Endoskope), mit der sich der Erfolg dieser nicht gerade billigen Maßnahme sicherstellen läßt.

Unterbodenschutz nicht auf nacktes Blech

Hat der Rost erst einmal Fuß gefaßt – und das gilt ganz besonders für die Unterbodenbleche –, helfen nur gründliches Entrosten und anschließender Lackaufbau. Erst dann kann Unterbodenschutz aufgetragen werden. Das Auftragen von Teer-Unterbodenschutz auf blankes Bodenblech, also ohne Grundierung, ist für einen wirksamen Korrosionschutz völlig untaug-

Schon mit einer einzigen Dose Hohlraumversiegelung kann man viele einfach zu erreichende Kanten und Blechfalze wirkungsvoll vor dem ungeliebten Rostbefall schützen (oben). Sicheren Karosserieschutz (mit Durchrostungsgarantie) bietet aber nur der Spezialbetrieb. Dort wird das Auto soweit nötig zerlegt und an allen entscheidenden Stellen versiegelt (rechts)

lich, weil dadurch keine hundertprozentige Wasserabdichtung gewährleistet wird. Unterrostung ist die unweigerliche Folge, und die Entfernung der zähen Masse eine arge Schinderei. Gerade im Gebrauchtwagengeschäft wird diesbezüglich viel gepfuscht.

Rostvorsorge innen

Irgendwie findet die rostverursachende Nässe immer ins Auto – und sei es mit schneebehaftetem Schuhwerk. Sollten andere Leckstellen bestehen (defekte Türdichtungen, Scheibendichtungen oder gar Rostlöcher), müssen diese unverzüglich beseitigt werden. Damit die Feuchtigkeit nicht in die schwer trocknenden Bodenteppiche eindringen kann, sollte man im Auto Gummimatten verlegen. Beim Kauf ist auf einen leicht erhöhten Rand zu achten, damit das Wasser nicht gleich überschwappen kann. Sehr gut sind Paßformmatten, die auf den Fußraum des Wagens zugeschnitten sind. Sie sollten regelmäßig ausgeschüttet werden, denn sonst läuft das Wasser eines Tages doch über. Leider haben Gummimatten auch einen Nachteil: Auf der Unterseite kommt es fast immer zu Schwitzwasserbildung. Hier kann durch das Unterlegen von Zeitungen Schlimmeres vermieden werden. Doch müssen auch diese nach jeweils einigen Tagen gewechselt werden, sonst wirken sie eher als zusätzliche Feuchtigkeitsspeicher.

Nicht am Eiskratzer sparen

In jedem Fall sollte man sich vor dem Wintereinbruch einen guten Eiskratzer anschaffen. Die billigen erfüllen zwar relativ gut ihren Zweck, sie sind aber nicht bruchstabil. Der richtige Kratzer hat zumin-

Ein guter Eiskratzer (oben) schont nicht nur die Scheibenoberfläche, er bietet auch der Hand einen gewissen Schutz. So sind klamme Finger kein Grund mehr, bei „Blindfahrt" darauf zu warten, daß die Heizung die Scheiben auftaut. Die Fußmatten (links) schützen den Teppichboden vor Schneewasser und Salzrückständen

dest einen glatten Schaber und eine Gummilippe. Die besseren Eisschaber verfügen zusätzlich über eine gezahnte Seite, mit der sich Rillen ins Eis hineinfräsen lassen.

Keinesfalls – und das muß nochmal ausdücklich betont werden – dürfen Eiskratzer mit einem Metallschaber verwendet werden. Sie zerkratzen mit Sicherheit das Glas. Aus dem gleichen Grund scheiden andere harte Hilfsgegenstände wie etwa ein Spachtel oder ähnliches aus. Vertretbar ist gerade noch, sich mit einer Musikkassettenhülle zu behelfen. Am schonendsten ist es, festes Eis auf der Scheibe mit Hilfe der Chemie zu entfernen. Zu diesem Zweck gibt es einige Mittel. Aus Umweltschutzgründen sind solche auf Alkoholbasis in nachfüllbaren Pumpflaschen zu bevorzugen. Sehr nützlich sind auch Antibeschlagtücher. Ihre Verwendung ist für die Frontscheibe jedoch nur eingeschränkt zu empfehlen, weil das Sichtfeld schlierig wird. Ausgelaugte Antibeschlagtücher lassen sich durch Tränken mit Spülmittel wieder verwenden.

„Chemische Keule“ gegen Eis

Kühlerjalousien, Kühlwasserthermostat prüfen

Völlig zwecklos sind Kühlerjalousien fürs Auto. Im Herstellerwerk wurden die Kühllufteinlässe beim Wagen präzise auf die Bedürfnisse des Motors ausgelegt. Jedes Auto verfügt zudem über ein Thermostat, das den großen Kreislauf durch den Kühler erst ab einer bestimmten Motortemperatur öffnet. Durch den An-

Schonend für die Scheiben ist die Enteisung mit einem Defrosterspray (oben). Aus der Pumpflasche wird das Mittel auf die Scheibe gesprüht, nach kurzer Einwirkzeit kann das aufgetaute Eis weggewischt werden. Moderne Fahrzeuge kommen in der Regel auch ohne Kühlerjalousie aus. (rechts oben). Einzig die Ansaugluft des Vergasers muß bei einigen Fahrzeugen für den Winterbetrieb umgestellt werden

bau einer Kühlerjalousie wird der Motor nicht wesentlich schneller betriebswarm. Er kann jedoch nach Erreichen der Betriebstemperatur vom Fahrtwind möglicherweise nicht mehr genügend gekühlt werden. Die unmittelbare Folge wäre eine Überhitzung des Motors.

Nach dem Winter hilft viel Dampf

Schloßenteiser mitnehmen

Für absolute Notfälle sollte ein Fläschchen Schloßenteiser zur Hand sein. Damit man's auch zur Hand hat, wenn die Schlösser einmal zugefroren sind, ist die Jackentasche oder die Handtasche sicherlich der bessere Aufbewahrungsort als das Handschuhfach. Wenn es nämlich im Inneren des Fahrzeugs liegt, kann man das Fläschchen höchstens durch die Seitenscheibe betrachten. Nach der Verwendung eines Türschloßenteisers ist das Schloß unbedingt wieder zu ölen.

2. Sommervorbereitungen

Wenn das Thermometer die ersten zweistelligen Temperaturen anzeigt, ist es langsam an der Zeit, sich um seinen vierrädrigen Untersatz wieder intensiver zu kümmern. Vor der Fahrt durch die Waschanlage sollte man mit einer gründlichen Außen- und Unten-Wäsche beginnen. Ein Dampfstrahler an der Tankstelle oder einer SB-Waschanlage ist genau das richtige Gerät, das man nun einsetzen sollte. Alle Ecken, Falze, Kanten und Winkel, besonders in den Radkästen, müssen nun nachhaltig von dem gereinigt werden, was sich im Laufe der kalten Jahreszeit auf Lack und Unterboden angesammelt hat.

Nach dem Dampfstrahlen ist selbstverständlich ein bißchen Handarbeit vonnöten. Die Kanten und Falze von Türen und Hauben sind besonders rostgefährdet und bedürfen besonderer Aufmerksamkeit. An diesen Stellen sollte man mit einem Lappen und einem schonenden Reinigungsmittel dem Dreck zu Leibe rücken. Nun folgen

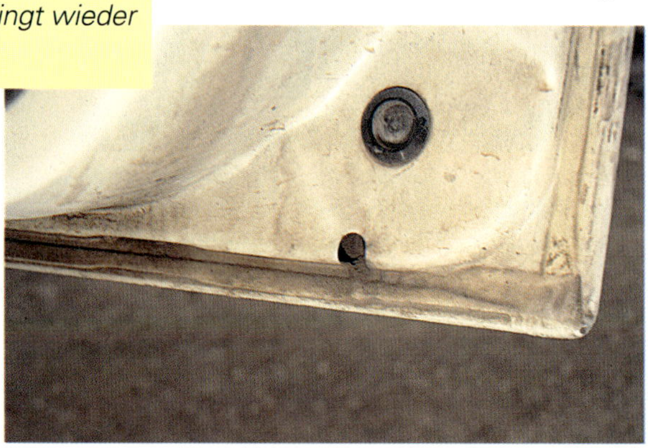

Vor allem die Türunterkanten sollten nach dem Winter gründlich gereinigt werden. Dort sammeln sich viel Schmutz und Dreck an, die selbst durch die beste Waschanlage nicht vollends entfernt werden können

alle Winkel und Ecken im Motor- und Kofferraum. Dort sammeln sich besonders gern Blätter und andere natürliche „Abfälle“, die Ausgangspunkt für unangenehmen Rost werden könnten. Auch die Wasserabläufe der Heizung sowie des Schiebedaches sind beliebte Aufenthaltsorte von Laub und sonstigem Unrat. Man sollte unbedingt für guten Durchfluß sorgen. Mit einem langen Draht dürfte das allerdings kein Problem sein.

Hohlräume des Autos schwitzen

Wer seinem Auto etwas Besonderes gönnen möchte, sollte sich auch einmal den Hohlräumen der Karosserie zuwenden. Gerade dort findet der Rost zum Beispiel durch Kondenswasser – auch unter dem Begriff Schwitzwasser bekannt – ein riesiges Betätigungsfeld.
Natürlich ist es aufwendig, die Verkleidungen abzubauen. Doch wer etwas zum Werterhalt seines Autos tun möchte, sollte diesen Aufwand nicht scheuen. Sind die gefährdeten Hohlräume freigelegt, sollte mit einem Schuß Rostlöserspray oder Rostumwandler dem schleichenden Zerfall der Metallteile vorgebeugt werden.

Nach dem Winter ist es besonders wichtig, sich auch dem Fußraum zu widmen. Dort hat sich unter den Matten in den letzten Monaten mit Sicherheit eine ganze Menge Dreck angesammelt. Dieses „Feuchtbiotop“ gilt es nun nachhaltig zu entfernen. Gründliches Staubsaugen sorgt schnell für Klarschiff.
Steinschlagschäden und kleine Lackkratzer erkennt man oft erst bei

Nach dem Winter zeigen sich vor allem auf der Vorderkante der Motorhaube und an den Einstiegsblechen Spuren von Steinschlägen (oben). Ist das blanke Blech noch nicht zu sehen, genügt das Austupfen mit einem Lackstift (ganz links). Ist das Blech an der betreffenden Stelle zu sehen, sollte zuerst mit einem Rostradierer vorbehandelt werden (links)

den ersten Sonnenstrahlen. Dann sind schnelle Maßnahmen nötig, damit der Schaden nicht größer wird. Je nach Intensität und Ausmaß muß entschieden werden, ob man dem Farbverlust mit einem Lackstift zu Leibe rückt – das ist die billigere und einfachere Methode – oder gleich eine Sprühdose verwendet.
Daß natürlich auch der Motor und alles um ihn herum eine Durchsicht benötigen, versteht sich von selbst. Am besten sollte man eine Inspektion machen lassen.

Vor längeren Fahrten Öl und Ölfilter wechseln

Urlaubsvorbereitungen

Die schönste „Jahreszeit" ist nun mal die Freizeit. Wenn dann auch noch die Urlaubszeit ansteht und es mit dem Auto in die Ferien gehen soll, ist eine gründliche Vorbereitung vonnöten. Viele Pannen, zu denen die Helfer der Automobilklubs gerufen werden, sind nur auf unzureichende Urlaubsvorbereitung zurückzuführen.

Eine fällige Inspektion sollte vor Reiseantritt auf keinen Fall versäumt werden – Öl- und Ölfilterwechsel vor einer längeren Fahrt sind immer ratsam. Und: Wie sehen eigentlich die Keilriemen aus? Selbst bei der Inspektion kommt es

Vor jeder Urlaubsfahrt sollte der Zustand des Keilriemens genau untersucht werden. Reißt er, wird nicht nur die Lichtmaschine, sondern meist auch die Wasserpumpe lahmgelegt; an eine Weiterfahrt ist nicht zu denken. Zeigt die Innenseite des Riemens Risse, ist der Austausch dringend anzuraten

Bei der Urlaubsvorbereitung ist wichtig, daß alle Flüssigkeitsstände vor Fahrtantritt überprüft und gegebenenfalls ergänzt werden. Einen zu geringen Pegel der Bremsflüssigkeit sollte man zum Anlaß nehmen, die Stärke der Bremsbeläge noch einmal kontrollieren zu lassen. Wegen der hohen Beladung verändert sich das Fahrverhalten des Autos, die Bremswege werden erheblich länger

vor, daß dieser Punkt übersehen wird. Also selbst nachschauen – und im Zweifelsfall lieber einen neuen Riemen anbringen (lassen). Schließlich gibt es kaum etwas Lästigeres, als im Urlaub – womöglich mitten in der Nacht – mit einem gerissenen Keilriemen, der ja nur ein paar Mark kostet, liegenzubleiben.

Zuviel Werkzeug ist besser als zuwenig

Vor dem Antritt der großen Fahrt empfiehlt es sich, noch einmal die gesamte Beleuchtung zu testen – am besten mit einem Helfer. Damit man im Urlaub nicht plötzlich Riesensummen für eine Ersatzbirne ausgeben muß, sollte natürlich ein Kasten mit den üblichen Reservebirnen im Auto sein.

Stimmt der Reifendruck? Vor einer großen Reise sollte man ihn kontrollieren – dabei natürlich das Reserverad nicht vergessen. Wenn ein Reifen sichtbare Schäden hat, darf er aus Sicherheitsgründen nicht mit in den Urlaub.

Die wichtigen Flüssigkeiten im Auto, also Kühlwasser, Bremsflüssigkeit, Batterie- und Scheibenwaschwasser, sollte man vor einer längeren Fahrt ebenfalls prüfen und natürlich nötigenfalls nachfüllen.

Um Überhitzungsproblemen vorzubeugen, muß der Kühler vor Reiseantritt überprüft werden. Tote Insekten, die sich auf dem Kühlernetz angesammelt haben, verhindern unter Umständen die Luftzirkulation. Ein Pinsel hilft hier, die „Schwarzfahrer" zu entfernen.

Für die Wohnwagenbesitzer ist ein Stoßdämpfertest (kostenlos bei Automobilklubs) vor dem Start in die Ferien sinnvoll; ebenso sollte man einen Blick auf die Elektrik werfen: Diese macht nach längerer Standzeit des Caravans oft Schwierigkeiten. Ansonsten ist nur zu raten, daß man lieber zuviel als zuwenig Werkzeug und Austauschteile mitnimmt – das kann Ärger und Geld sparen.

Um Überhitzungsprobleme sicher zu vermeiden, sollte das Kühlernetz gründlich (aber vorsichtig) gereinigt werden. So kann viel kühlender Fahrtwind durch den Kühler strömen. Zur Reinigung verwendet man am besten eine nicht zu weiche Bürste und streicht damit in Richtung der Lamellen. Dabei aber nicht den Schmutz und die toten Insekten weiter in die Kühlrippen drücken (rechts)

Schmierdienst

Unabhängig von der Jahreszeit muß man den beweglichen Teilen der Karosserie und des Motors besondere Pflege zukommen lassen. Will man sich nicht über knarrende und schwergängige Tür- und Haubenscharniere ärgern oder über ein überraschend hängengebliebenes Gaspedal erschrecken, ist etwas Pflege wichtig.

Schmieren ist von Zeit zu Zeit unabdingbar

An der Karosserie sind alle zu schmierenden Punkte in der Regel gut und schnell zu erreichen. Öffnet man die Türen, sind die Scharniere, an denen die Türen aufgehängt sind, sofort zu erkennen. Alte Reste von ausgehärtetem Fett lassen sich mit einem Lappen einfach und schnell entfernen. Dies ist deshalb notwendig, weil das frische Fett sonst gar nicht bis zu den Gelenken vordringen könnte. Für den gewünschten Schmiereffekt reicht in diesem Fall schon einfaches Schmierfett aus, das mit dem Finger oder an schwer zu erreichenden Stellen mit einem Pinsel auf die Außenseite des Scharniers aufgetragen wird. Aber nicht zuviel des Guten – das könnte bei hohen Temperaturen zu einem unerwünschten

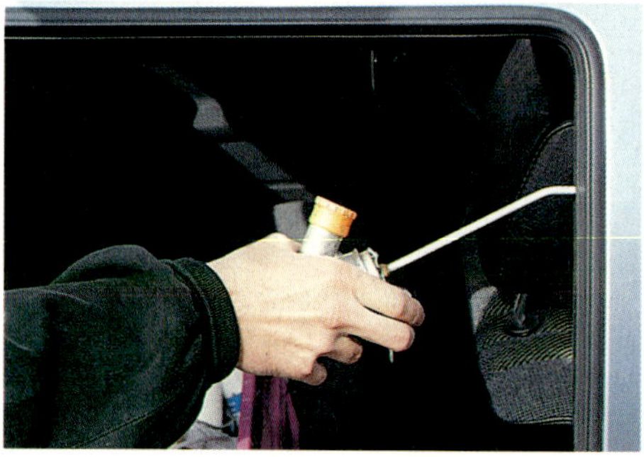

Die Türscharniere und Schloßplatten sollten in regelmäßigen Abständen gereinigt und anschließend leicht gefettet werden (oben). Schwergängige Fenster lassen sich mit ein wenig Fett oder Öl, das vorsichtig und sparsam in die Scheibenführung eingebracht wird, in der Regel leichter heben und senken

Wischer gangbar machen

Wenn die Scheibenwischer nur noch unwillig ihrer Arbeit nachgehen (vor allem wenn die Wischer nach dem Betätigen der Scheibenwaschanlage erst einmal ein Stück über die trockene Scheibe laufen müssen), liegt dies oft an einem schwergängigen Wischerarm. Klappt man die Wischer von der Scheibe weg, kann man die Verschlußkappe öffnen und die Wellen mit Öl (eventuell vom Ölmeßstab) schmieren.

Nebeneffekt führen: Heizt sich das Auto nämlich durch die Sonneneinstrahlung stark auf, kann sich die Fettanhäufung verflüssigen und abtropfen.
Die Türfangbänder, die meist zwischen den beiden Türscharnieren liegen und die verhindern, daß sich die Tür nach dem Entriegeln des Schlosses zu leicht vollständig öffnen läßt, sollten nach einer gründlichen Reinigung ebenfalls leicht eingefettet werden.

Beim Schmieren nicht übertreiben

Die Schloßplatten an den Türen und die Schließzapfen, in die die Schlösser einrasten, können ebenfalls leicht geschmiert werden. Bei diesen Teilen ist ein dünner Fettfilm ausreichend – nicht zuletzt deshalb, weil man anderenfalls einen Teil des zuviel aufgetragenen Fetts an der Kleidung und auf dem Autositz wiederfinden würde…

Im Motorraum sollten neben der Haubenverriegelung und den Scharnieren der Gaszug und das Kupplungsseil gefettet werden. Auch dort ist vorher die alte verhärtete Fettkruste gründlich zu entfernen, damit sichergestellt ist, daß das neue Fett tatsächlich an seinen Bestimmungsort gelangen kann. An allen Seilen wird nur der freiliegende Teil der Seilzüge behandelt. Bei der Durchführung dieser Arbeiten kann nebenbei auf Schäden an den einzelnen Drähten der Seile geachtet werden.

Wichtig insbesondere nach einer Motorwäsche ist das Schmieren der Drosselklappe bei Vergaser- oder Einspritzmotoren. Durch das fettlösende Reinigungsmittel und den scharfen Wasserstrahl ist das Schmiermittel zum größten Teil verschwunden. Um dies zu ändern, kann ein Tropfen aus dem Ölkännchen oder auch die sparsame Behandlung mit einem Rostlöserspray den gewünschten Erfolg bringen.

Vor allem die Drosselklappe verlangt von Zeit zu Zeit nach einem Tropfen Öl (oben). Sie wird bei mangelnder Schmierung etwas schwergängig. Dies kann zu Undichtigkeiten an der Welle führen. Der Motor zieht Falschluft und läuft nicht mehr rund

Fahrzeugpflege und Werterhaltung

Des Deutschen liebstes Kind ist, so wird nicht ganz zu Unrecht behauptet, sein Auto. Umfragen bestätigen es immer wieder: Der stolze Autobesitzer widmet einen großen Teil der freien Wochenenden seinem fahrbaren Untersatz. Die gewissenhafte Pflege des guten Stückes macht sich spätesten dann bezahlt, wenn sein Besitzer dadurch beim späteren Wiederverkauf einen höheren Erlös erzielt. Für ein Fahrzeug, das sich in einem gepflegten, optisch einwandfreien Zustand befindet, läßt sich mit Sicherheit eher ein Käufer begeistern als für einen Wagen, dessen Lack bereits verwittert ist. Es gibt natürlich auch „Blender“, aber im allgemeinen sind gepflegte Fahrzeuge auch in technisch besserem Zustand als ihre schon sichtbar stark gebrauchten Kollegen.

Die richtige Fahrzeugpflege ist jedoch nicht schwierig. Mit einigen Kniffen und den geeigneten Mittelchen stellt sie kein Problem dar.

Mit der Motorwäsche fängt alles an

Motorwäsche

Bei der richtigen Wagenreinigung ist eine systematische Vorgehensweise eine wichtige Voraussetzung. Es wäre unsinnig, zuerst die Fahrzeuglackierung penibel zu waschen und zu polieren, um danach durch eine Motorwäsche die ganze Arbeit wieder zunichte zu machen. Daher empfiehlt es sich, stets mit der Motorreinigung zu beginnen. Eine Motorwäsche sollte in der Regel ein- bis zweimal jährlich durchgeführt werden. Der günstig-

An der Tankstelle ist gut putzen, da ein fehlendes Mittelchen schnell besorgt werden kann (oben). Unzählig viele Gebrauchtwagen warten mometan auf einen neuen Besitzer. Nur bei guter Pflege hat man Chancen für das gute Stück einen Interessenten zu finden (oben rechts). Nur keine Angst vor dem Dampfstrahler, der Umgang mit ihm ist ganz einfach

ste Zeitraum ist nach den Wintermonaten. Im Motorraum lagern sich nämlich während der kalten Jahreszeit Streusalzreste, Spritzwasser, Schmutz und Öl ab. Zusammen bilden diese Bestandteile einen schmierigen Film. Dieser legt sich dann an die Aluminiumgußteile des Motors (wie Vergaser, Ansaugkrümmer sowie Zylinderkopf) und hinterläßt mit der Zeit häßliche Korrosionsspuren.

So wird aus Schmutz ein kleines Rostnest

Lagert sich der Schmutzfilm an den empfindlichen Bauteilen der Zündanlage ab, kann dies – vor allem an den Hochspannungskabeln – dazu führen, daß der Zündfunke seinen Weg zur Zündkerze nicht mehr findet und deshalb bereits vorher auf Masse überspringt. Zündaussetzer oder ein stehengebliebener Motor sind die unangenehme Folge.

Handelt es sich um ein Katalysatorfahrzeug, können diese Zündstörungen sogar den teuren Katalysator zerstören. Außerdem kriecht das Salzwasser in die zahlreichen elektrischen Steckverbindungen, die sich im Bereich des Motors befinden; es bildet sich Kontaktkorrosion. Sie hat zur Folge, daß der elektrische Strom nicht mehr ungehindert fließen kann. Das größte Problem bilden jedoch die Salz- und Schmutzablagerungen, die sich in den Ecken und Nischen des Motorraums absetzen. Werden sie nicht rechtzeitig erkannt, entstehen kleine Rostnester, die auf Dauer zu großflächigen

Vor allem bei den Aluminiumteilen zeigt sich die mangelnde Pflege. Sie nehmen den Schmutz wegen ihrer rauhen Oberfläche (die Lackschicht fehlt) willig auf und werden schnell unansehnlich

Durch Schmutz auf den Bauteilen der Zündanlage kann sich Feuchtigkeit lange halten. Der Zündfunke fließt ungenutzt ab, der Motor startet nicht oder nur schwer

Korrosionsschäden führen können. Nun aber genug der Panikmache. Schließlich muß das eben Geschilderte nicht jedem widerfahren – schon gar nicht demjenigen, der nachfolgend detaillierte Anleitungen zur richtigen Wagenpflege erhält.

Was den Waschplatz anbelangt, müssen folgende Hinweise beachtet werden: Wie wohl jederman bekannt, ist die Wagenwäsche auf der Straße oder im Garten untersagt. Aus Gründen des Umweltschutzes reinigt man das Fahrzeug in einer Do-it-yourself-Waschanlage.

Etwas Bodenfreiheit darf schon sein

Bei einigen Waschplätzen wird das benutzte Waschwasser mit Hilfe eines Benzin-Öl-Abscheiders wieder aufbereitet. Kostbares Trinkwasser wird nicht verschwendet und das Grundwasser nicht verunreinigt. Des weiteren sind diese modernen Waschplätze mit allen Gerätschaften ausgerüstet, welche zur Reinigung des Fahrzeugs erforderlich sind. So findet man in jeder Waschbox eine Hochdruckreinigerlanze, die je nach Erfordernis Kaltreiniger, Wachs, Waschmittel oder Wasser liefert. Außerdem ist eine Waschbürste vorhanden, die über einen Schlauch ständig mit frischem Reinigungsmittel versorgt wird.

An gut ausgerüsteten Waschplätzen ist zudem eine Rampe vorhanden. Auf sie kann mit einer Achse aufgefahren werden, wodurch die Bodenfreiheit des Wagens vergrößert wird. Mit

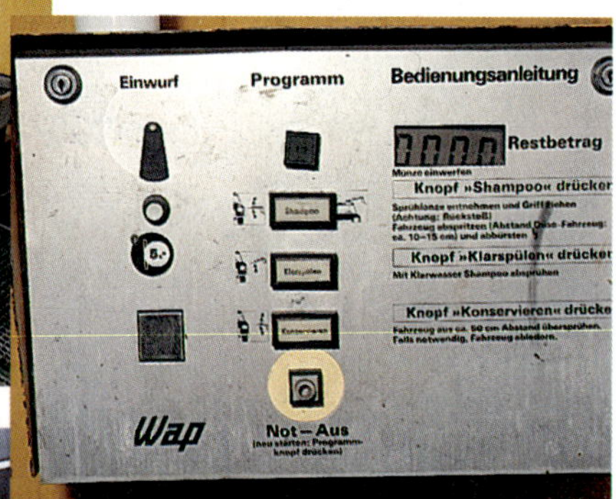

In einer guten Waschanlage ist auch eine Rampe vorhanden, auf die man mit einer Achse fahren kann. So ist die Reinigung des Unterbodens viel einfacher (oben links). Durch den Gitterrost auf dem Boden bleibt kein Wasser stehen, die Füße bleiben trocken (links unten). Am Dampfstrahler kann zwischen verschiedenen Zusätzen gewählt werden (oben)

Hilfe dieser Vorrichtung ist es möglich, die Motorunterseite und den Wagenunterboden gut einzusehen und dadurch besser zu reinigen.

Trotz aller Vorzüge, die die Waschplätze bieten, empfiehlt es sich, einige Reinigungsmittel und Werkzeuge zusätzlich mitzubringen. Dabei handelt es sich im einzelnen um eine Sprühflasche Kaltreiniger, einen Pinsel und um je eine Spraydose Motorklarlack, Hohlraumversiegelungswachs und Kontaktspray. Außerdem sollte man einen Schwamm, einen Lappen, einen Eimer, etwas Fett und ein Kännchen Allzwecköl griffbereit haben.

Nachdem das Fahrzeug in der Waschbox abgestellt ist, wird der Motor, der nicht (!) Betriebstemperatur haben sollte, abgestellt und der Motorhaubenzug betätigt. Es ist darauf zu achten, daß alle Fenster, Türen sowie der Kofferraumdeckel beziehungsweise die Heckklappe fest verschlossen sind.

Notizzettel aus dem Motorraum entfernen

Die Motorhaube wird nun geöffnet und mit der Haubenstange sicher arretiert. Es empfiehlt sich, sämtliche Ölwechsel-, Bremsflüssigkeits- und Kühlerfrostschutzzettel während des Waschvorgangs aus dem Motorraum zu entfernen, da diese ansonsten vom kräftigen Wasserstrahl des Hochdruckreinigers zerstört würden. Nun ist noch ein Blick auf den Wasserkasten, der sich zwischen der Wind-

Vor dem Aufbringen des Motorreinigers sollten alle Öl- oder Frostschutzmerkzettel entfernt werden. Sie wären nach der Reinigung unbrauchbar (oben). Bei der Auswahl der Reiniger sollte man auf ein umweltverträgliches Mittel zurückgreifen (oben rechts). Ein Schwamm und ein Pinsel erleichtern die Reinigungsarbeiten. Mit ihnen ist jeder Winkel im Motorraum mühelos zu erreichen

schutzscheibenunterkante und der Motorspritzwand befindet, zu werfen. Dies ist eine beliebte Sammelstelle für Laub und andere Abfälle, die durch die Lüftungsschlitze der Motorhaube eingedrungen sind. Diese Ablagerungen werden mit der Hand entfernt.

Der zusätzlich mitgebrachte Kaltreiniger wird nun auf die stark verschmutzten Stellen aufgesprüht. Um den Reinigungseffekt zu verstärken, werden die behandelten Stellen nach einer ausreichenden Einwirkdauer mit einem Schwamm abgerieben und nochmals mit Kaltreiniger eingesprüht. So wird sichergestellt, daß auch hartnäckigster Schmutz entfernt wird.

Eine Lanze für die Reinigung

Die Reinigungslanze des Waschgeräts, welches auf die Vorwahl „Kaltreiniger" (beziehungsweise „Motorreiniger") eingestellt ist, kommt jetzt zum Einsatz. Die Lanze wird mit beiden Händen festgehalten. Sobald der Ventilhebel, welcher sich am hinteren Griff befindet, betätigt wird, sprüht an der Spitze der Lanze aus der Hochdruckdüse unter einem Zischen das Reinigungsmittel heraus. Die Dosierung läßt sich mit dem Ventilhebel regulieren.
Vorsicht: Bei sämtlichen Arbeiten mit dem Hochdruckreiniger

Zunächst werden loser Schmutz und angesammeltes Laub entfernt (oben links). Beim Motorreiniger gibt es zwei Möglichkeiten: Entweder verwendet man eine Sprühdose mit Kaltreiniger (links), oder in der Waschbox ist ein Sprühanschluß, aus dem das Mittel mit hohem Druck in alle Winkel gespritzt werden kann (oben)

sollte der Abstand zwischen Strahldüse und Karosserieblech nie weniger als 30 Zentimeter betragen. Grund: Der Lack ist schneller ab als man denkt.

Man richtet den Hochdruckstrahl auf den oberen Teil des Motors, den Ventildeckel, und arbeitet sich bis zum unteren Teil (Ölwanne) des Aggregats vor. Dieser Arbeitsvorgang wird an der Vorder- und Hinterseite sowie an den beiden Stirnseiten so lange wiederholt, bis der Motor vollkommen vom Schmutz befreit ist. Nachdem der Motor gesäubert ist, wendet man sich dem Wasserkühler zu, der zwischen dem Motor und der Frontschürze zu finden ist. Die Lamellen des Kühlers, die oft von Insekten und Schmutz zugesetzt sind, haben eine Reinigung meist dringend nötig. Dazu wird wiederum der Hochdruckreiniger benötigt. Während des Waschvorganges ist darauf zu achten, daß der Kühler von hinten nach vorne durchspült wird – also vom Motorraum in Richtung Kühlergrill.

Immer Abstand zu den Kühlerlamellen halten

Dies ist notwendig, damit der Schmutz, der durch den Fahrtwind zwischen die Lamellen gedrückt wurde, herausgespült werden kann. Würde man versuchen, den Wasserkühler in umgekehrter Richtung – also von der Wagenvorderseite her – zu durchspülen, hätte dies äußerst negative Folgen: Der Schmutz würde noch tiefer zwischen die Lamellen eindringen.
Beim Reinigen darf die Lanze des Dampfstrahlers nie zu nahe an die feinen Kühlerlamellen kommen. Sie würden sich schnell verbiegen.

Unterbodenwäsche

Nachdem die Reinigungsarbeiten innerhalb des Motorraums vorerst abgeschlossen sind, ist die

Sind alle Stellen mit Pinsel oder Schwamm gereinigt (links), sollte noch einmal Motorreiniger aufgesprüht werden. Nach kurzer Einwirkzeit kann nun der Dampfstrahler walten. Vorsicht: Ist der Strahl zu stark, kann der Kühler Schaden nehmen; also Abstand halten

Wagenunterseite an der Reihe. Dazu wird das Fahrzeug mit den Vorderrädern auf die zuvor beschriebene Rampe manövriert. Jetzt können die Motorunterseite und der Fahrzeugunterboden näher betrachtet werden. Bei dieser Gelegenheit sollte man auch gleich den Unterboden und dessen Anbauteile auf ihren technischen Zustand überprüfen.

Vor dem Reinigen kommt die Kontrolle

Besondere Aufmerksamkeit sollte man folgenden Teilen widmen:

- Bremsleitungen und -schläuche: Sind sie rissig oder sogar geknickt? Scheuern sie an anderen Teilen?
- Stoßdämpfer: Sind Schwitzspuren zu erkennen? Tritt Öl aus?
- Manschetten, mit denen die geschmierten Gelenke abgedeckt sind: Sind sie verrutscht oder vielleicht sogar rissig?;
- Dichtungen und Lager:Tritt Öl oder Fett aus?;
- Blech des Unterbodens: Ist der Unterbodenschutz abgeblättert? Sind Roststellen oder Durchrostungen auszumachen?

Erkennbare Mängel sollten umgehend von einer Fachwerkstatt beseitigt werden.

Undichtigkeiten erkennen

Zeigt sich auf dem Garagenboden ein nicht zu übersehender Ölfleck, sollte seiner Ursache umgehend auf den Grund gegangen werden. Ist die Ölspur im Motorraum nicht genau bis zu ihrer Quelle zu verfolgen, sollte man zunächst eine gründliche Motorwäsche durchführen. Oft genügt es, den Motor anschließend auf Betriebstemperatur zu bringen (das Öl wird dann dünnflüssig), um das Leck deutlich zu erkennen. Nun kann man der Werkstatt (so man die Reparatur nicht selber durchführen kann) einen genauen Auftrag erteilen.

Fährt man das Auto auf die Waschrampe, sollte zuerst auf Ölflecken an Motor und Getriebe geachtet werden. Da das Öl durch den Fahrtwind verblasen wird, ist ein Leck meist an ganz anderer Stelle als die Ölnase (oben). Ist alles überprüft, kann der Boden mit dem Dampfstrahler gründlich gereinigt werden

Mit dem Hochdruckreiniger sind nun die Motorunterseite sowie das Getriebe von Verschmutzungen zu befreien. Sofern es die Bodenfreiheit des Wagens zuläßt, wird der gesamte Unterboden abgespritzt. Dabei dürfen die Radkästen und das hintere Abschlußblech des Fahrzeugs nicht vergessen werden. Da diese Blechteile in besonderem Maß dem Spritzwasser ausgesetzt sind, müssen vor allem deren Innenkanten gründlich abgespritzt werden. Auch die Innenseiten der Stoßstangen sind nun gut zu erreichen und zu reinigen. Vorsicht bei beschädigtem Unterbodenschutz: Der Hochdruckstrahl sollte nicht direkt auf die Schadstelle gerichtet werden, da die Schutzschicht großflächig abblättern könnte.

Aufpassen bei beschädigtem Unterboden

Es kann durchaus der Fall sein, daß der zuvor gereinigte Motor durch den gelösten Schmutz des Unterbodens nun wieder verunreinigt ist. Dies ist ohne größere Bedeutung, denn der gesamte Motorraum wird nochmals gründlich mit klarem Wasser abgespritzt.

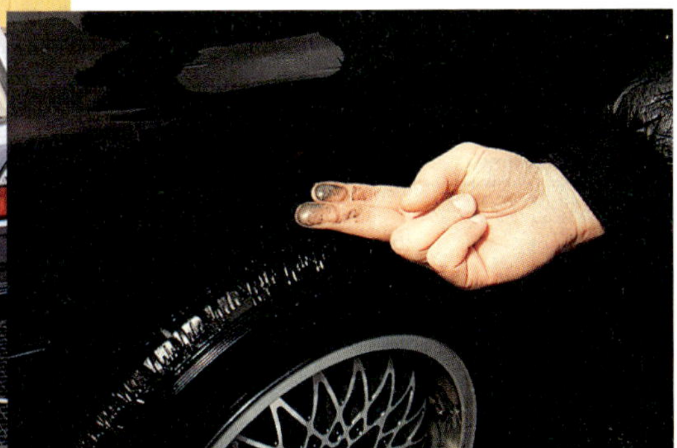

Vor allem die Stellen, an denen sich Dreck und Schmutz gut einnisten können, sollten gründlich behandelt werden. Hier sind vor allem die Radhäuser und das vordere und hintere Abschlußblech zu beachten (oben links). Zeigt sich bei einer Kontrolle mit der Hand noch Schmutz, muß nachgearbeitet werden (oben). Durch das Spritzen von unten ist der Motor eventuell wieder verschmutzt worden. Deshalb ihn noch einmal abspritzen

Nach Beendigung der Reinigungsarbeiten werden die nassen Bauteile trockengelegt. Ist an der Waschanlage eine Preßluftpistole vorhanden, erleichtert dies die Arbeit ungemein: Die Teile können trockengeblasen werden. Beginnend an der Haubeninnenseite arbeitet man sich über Haubenschloßträger, Frontblech, Spritzwand und Federbeindome zum Motor vor. Als nächstes sind die Steckverbindungen der elektrischen Leitungen auszublasen.

Wer spätere Komplikationen von vornherein ausschließen möchte, trennt die Steckverbindungen, bläst diese aus und benetzt sie leicht mit Kontaktspray. Zuerst sind die Zündspule, das Hochspannungskabel (das zur Verteilerkappenmitte führt), die Verteilerkappe mit den Zündkabeln sowie die Zündkerzenstecker von außen abzublasen. Ist dies geschehen, wird die Verteilerkappe vom Verteiler abgenommen. Zum Ausblasen muß mit einem Finger der federgelagerte Kohlestift in der Kappenmitte niedergedrückt werden, damit er nicht durch den Luftdruck herausgeschleudert wird.

Kohlestift vorm „Fliegen bewahren"

Zum Trockenlegen des Unterbrechers oder des Zündimpulsgebers (bei der kontaktlos gesteuerten Zündanlage) empfiehlt es sich, den Verteilerfinger von der Verteilerwelle abzuziehen sowie die Plastikabdeckung vom Verteiler abzunehmen. Der Unterbrecherkontakt oder der Impulsgeber kann nun abgeblasen werden. Anschließend sind sämtliche Bauteile leicht mit Kontaktspray zu benetzen. Beim Komplettieren des Verteilers ist darauf zu achten, daß der Verteilerfinger wieder richtig in die Nut der Verteilerwelle einrastet.

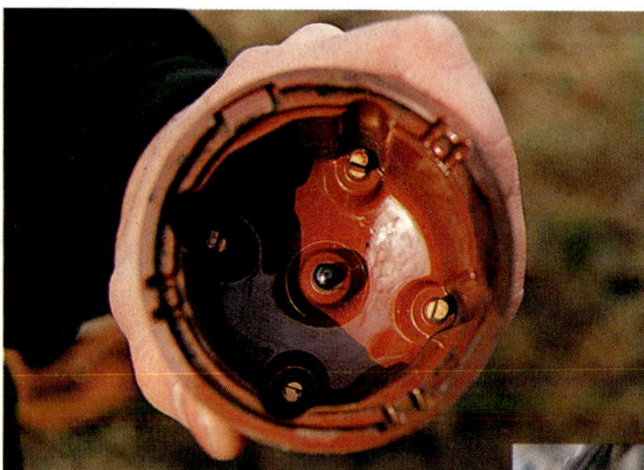

Benzinmotoren nehmen die Behandlung mit Wasser in der Regel nicht weiter übel – sie springen einfach nicht mehr an. Um sie wieder zur Arbeit zu bewegen, müssen alle Bauteile der Zündanlage gründlich getrocknet werden. Dies ist vor allem bei der Verteilerkappe wichtig, da dort die Zündspannung durch die Feuchtigkeit schnell abfließen kann (oben). Etwas Kontaktspray verringert die Bildung von Kontaktkorrosion

Im nächsten Schritt werden die Zündkerzenstecker ausgeblasen. Achtung: Werden alle Zündkerzenstecker auf einmal von den Kerzen abgenommen, besteht die Gefahr, daß man beim Aufstecken die Zündreihenfolge nicht beachtet. In diesem Fall könnte der Motor während des Startvorgangs Schaden nehmen, oder er würde erst gar nicht anspringen. Kerzenstecker deshalb kennzeichnen.

Nach der Reinigung folgt das Versiegeln

Steht zum Trockenlegen der Zündanlage keine Preßluft zur Verfügung, werden diese Arbeitsschritte mit einem saugfähigen Lappen durchgeführt. Dies ist nur geringfügig aufwendiger. Um sicherzustellen, daß das Trockenlegen der Zündanlage Erfolg hatte, wird der Motor gestartet. Sofern die beschriebene Vorgehensweise befolgt wurde, müßte er anstandslos anspringen. Man braucht übrigens nicht beunruhigt zu sein, wenn vom Kühler Wasserdampf aufsteigt. Dies bedeutet nicht, daß der Kühler leck ist, sondern es verdampft lediglich das Reinigungswasser, welches sich zwischen den Lamellen befindet. Ist der Motor vollständig abgetrocknet, wird er zum Versiegeln abgestellt.

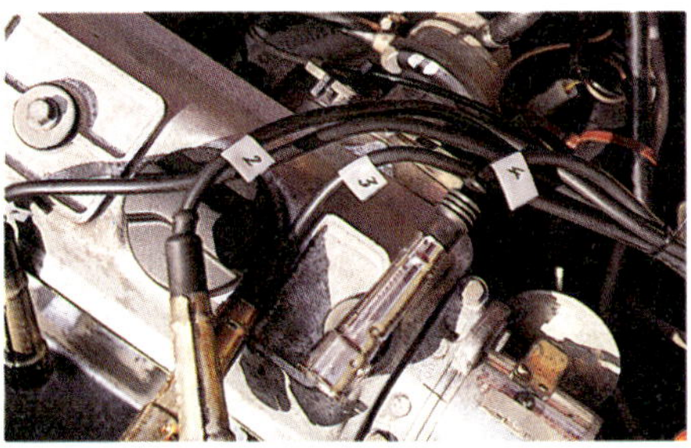

Werden alle Zündkabel auf einmal abgenommen, sollten diese vorher markiert werden (oben). So lassen sich Verwechslungen sicher vermeiden. Dampft der Kühler beim Probelauf des Motors, ist dies normal, das Wasser zwischen den Lamellen verdampft

Motor und Motorraum versiegeln

Zum Versiegeln empfiehlt es sich, einen vom Fahrzeughersteller freigegebenen Motorklarlack zu verwenden. Dieses meist als Spray erhältliche Mittel läßt nicht nur das Aggregat in einem frischen Glanz erstrahlen, es schützt auch

Der getrocknete Motor kann mit einem speziellen Klarlack versiegelt werden (dies ist nicht unbedingt erforderlich)

die empfindlichen Aluminiumteile durch seinen Schutzfilm vor Korrosion. Beim Auftragen sollte die Gebrauchsanweisung beachtet werden. Je nach Hersteller ist das Spray bei kaltem oder betriebswarmem Motor aufzutragen.

Anschließend sind die Karosserieblechteile zu versiegeln. Es empfiehlt sich, ein Hohlraumversiegelungswachs zu verwenden. Dieses wird in den Ecken und Nischen des Frontbleches sowie am Haubenschloßträger, den Kotflügeloberkanten, den Federbeindomen und am Wasserkasten aufgetragen. Auch die Innenkanten der Motorhaube dürfen nicht vergessen werden. Sind die Reinigungsarbeiten mit dem Hochdruckstrahler an den verschiedenen Gelenken (Vergaser, Kupplung), den Bowdenzügen und dem Haubenschloß äußerst intensiv durchgeführt worden, muß die an diesen Stellen zur Schmierung erforderliche Öl- oder Fettschicht erneuert werden. An den meisten Gelenken ist die Schmierung durch einige Tropfen Öl schnell wieder sichergestellt. An den Seilzügen sollte ein wenig Fett aufgestrichen werden. Zuletzt sind die anfangs entfernten Öl-, Wasser- und Bremsflüssigkeitszettel anzubringen.

Die Lackschicht ist die Haut des Autos

Oberwäsche

Geht man bei der Pflege des Fahrzeugs systematisch vor, folgt als nächster Arbeitsschritt die Oberwäsche. Dabei sollte stets an den folgenden Vergleich gedacht werden: Für das Auto stellt die Lackschicht in etwa das gleiche dar wie die Haut für den Menschen. In beiden Fällen ist die Hülle die wichtigste Schutzschicht gegen äußere

Im Gegensatz zu den Kunststoffteilen, die nur aus optischen Gründen nachbehandelt werden, sollten die gereinigten Blechteile mit einem schützenden Wachs überzogen werden (links). Der Lack der Karosserie dient nicht nur der Optik, ohne ihn würde dem Auto die schützende Außenhaut fehlen. Das Blech wäre in kurzer Zeit verrostet (oben)

Einflüsse – seien es Schmutz, Wasser, Kälte oder Wärme. Ebenso wie unsere Haut ist der Lack leicht verletzlich. Deshalb bedarf er regelmäßiger Reinigung und Pflege.

Der Autolack besteht in der Regel aus bis zu sieben dünn aufgetragenen Schichten mit einer Stärke von 140 bis 160 Mikrometern (ein Mikrometer ist ein millionstel Meter). Der Lack setzt sich aus den folgenden Schichten zusammen: der Zinkphosphatierung, der Tauchlackierung, dem Steinschlaggrund, dem Grundlack, dem Vorlack und dem Decklack, der dem Auto die Farbe gibt. Bei Metallic-Lackierungen ist zusätzlich noch eine Schicht Klarlack erforderlich.

Nun noch etwas Theorie: Unter dem Mikroskop sehen die für das menschliche Auge fast nicht wahrnehmbaren Staubkörnchen wie kantige, scharfe Felsbrocken aus. Werden sie auf dem Lack gerieben, reißen sie regelrechte Wunden in die empfindliche „Haut". Diese kleinen, für das Auge unsichtbaren Verletzungen ermöglichen das Eindringen von Feuchtigkeit, Schmutz und Salzkristallen. Das unangenehmen Resultat: Die Lackoberfläche wird matt und stumpf, ihre Oberfläche vergrößert sich, das Licht bricht vielfach und der Glanz ist weg. Dringen diese Verunreinigungen in tiefere Schichten vor, wird womöglich das Karosserieblech freigelegt – das Fahrzeug rostet.

Wie die Haut: Lack braucht Feuchtigkeit

Aus diesem Grund ist es unbedingt zu vermeiden, mit einem trockenen Lappen oder Schwamm über den ungewaschenen Lack zu reiben. Die wichtigste Voraussetzung für eine pflegende Wagenwäsche ist Wasser, Wasser und nochmals Wasser. Denn selbst ein sorgfältig ausgewaschener Schwamm birgt noch genügend Staubkörnchen in sich, die den Lack verletzen können. Das wohl schonendste Reinigungs-

Einige Hersteller fertigen die gesamte Karosserie aus verzinktem Blech. Dies schützt das Blech und sorgt für ein langes Autoleben. Das Zink legt sich bei einer Beschädigung der Lackschicht schützend über das blanke Blech und verhindert so den gefürchteten Rostfraß (oben). Zum Schlechtesten für den Lack zählt die „gute alte Wagenwäsche" mit Schwamm und einem Eimer voll Wasser (rechts)

werkzeug ist der reine Wasserstrahl. Aber auch eine mit Wasser versorgte Waschbürste oder eine Waschanlage, bei der Wasser durch die rotierenden Bürsten geleitet wird, sind für die Wagenwäsche gut geeignet. Weiterhin gilt: Die Oberwäsche sollte niemals in der prallen Sonne vorgenommen werden. Genaugenommen ist es falsch, eine von der Sonne aufgeheizte Karosserie zu reinigen. Durch den plötzlichen Temperaturunterschied leidet der Lack.

Bevor mit der Oberwäsche begonnen wird, sollte ein besonderes Augenmerk auf Insekten und sonstige hartnäckige Verschmutzungen gelegt werden. Mücken und Fliegen, die während der Fahrt gegen die Frontpartie und Windschutzscheibe des Fahrzeuges geschleudert wurden, bilden vor allem während der Sommermonate einen häßlichen Belag. Die Sonnenein-

Waschen in der Waschanlage

Es gibt eine ganze Reihe von Leuten, die sich weigern, durch eine Waschanlage zu fahren. Entweder haben sie Angst, daß ihnen etwas geschieht, oder sie meinen, daß sie etwas falsch machen könnten und so vielleicht eine mittelschwere Katastrophe in der Waschstraße auslösen. Dabei ist der Besuch einer Waschstraße doch so einfach. Meist ist zudem Bedienungspersonal da, das einem im Zweifelsfall hilfreich zur Seite steht. Also: keine Angst vor rotierenden Bürsten.

Wer die Insekten mit einem „scharfen" Schwamm entfernen will schafft dies mit Sicherheit. Leider wird dabei aber auch der Lack total verkratzt (oben). Zur Fahrzeugreinigung hat sich die Waschanlage am besten bewährt. Sie arbeitet schnell, sauber und belastet die Umwelt nicht über die Maßen

wirkung sorgt zudem dafür, daß sich der schmierige Belag förmlich in den Lack einbrennt. Selbst mit einem speziellen Fliegenschwamm lassen sich derartig festsitzende Verschmutzungen nur schwer wieder entfernen.

Mit bloßem Abreiben erreicht man meist nur die gegenteilige Wirkung – der Lack sowie die Gläser der Windschutzscheibe und der Scheinwerfer werden großflächig verkratzt. Den wohl besten Weg einer gründlichen, lackschonenden Reinigung bieten die handelsüblichen Insektenentferner. Sie werden zunächst auf die betroffenen Stellen aufgesprüht. Nach der vorgeschriebenen Einwirkdauer können die Verschmutzungen mit viel Wasser und einem Schwamm abgerieben werden. Gegebenenfalls muß der Vorgang mehrmals wiederholt werden. Gegen besonders hartnäckige Insektenrückstände hilft ein einfacher Trick: Die betroffenen Bereiche werden über Nacht mit mehreren Schichten nassen Zeitungspapiers abgedeckt. Am nächsten Morgen können die aufgeweichten Insekten in den meisten Fällen relativ leicht mit einem Lappen vom Lack abgewaschen werden. Dem guten, alten Essig werden diesbezüglich wahre Wunderdinge nachgesagt. Ähnlich wie Insektenreste lassen sich auch Teerflecken entfernen.

Gegen die Waschstraße ist nichts einzuwenden

Da bereits bei der Motor- und Unterbodenwäsche die eher unzugänglichen Teile wie Radkästen, Kotflügelfalze etc. gereinigt wurden, ist nichts dagegen einzuwenden, nun die Fahrzeugoberwäsche in einer vollautomatischen Waschanlage durchzuführen. In der Waschstraße kann man den Lack auch

Bei hartnäckigem Insektenbelag helfen ein paar Lagen gut angefeuchtetes Zeitungspapier weiter. Über Nacht weichen sie die angetrockneten Tierchen auf. Sie lassen sich nun einfach entfernen (oben). Die Waschanlage reinigt auch den Unterboden gründlich, wenn das entsperchende Programm gewählt wurde

gleich mit Heißwachs versiegeln lassen (siehe Abschnitt „Wachsen").

Entscheidet man sich dagegen für die kostengünstigere Handwäsche, muß die Lackschicht zunächst mit Hilfe des Hochdruckreinigers (Position „Vorwäsche") vom allergröbsten Schmutz befreit werden. Im Anschluß daran ist das Fahrzeug mit einem Schwamm, der regelmäßig im Reinigungsmittel getränkt wird, oder mit der in der Waschbox vorhandenen, ständig mit Wasser durchfluteten Waschbürste zu säubern. Auch dabei ist mit System zu Werke zu gehen: Stets am Dach beginnen und über die Scheiben, Motorhaube, Heckklappe zu den Kotflügeln und den Rädern vorarbeiten. Damit man während des Waschvorgangs nicht behindert wird, empfiehlt es sich, die Radioantenne einzuschieben sowie die Wischerblätter von der Windschutzscheibe wegzuklappen.

Handwäsche am besten mit Bürste und Schwamm

Um auch kritische Stellen wie Türrahmen, Türkanten (vor allem an der Unterseite), Einstiegsleisten und Einstiegsschweller, Motorhauben- und Kofferraumkanten, Schiebedach (Kanten und Führungsschienen), Tankklappe, Front- und Heckbleche sowie Stoßstangenzwischenräume gründlich reinigen zu können, ist es ratsam, neben der Waschbürste einen Schwamm griffbereit zu haben. Nach dieser Intensivwäsche ist der Fahrzeuglack mit dem Hochdruckreiniger (Position „Spülen") von dem unansehnlichen Gemisch aus Waschmittel und gelöstem Schmutz zu befreien.

Wenn schon Handwäsche, dann mit einer speziellen Waschbürste, die ständig mit Reiniger und Wasser durchspült wird (oben).

Abschließend wird das Fahrzeug von oben nach unten mit dem Dampfstrahler abgespritzt. Dabei aber dem Lack nicht zu nahe rücken, weil er sonst schnell Schaden nehmen kann (links)

Wachsen

Nun stellt sich dem Fahrzeugbesitzer die etwas heikle Frage: Ist es ausreichend, den Lack einzuwachsen oder muß er poliert werden? Grundsätzlich sagen die Experten, daß das Fahrzeug nach jeder Wagenwäsche eingewachst werden sollte. Doch in der Praxis ist ausschlaggebend, wie stark das Auto den unterschiedlichen Witterungs- und Umwelteinflüssen ausgesetzt ist und welche optischen Anforderungen der Besitzer an sein Fahrzeug stellt. Grundsätzlich reichen zwei bis drei Polituren pro Jahr, wobei eine direkt nach der Wintersaison unbedingt anzuraten ist. Erweist es sich als notwendig, die Lackierung zu polieren, wird ein vorheriges Wachsen natürlich überflüssig.

Heißer Schutz für sauberen Lack

In den letzten Jahren hat sich in Deutschland die flüssige Form des Wachsens durchgesetzt. Dem Wasserstrahl des Hochdruckreinigers wird durch die Vorwahl (Position „Heißwachsen") Waschkonservierer zugeführt. Dabei handelt es sich um ein Heißwachs, das aus der exotischen Karnaubapalme gewonnen wird. Es wird mit einer Temperatur von etwa 60 Grad Celsius auf den gewaschenen Lack aufgesprüht. Diese Methode ist mittlerweile die geläufigste Technik des Wachsens, da sie am wenigsten Zeit beansprucht. Sie bietet dem Lack jedoch im allgemeinen nicht länger als vier bis sechs Wochen ausreichenden Schutz.

Beim Heißwachsen arbeitet man sich (wie bei den vorangegangenen Reinigungsarbeiten) mit der Hochdrucklanze systematisch vom Fahr-

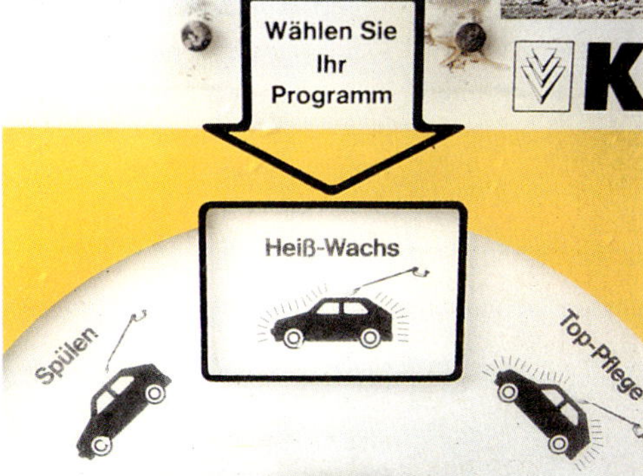

Vor allem die Wintermonate setzen dem Lack schwer zu. Nicht nur Salz und Dreck machen ihm zu schaffen, auch die vielen kleinen Steinschläge hinterlassen ihre Spuren (oben). Diese werden erst bei einem gründlichen Frühjahrsputz sichtbar. Vor der kalten Jahreszeit sollte man deshalb an den Lack denken und diesen durch eine Behandlung mit Wachs schützen. Viele Dampfstrahler lassen sich einfach auf „Wachsen" umstellen. Der Lack wird so mit einer dünnen Schutzschicht überzogen

zeugdach über die Motorhaube und den Kofferraumdeckel zu den Türen und Kotflügeln vor. Es sollte vermieden werden, die Scheiben während dieses Vorgangs direkt zu besprühen.

Der Sinn des Einwachsens nach der Fahrzeugwäsche besteht grundsätzlich darin, die mikroskopisch kleinen Lackkratzer zu versiegeln. Dadurch wird verhindert, daß Feuchtigkeit eindringt. Der Lack erstrahlt erst jetzt in frischem Hochglanz. Dieser Glanz ist das sichere Zeichen für eine glatte Oberfläche, die das Wasser abperlen läßt. Nach dem Wachsen sollte das Fahrzeug nochmals mit Wasser abgespült werden. Dieser Spülvorgang verhindert die Entstehung von häßlichen Flecken. Der Abstand zwischen Dampfstrahlerlanze und Lack sollte ausreichend sein, um das Heißwachs nicht gleich wieder abzuspülen.

Nach dem Wachsen wird nochmal gespült

Abschließend sollten die noch nassen Stellen am Wagen mit einem Waschleder getrocknet werden. Auch hier ist es wieder sinnvoll, am höchsten Punkt des Blechkleids zu beginnen und sich nach unten vorzuarbeiten. Zwischendurch sollte das Leder immer wieder ausgewrungen werden. Die Vorbereitungen zur weiteren Pflege des Fahrzeuglacks sind damit abgeschlossen.

Ist der Wagen gewaschen und gewässert, perlt das Wasser gut ab (links). Nun können die lackierten Flächen gründlich getrocknet werden. Dazu empfiehlt sich die Verwendung eines weichen Wildledertuches (oben). Nun kann man sich ein genaues Bild über den Zustand der Lackierung machen

Polieren

Während das Wachs nur auf den Lack aufgetragen wird, soll beim Polieren die Lackoberfläche bearbeitet werden. Den Poliermitteln ist eine bestimmte Menge Schleifpaste zugefügt, mit deren Hilfe die winzigen Lackunebenheiten wieder geglättet weden.

In drei Stufen: Der Untergang des Lackes

Sofern der Lack des Fahrzeugs bereits angegriffen ist, übergeht man natürlich das Einwachsen. In diesem Fall hat die Lackierung eine Politur dringend nötig. Weil aber der Lack durch das Polieren auch beschädigt werden kann – sei es durch eine unsachgemäße Vorgehensweise oder aufgrund des falschen Materials und Werkzeugs –, sollte man sich vorher ein wenig Theorie zu Gemüte führen. Je nach Zustand der Oberfläche werden grundsätzlich drei Lacktypen unterschieden: der neuwertige, noch gut geschützte Lack; der bereits leicht verwitterte, nur noch bedingt geschützte Lack; der extrem verwitterte, ungeschützte Lack, zu erkennen an seinem matten, stumpfen Aussehen.

Alter, stumpfgewordener Lack sollte mit einem speziellen Lackreiniger behandelt werden. Dieser reibt die alte Lackschicht etwas ab und reinigt sie dabei (oben links). Leicht verwitterter Lack (links unten) kann durch eine einfache Politur wieder auf Vordermann gebracht werden. Gut erhaltener Lack (ganz oben) muß nur gewachst werden. Metallic-Lack verlangt spezielle Mittel (oben)

Des weiteren sind für die Pflege von Metallic-Lackierungen spezielle Poliermittel erforderlich. Die auf den Lackzustand abgestimmten Polituren unterscheiden sich hauptsächlich durch ihren Schleifmittelanteil. Polituren für stark verwitterte Lacke beinhalten deutlich mehr Schleifmittel als Polituren für neuwertige Lacke, da auch mehr Lackoberfläche abgetragen werden muß.

Lacktest mit Wattebausch

Nun stellt sich die berechtigte Frage: Um welchen Lacktyp handelt es sich bei meinem Fahrzeug? Für den etwas erfahreneren Autobesitzer ist dies durch eine Sichtprüfung leicht festzustellen. Der unschlüssige Laie kann sich auch mit einem einfachen Test vergewissern. Mit einem leicht angefeuchteten Wattebausch reibt man an einer beliebigen Stelle der Lackierung ein paarmal kräftig hin und her. Verfärbt sich die Watte dabei gar nicht oder nur leicht, handelt es sich um neuwertigen Lack. Eine kräftigere Verfärbung deutet auf eine angegriffene Lackierung hin, die verwitterte Lackierung hinterläßt deutliche Farbspuren in der Watte. Der Farbabrieb auf der Watte ist

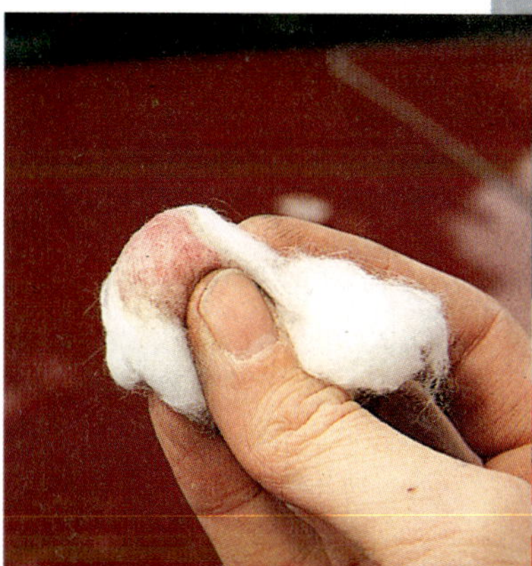

Reibt man mit einem Stück feuchter Watte kräftig über den Lack, bleiben je nach Zustand der Oberfläche mehr (bei mattem Lack) oder weniger (bei gut erhaltenem Lack) Farbpartikel hängen. Für die Reinigung und Konservierung steht eine Vielzahl verschiedener Mittel zur Verfügung, eine eindeutige Empfehlung kann man leider nicht geben (oben). Ein paar Stunden freier Zeit lassen den Lack wieder neu erstrahlen

recht einfach zu erklären: Je nach dem Zustand des Lacks befinden sich mehr oder weniger viele lose Lackpartikel auf der Oberfläche. Durch die intensive Berührung setzen sich diese Partikel in der Watte fest. Soll eine weiße Lackierung getestet werden, muß der Test natürlich mit einem farbigen Wattebausch durchgeführt werden.

Keine Lappen, nur Watte verwenden

Hat man sich für das geeignete Poliermittel entschieden, benötigt man noch eine ausreichend große Packung Polierwatte. Der Poliervorgang beginnt wieder beim Autodach. Dabei sollte stets ein kompletter Bereich (zum Beispiel Dach, Motorhaube, Kotflügel) fertig poliert werden, ehe man sich dem nächsten Karosserieteil zuwendet. Der mit Poliermittel getränkte Wattebausch wird kräftig gegen das Blech gedrückt und die Politur mit kreisenden Bewegungen gleichmäßig verteilt. Der Wattebausch muß während des Vorgangs öfter mit dem Poliermittel getränkt werden. Ist das komplette Fahrzeug mit einem gräulichen Schleier überzogen, läßt man diesen noch einige Minuten antrocknen.

Achtung: Für das Abtragen der angetrockneten Politur dürfen keinesfalls Lappen verwendet werden, denn sie können nicht genügend Poliermittel aufnehmen.

Die Politur oder das Wachs wird mit einem Wattebausch in kreisenden Bewegungen auf den trockenen Lack aufgetragen. Dabei aber nicht zu lange auf einer Stelle kreisen, sonst ist der Lack bald ab

Am einfachsten ist es, man poliert ein Teil nach dem anderen. So läßt sich jedes genau kontrollieren. Ist das Mittel angetrocknet (es zeigt sich eine weißlich-graue Färbung), kann mit dem Polieren begonnen werden

Bei der Handpolitur fährt man mit stetig kreisenden Bewegungen über den Lack. Dabei muß die Watte kräftig gegen das Blech gedrückt werden, damit das Poliermittel auch richtig „anbeißt". Kritische Bereiche wie Türrahmen und -kanten, Einstiegsleisten, Motorraum- und Kofferraumkanten, Schiebedach, Tankklappe, Front- und Heckbleche sowie die Stoßstangenzwischenräume sollten besonders gewissenhaft behandelt werden. Ist der Grauschleier wegpoliert, erstrahlt das Auto in neuem, vielleicht nie gekanntem Glanz. Die Glätte der Lackoberfläche läßt sich fühlen.

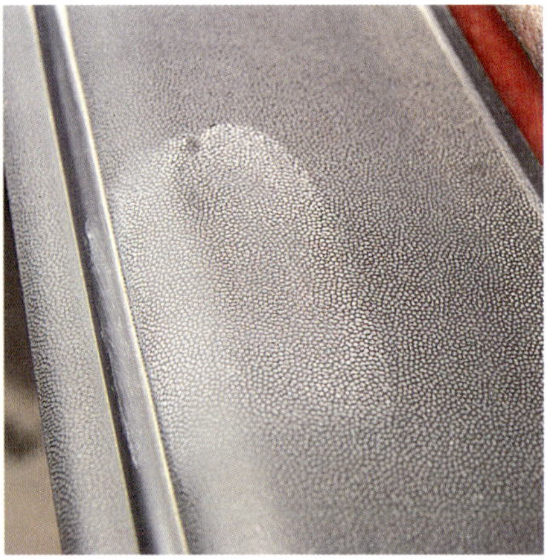

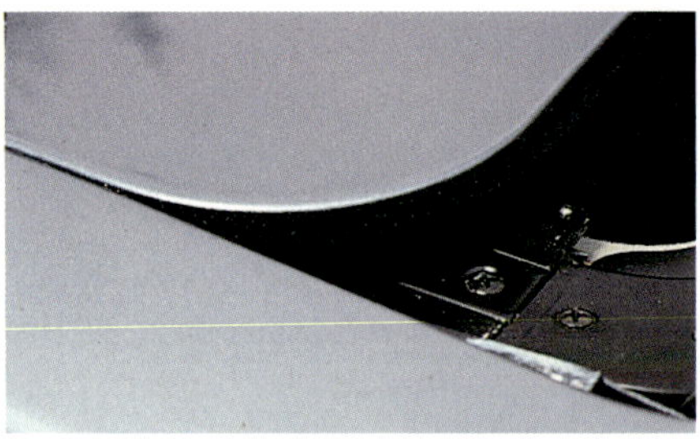

Auch wenn es schwerfällt: Vor den unlackierten Kunststoffteilen sollte man haltmachen. Die Poliermittel dringen in die rauhe Oberfläche ein und hinterlassen einen schwer zu entfernenden Grauschleier (oben). Die Dichtungsfilze an der Schiebedacheinfassung sollten ebenfalls nicht mitbehandelt werden (unten). Auch die nicht auf den ersten Blick erkennbaren Stellen am Auto dürfen beim Wachsen nicht vergessen werden (rechts)

Im Verlauf der Arbeit stellt man rasch fest: Polieren ist eine relativ zeitraubende und sehr anstrengende, schweißtreibende Handarbeit, die sich jedoch lohnt. Der Wagen wird nicht nur optisch aufgewertet, er erhält dadurch auch einen wirksamen Schutz. Außerdem ist zu bedenken, daß ein durch unzureichende Pflege deutlich matt gewordener Lack nur unter großen Mühen durch mehrfaches Polieren wieder auf Glanz zu bringen ist.

Nach der Politur wird der Wagen mit Schutzwachs neu versiegelt. Die Lackoberfläche wird dann spiegelnd glatt. Bei schräger Draufsicht gegen das Licht dürfen keine nennenswerten Kratzer mehr zu erkennen sein.
Das Fahrzeug erstrahlt nun in einem frischen Hochglanz, doch die ver-

steckten rostgefährdeten Zonen sind noch nicht ausreichend geschützt. Spätestens bei der nächsten Regenfahrt lagern sich vor allem an den Kanten der Türunterseiten und an den Abschlußkanten des Motorhauben- und Kofferraumdeckels wieder Schmutz und Wasser ab. Deshalb müssen diese gefährdeten Bereiche dauerhaft gegen Korrosion geschützt werden. Am besten verwendet man dazu ein Hohlraumversiegelungswachs, das bereits zum Schutz der Radlauf- und Abschlußblechinnenkanten verwendet wurde. Die betreffenden Stellen werden mit dem Wachs kräftig eingesprüht und versiegelt.

Rostgefährdete Stellen mit Wachs versiegeln

Anbauteile

Das Fahrzeug ist nun fast fertig. Die „Pflegekur" wird mit einer fachmännischen Behandlung sämtlicher Anbauteile (beispielsweise Stoßstangen, Zierleisten, Türgriffe und Kühlergrill) abgeschlossen.

Bevor aber wild drauflosgewienert wird, gilt es festzustellen, ob es sich auch wirklich um metallene, mit einer Chromschicht überzogene Stücke handelt oder lediglich um Kunststoffteile, die mit einer chromglänzenden Plastikschicht versehen sind. Chromteile stellen für viele Autobesitzer regelrechte Glanzlichter dar, die mit viel Liebe und Hingabe gepflegt werden. Nach der Oberwäsche mögen diese Chromteile auf den ersten Blick zwar relativ sauber erscheinen, doch bei näherer Betrachtung stellt sich oft heraus, daß sie bereits stellenweise stumpf und mit kleinen Rostpartikeln überzogen sind.

Auch die Türunterkanten und Haubenfalze müssen gründlich gereinigt und gewachst werden. Dabei nochmal kontrollieren, ob die Türrahmen und Einstiegsbleche sauber sind

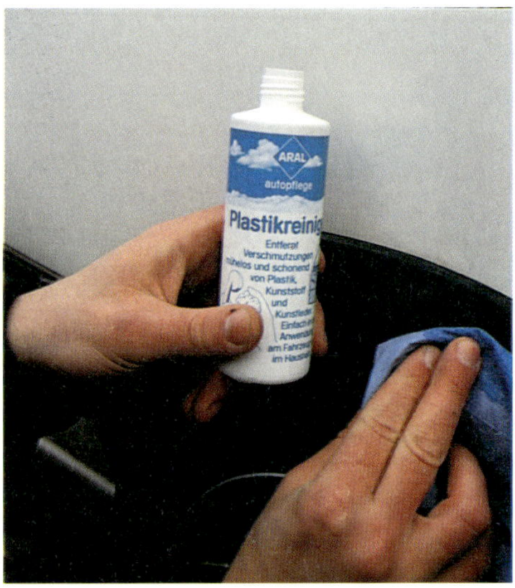

Kunststoff- und Gummiteile werden am besten mit einem speziellen Reiniger behandelt. Dieser wird aufgesprüht und nach einer kurzen Einwirkzeit mit einem weichen Baumwolltuch abgerieben

Sonderglanz für alle Chromteile

Für Abhilfe sorgt in diesem Fall eine spezielle Chrompaste, die dem verwitterten Zierteil wieder zu neuem Hochglanz verhilft. Diese relativ grobkörnige Paste konserviert das Chrom mit einem dünnen Schutzfilm, dem auch im Winter das aggressive Wasser-Salz-Gemisch nichts anhaben kann. Die Chrompaste wird auf ein sauberes Baumwolltuch aufgetragen und gleichmäßig unter kräftigem Druck eingerieben. Nachdem das Chromteil vollständig eingerieben ist, benötigt die Paste einige Minuten, um einzuwirken und anzutrocknen. Anschließend wird der Belag mit Polierwatte wieder vollständig abgenommen und das Teil poliert, bis der begehrte Chromglanz auftritt. Gegebenenfalls muß der Vorgang wiederholt werden.

Die Räder eines Kraftfahrzeugs sind einer Vielzahl von Beanspruchungen ausgesetzt. Neben den mechanischen Belastungen müssen sie die verschiedensten Witterungseinflüsse über sich ergehen lassen. Nässe, Matsch, Schlamm, Sand, Teer, Bremsabrieb etc. setzen sich an ihnen fest und bilden einen harten Belag, der auf Dauer zur Korrosion des Felgenwerkstoffs führen kann. Stahlfelgen sind besonders stark gefährdet. Aber auch hochwertige Leichtmetallräder besitzen keine „Anti-Rost-Garantie". Regelmäßige Pflege ist deshalb bei diesem teuren Sonderzubehör unerläßlich.

An den Karosserien sind immer seltener Chromteile zu finden. Die noch verbliebenen sollten deshalb um so sorgsamer gepflegt werden. Dafür gibt es spezielle Pasten, die diese spiegelnden Flächen nicht nur reinigen, sondern auch versiegeln. Die Arbeitsschritte sind die gleichen wie bei der Politur der lackierten Flächen

Je nach Art und Intensität der Verschmutzung arbeitet man mit Teerentferner, Chrompolitur oder Felgenreiniger. Letzterer wird mit Hilfe eines Zerstäubers aufgesprüht; eine Nachbehandlung (Konservierung) ist nicht erforderlich. Das aufgesprühte Pflegemittel ist mit einem weichen Tuch unter leichtem Druck einzureiben. Nach dem Antrocknen wird der gelöste Schmutz mit einem Lappen abgewischt. Diese Spezialreiniger kommen bei regelmäßiger Anwendung der Lackoberfläche der Felge sehr zugute.

Verdeckpflege

In diesem Kapitel dürfen auf keinen Fall die vielen „Oben-ohne-Fans" vergessen werden. Kommen wir also zur Reinigung und Nachbehandlung des Soft-Tops. Gerade im textilen Verdeckgewebe setzt sich der Schmutz so stark fest, daß man mit der herkömmlichen Shampooreinigung nur wenig Erfolg hat. Daher sollte ein Eimer mit einer deutlich höheren Konzentration Reinigungsmittel zurechtgestellt werden, welches mit Hilfe einer Bürste in das Verdeck einzureiben ist. Damit auch tiefsitzender Schmutz gelöst wird, bürstet man in Richtung der Gewebebahnen. Anschließend ist die Reinigungslauge mit Wasser gründlich auszuspülen. Kunststoffdächer aus Vinyl oder PVC werden genauso behandelt.

Einmal jährlich imprägnieren

Das Textilverdeck sollte mindestens einmal im Jahr imprägniert werden. Das Imprägniermaterial ist meistens in Spraydosen erhältlich und wird einfach aufgesprüht. Bei Kunststoffverdecken entfällt dieser Pflegegang. Zur Auffrischung des Farbtons kann das Cabrioverdeck mit einem speziellen Kunststoff- oder Cockpitspray behandelt werden.

Alten und verschmutzten Aluminiumrädern rückt man am besten mit einem geeigneten Reiniger zu Leibe. Nach einer ausreichenden Einwirkzeit, die nicht überschritten werden sollte, können die Räder mit dem Dampfstrahler abgespritzt werden (oben). Das Stoffverdeck eines Cabriolets bedarf besonderer Pflege (rechts)

Fenster und Scheiben reinigen

Der letzte Schritt der Außenreinigung ist zugleich der erste der Innenreinigung – das Säubern der Scheiben und Spiegel. Eine verschmierte Windschutzscheibe ist – besonders bei Nachtfahrten – äußerst gefährlich: Das Licht entgegenkommender Fahrzeuge wird vom Schmierfilm in unterschiedliche Richtungen reflektiert. Die Blendung ist zumeist auf eine stark verschmutzte Scheibeninnenseite zurückzuführen: Dort schlagen sich die Schmutz- und Rußpartikel nieder, die durch die Lüftungsschlitze an die Scheibe geblasen werden. Aber auch die Scheibenaußenseiten sollten gründlich gereinigt werden, da diese oft – besonders nach einer Oberwäsche mit Heißwachs – mit einem schmierigen Wachsfilm überzogen sind. Zum Reinigen der Verglasung reicht der im Haushalt gebräuchliche Fensterreiniger aus. Man bringt das Reinigungsmittel gleichmäßig auf die Scheiben auf. Wichtig ist, daß der Reiniger lange einwirkt und so den Schmutz löst. Zum Abtrocknen wird zerknülltes Zeitungspapier verwendet, mit dem man die Scheiben abreibt. Bei hartnäckigen Verschmutzungen ist der Reinigungsvorgang mehrmals zu wiederholen. Nun sollte an die Außen-, den Innen-, sowie (falls vorhanden) den Schminkspiegel gedacht werden.

Wozu Zeitungen nicht alles gut sind ...

Saugen

Zur kompletten Wagenreinigung gehört auch die Pflege des Innenraums. Man beginnt mit dem Saugen. Die meisten Fahrzeuge

Nach den Wintermonaten, in denen die Frontscheibe durch den Luftstrom der Heizung stark verschmutzt wurde, ist eine gründliche Reinigung wichtig. Mit Spiritus läßt sich der schmierige Film leicht entfernen (links oben). Nach dem Wachsen der Karosserie hilft ein spezielles Reinigungstuch, das an Tankstellen erhältlich ist (links unten). Auch der Innenspiegel hat eine ordentliche „Abreibung" verdient (unten)

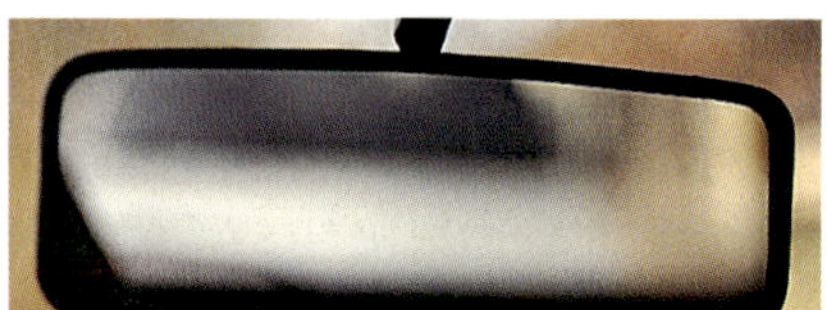

verfügen heutzutage über zwei Sätze Fußmatten, die vor dem Saugen zu entfernen sind. Nun ist nur noch der Fahrzeugteppich am Wagenboden vorhanden. Zum Saugen wird ein normaler Haushaltsstaubsauger eingesetzt, der mit verschiedenen Saugdüsen bestückt werden kann. Kleine Autohandstaubsauger, die man an die Zwölf-Volt-Bordnetzsteckdose oder an den Zigarettenanzünder anschließen kann, sind wegen ihrer geringen Saugleistung nicht zu empfehlen. Ist der Teppich stark verschmutzt, sollte besser gleich der Hochleistungsmünzstaubsauger an der Tankstelle zum Einsatz kommen.

Gute Arbeitsvoraussetzungen schaffen

Um den vorderen Fußbereich mühelos saugen zu können, sind die Vordersitze nach hinten zu fahren. Der mit einer Bürstendüse bestückte Staubsaugerschlauch kommt nun zum Einsatz. Damit werden der Schmutz und das Streugranulat, das sich in den Fasern des Teppichs festgesetzt hat, entfernt. Schwer zugängliche Ecken und Ritzen sind mit der Flachdüse zu erreichen. Vor allem links und rechts der Sitzführungsschienen lagern sich gerne Verschmutzungen ab. Danach werden die beiden Sitzpolster abgesaugt. Dazu ist es empfehlenswert, die Rückenlehnen ganz nach vorne zu klappen, damit

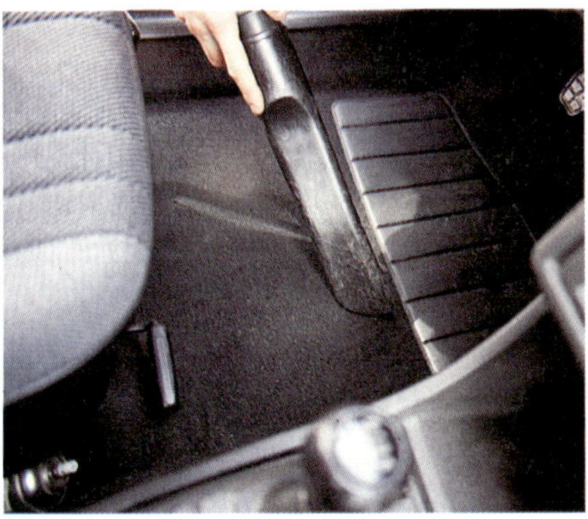

Um die Fußmatten aus dem Fußraum nehmen zu können, kann es notwendig sein, Halteklammern an den hinteren Ecken zu lösen. Zum Saugen ist es sinnvoll, die Sitze ganz nach hinten zu schieben

An einem Rost können die Matten gründlich ausgeklopft werden (oben). Um an den Schmutz zu gelangen, der zwischen Sitzfläche und Lehne gerutscht ist, sollten die Lehnen nach hinten umgelegt werden

man den Schmutz zwischen Sitz- und Rückenlehne entfernen kann. Anschließend sind die Sitze nach vorne zu fahren, um an den Fußbereich und die Sitze im Fond gut heranzukommen. Nun werden noch die Heckablage und der Kofferraum gesaugt und die gereinigten Fußmatten wieder eingelegt.

Kampf den hartnäckigen Flecken

Polsterreinigung

Textile Polsterbezüge können sehr gut mit einem Haushaltsschaumreiniger gesäubert und aufgefrischt werden. Der Polsterreiniger, der sich in einer Sprühdose befindet, wird einfach auf die Bezüge aufgetragen und mit einem Schwamm in den Stoff eingerieben. Anschließend sind die behandelten Stellen mit einem trockenen Tuch nachzuwischen. Ein fleckiger Fahrzeugteppich sowie textile Türverkleidungen können auf die gleiche Weise gesäubert werden. Bei der Reinigung der Sitze ist darauf zu achten, daß die Polster nicht zu feucht werden, da sich sonst beim Trocknen leicht Wasserränder abzeichnen. Nachfolgend einige Haushaltsmittel, die zur Entfernung bestimmter Flecken dienen:

Waschbenzin, Feinwaschmittel:
Bier, Blut, Buntstifte, Filzstifte, Fruchtsäfte;
Spiritus, Feinwaschmittel:
Lippenstift, Mayonnaise, Butter, Öle, Creme, Sahne, Senf;
Spiritus, Haarshampoo:
Cola, Limonade, Eier;
Waschmittel, Nitroverdünnung:
Kugelschreiber, Lacke;
Haarshampoo:
Kaffee, Kakao, Tee;
Haarshampoo, Feinwaschmittel:
Zucker.

Häufig bestehen Autositze aus einer Kombination von Stoff und Kunstleder. Letzteres sollte nur mit milder Lauge gesäubert werden – scharfe Reiniger würden das Kunstleder verspröden lassen. Nach der Reinigung wird das Kunstleder mit einem handelsüblichen Pflegemittel behandelt.

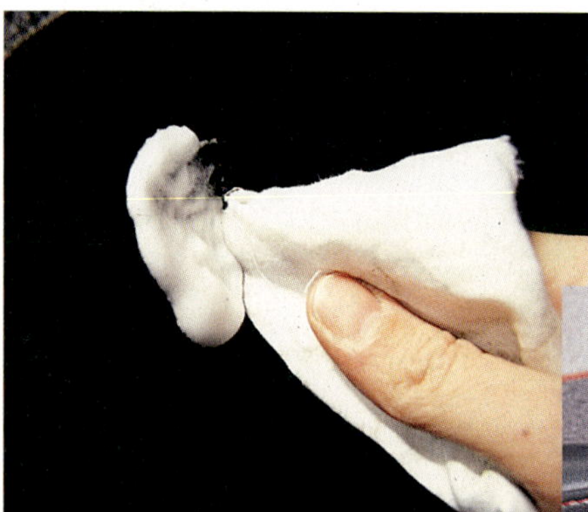

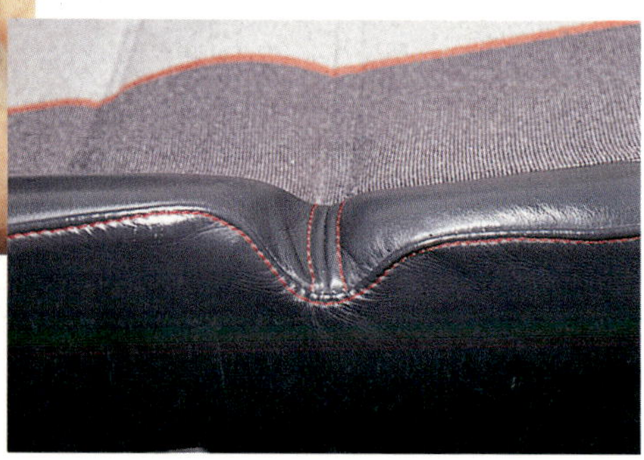

Beim Reinigen der Autositze kann man ohne weiteres auf einen Schaumreiniger für Polstermöbel zurückgreifen (oben). Sitze mit Lederbezug sollten nur mit einer neutralen Seifenlauge behandelt werden

Dachverkleidung pflegen

Einen großen Bereich des Innenraums nimmt die Dachverkleidung, der „Himmel", ein. Bei der Reinigung spielt es keine Rolle, ob es sich um eine Kunstlederspannverkleidung oder um einen sogenannten Hartschaumhimmel handelt: Beide Arten werden mit Hilfe eines in Seifenlösung getränkten Schwamms abgerieben. Bei Spannhimmeln vorsichtig arbeiten, damit dieser nicht einreißt.

Armaturenträger

Als letzter Schritt der Innenreinigung folgt die Pflege des Armaturenträgers: Es wird wieder ein in Seifenlösung getränkter Schwamm benutzt. Nach dem Abtrocknen kann zum Auffrischen des Kunststoffs das Cockpitspray verwendet werden. Nachdem das Spray aufgetragen ist, bildet es einen gleichmäßigen Film, der mit einem weichen Tuch verrieben werden muß. Kunststoffteile wie Innenspiegelgehäuse, Türinnengriffe, Fensterkurbeln, Handbremshebel, Sicherheitsgurtschlösser, Sitzverstellhebel und Einstiegsverkleidungen sind ebenfalls mit dem Cockpitspray aufzufrischen. Vorsicht: Die Pedalgummis von Bremse, Kupplung und Gas sowie das Lenkrad dürfen auf keinen Fall behandelt werden, da man durch den silikonhaltigen Film leicht mit dem Fuß abrutschen oder vom Lenkrad abgleiten kann!

Richtige Pflege macht sich bezahlt

Wer seinen Neuwagen oder gut erhaltenen Gebrauchtwagen von Anfang an mit Samthandschuhen anfaßt und diese Pflegetips beherzigt, kann sicher sein, daß er im Falle eines späteren Wiederverkaufs einen hohen Preis für seinen Wagen erzielt. Die alte Binsenweisheit, die besagt, daß der erste Eindruck von einem Fahrzeug der entscheidende ist, hat sich auch beim Autoverkauf als zutreffend erwiesen.

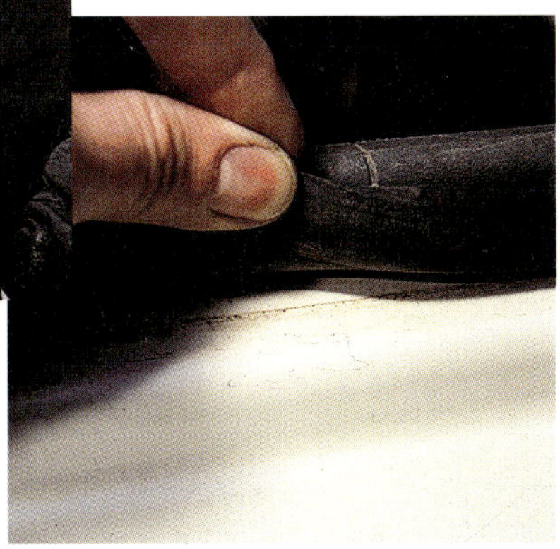

Etwas Cockpitspray läßt die Kunststoffteile in neuem Glanz erstrahlen (oben). Doch Vorsicht: die Pedalgummis und das Lenkrad müssen aus Sicherheitsgründen ausgespart werden. Der abgelagerte Schmutz unter den Türdichtungen wird gründlich entfernt (rechts)

Das kann ich selbst

Konzept, Realisation, Layout: Daniel Roeseler
Redaktion: Gerd Brauer
Autoren: Martin Henze, Martin Prüß,
Kai Lindecke, Frank Büttner
Abbildungen: Daniel Roeseler sowie Audi AG, Beru, Bosch AG,
Bridgestone, Dunlop AG, Honda, Nissan, Teroson,
Toyota, Opel AG, Peugeot PSA, Volkswagen AG
Einbandgestaltung: Rincón Kommunikationsdesign
Gesamtherstellung: Naumann & Göbel Verlagsgesellschaft, Köln

ISBN 3-625-10695-7